瑜伽文库
YOGA LIBRARY

"瑜伽文库"编委会

法律顾问：河北高阶律师事务所李威達律师

《数论颂》译注

【古印度】自在黑 / 著
【古印度】瓦恰斯帕蒂·弥室罗 / 注释
【印度】斯瓦米·维鲁帕克萨南达 / 英译
朱彩红 / 中译并补注

四川人民出版社

图书在版编目（CIP）数据

《数论颂》译注 / (古印度) 自在黑著 ; (古印度)
瓦恰斯帕蒂·弥室罗注释 ; (印) 斯瓦米·维鲁帕克萨南
达英译 ; 朱彩红中译并补注. -- 成都 : 四川人民出版
社, 2022.4
（瑜伽文库 / 王志成主编）
ISBN 978-7-220-12631-4

Ⅰ.①数… Ⅱ.①自… ②瓦… ③斯… ④朱… Ⅲ.
①数论(印度哲学)—哲学思想—印度 Ⅳ.①B351

中国版本图书馆CIP数据核字（2021）第267963号

Samkhya Karika of Iswara Krishna by Swami Virupakshananda
Published by arrangement with the president Sri Ramakrishna Math Mylapore，Chennai-4, India

IV-2M 3C-10-2008
ISBN 81-7120-711-1

四川省版权局著作权登记 [图进] 21-2022-75

SHULUN SONG YIZHU

《数论颂》译注

[古印度]自在黑 著　[古印度]瓦恰斯帕蒂·弥室罗 注释

[印度]斯瓦米·维鲁帕克萨南达 英译　朱彩红 中译并补注

责任编辑	何朝霞
封面设计	肖 洁
版式设计	戴雨虹
特约校对	孙 茜
责任印制	周 奇
出版发行	四川人民出版社（成都槐树街2号）
网 址	http://www.scpph.com
E-mail	scrmcbs@sina.com
新浪微博	@四川人民出版社
微信公众号	四川人民出版社
发行部业务电话	（028）86259624　86259453
防盗版举报电话	（028）86259624
照 排	四川胜翔数码印务设计有限公司
印 刷	成都东江印务有限公司
成品尺寸	130mm × 185mm
印 张	12.5
字 数	210千
版 次	2022年4月第1版
印 次	2022年4月第1次印刷
书 号	ISBN 978-7-220-12631-4
定 价	78.00元

"瑜伽文库"总序

古人云：观乎天文，以察时变；观乎人文，以化成天下。人之为人，其要旨皆在契入此间天人之化机，助成参赞化育之奇功。在恒道中悟变道，在变道中参常则，"人"与"天"相资为用，相机而行。时时损益且鼎革之。此存"文化"演变之大义。

中华文明源远流长，含摄深广，在悠悠之历史长河，不断摄入其他文明的诸多资源，并将其融会贯通，从而返本开新、发闳扬光，所有异质元素，俱成为中华文明不可分割的组成部分。古有印度佛教文明的传入，并实现了中国化，成为华夏文明整体的一个有机部分。近代以降，西学东渐，一俟传入，也同样融筑为我们文明的固有部分，唯其过程尚在持续之中。尤其是20世纪初，马克思主义传入中国，并迅速实现中国化，推进了中国社会的巨大变革……

任何一种文化的传入，最基础的工作就是该文化的经典文本之传入。因为不同文化往往是基于不同的语言，故文本传入就意味着文本的翻译。没有文本之翻译，文化的传入就难以为继，无法真正兑现为精神之力。佛教在中国的扎根，需要很多因缘，而前后持续近千年的佛经翻译具有特别重要的意义。没有佛经的翻译，佛教在中国的传播就几乎不可想象。

随着中国经济、文化之发展，随着中国全面参与到人类共同体之中，中国越来越需要了解更多的其他文化，需要一种与时俱进的文化心量与文化态度，这种态度必含有一种开放的历史态度、现实态度和面向未来的态度。

人们曾注意到，在公元前8世纪至公元前2世纪，在地球不同区域都出现过人类智慧大爆发，这一时期通常被称为“轴心时代”（Axial Age）。这一时期所形成的文明影响了之后人类社会2000余年，并继续影响着我们生活的方方面面。随着人文主义、新技术的发展，随着全球化的推进，人们开始意识到我们正进入“第二轴心时代”。但对于我们是否已经完全进入一个新的时代，学者们持有不同的意见。英国著名思想家凯伦·阿姆斯特朗（Karen Armstrong）认为，我们正进入第二轴心时代，但我们还没有形成第二轴心时代的价值观，我们还需要依赖第一轴心时代之精神遗产。全球化给我们带来诸多便利，但也带来很多矛盾和张力，甚至冲突。这些冲突一时难以化解，故此，我们还需要继续消化轴心时代的精神财富。在这一意义上，我们需要在新的处境下重新审视轴心文明丰富的精神遗产。此一行动，必是富有意义的，也是刻不容缓的。

在这一崭新的背景之下，我们从一个中国人的角度理解到：第一，中国古典时期的轴心文明，是地球上曾经出现的全球范围的轴心文明的一个有机组成部分；第二，历史上的轴心文明相对独立，缺乏彼此的互动与交融；第三，在全球化视域下不同文明之间的彼此互动与融合必会加强和加深；第四，第二轴心时代文明不可能凭空出现，而必具备历史之继承和发展性，并在诸文明的互动和交融中发生质的突破和提升。这种提升之结果，很可能就构成了第二轴心时代文明之重要资源与有机组成部分。

简言之，由于我们尚处在第二轴心文明的萌发期和创造期，一切都还显得幽暗和不确定。从中国人的角度看，我们可以来一次更大的觉醒，主动地为新文明的发展提供自己的劳作，贡献自己的理解。考虑到我们自身的特点，我们认为，极有必要继续引进和吸收印度正统的瑜伽文化和吠檀多典籍，并努力在引进的基础上，与中国固有的传统文化，甚至与尚在涌动之中的当下文化彼此互勘、参照和接轨，努力让印度的古老文化可以服务于中国当代的新文化建设，并最终可以服务于人类第二轴心时代文明之发展，此所谓“同归而殊途，一致而百虑”。基于这样朴素的认识，我们希望在这些方面做一些翻译、注释和研究工作，出版瑜伽文化和吠檀多典籍就是其中的一部分。这就是我们组织出版这套“瑜伽文库”的初衷。

由于我们经验不足，只能在实践中不断累积行动智慧，以慢慢推进这项工作。所以，我们希望得到社会各界和各方朋友的支持，并期待与各界朋友有不同形式的合作与互动。

“瑜伽文库”编委会

2013年5月

“瑜伽文库”再序

经过多年努力，“瑜伽文库”已粗具体系化规模，涵盖了瑜伽文化、瑜伽哲学、瑜伽心理、瑜伽冥想、体位和呼吸、瑜伽疗愈、阿育吠陀瑜伽乃至瑜伽故事等，既包含着古老的原初瑜伽经典，又包括了现代的瑜伽实践文化。瑜伽，这一生命管理术，正在滋养着现代的瑜伽人。

时间如梭，一切仿佛昨日，然一切又永远不同。自“瑜伽文库”设立起，十余年来，世界巨变如沧海桑田，无论是个人，还是环境、社会，抑或世界，正经历着种种影响难以估量的重大全球性事件。尤其庚子肇起，世界疫情严重，全球化进程突变，经济危机一触即发。在这个进程中，有压力是人们普遍的感受。这个压力来自个人的工作，来自家庭的关系，来自社会的变故，来自身体的透支，来自自我的反省，来自世界的不确定性。伴随着压力的是不知所措，更严重的则是无力或无奈，是生命在追求确定性过程中的某种虚幻和漂浮。

不确定性，是我们的世界普遍的特征。我们总是渴望确定。但在这尘世间，种种能量所建构起来的一切，都是变动不居的。我们人所赋予的一切的名相都是暂时的、有限的。我们需要适应这不确定性。与不确定性为友，是我们唯一的处世之道。

期盼，是我们每个人的自然心理。我们期盼世界和平，期盼身体康健、工作稳定，期盼家庭和睦、关系美好，期盼良善的安身立命。

责任，是我们每个人都需要面对、需要承担的。责任就是我们的存在感，责任越大，存在感越强。逃避责任或害怕责任，则让我们的存在萎缩。我们需要直面自身在世上的存在，勇敢地承担我们的责任。

自由，是我们每个人真正的渴望。我们追求自由，即是追求无限、追求永恒。从最简单的身体自由，到我们在日常生活中种种功能性自由，到终极存在中内心获得安住的自由，自由即是无限。

身份，是我们每个人都期望确定的。我们的心在哪里，我们的身份就在哪里。心在流动，身份也不断在转变。但我们渴望恒久的身份，为的是在尘世中的安宁。

人是生成的。每一个个人做好，社会就会做好，世界就会做好。而个人自己做好，最重要的就是身心安宁。身心安宁，首先就需要一个健康的身体。身体是我们在这世上存在的唯一载体，唯有它让我们种种生活的可能性得以实现。

其次，身心安宁，意味着我们有着抗压的心理能量，有着和压力共处的能力，有着面对不确定的勇气和胆识，有着对自身、对未来、对世界的期盼，意味着对生活的真正信心，对宇宙的真正信心，对我们人的真正信心。有了安宁的身心，我们才能履行我们的责任，不仅是个体的责任，也是家庭的责任、社会的责任、自然和世界的责任，拥有一种宇宙性的信心来承担我们的责任。在一切的流动、流变中，“瑜伽文库”带来的信息，可以为这种种的责任提供深度的根基和勇气，以及人的实践之尊严。

“瑜伽文库”有其自身的愿景，即希望为中国文化做出时代性的持续贡献。“瑜伽文库”探索生命的意义，提供生命实践的道路，奠定生命自由的基石，许诺生命圆满的可能。她敬畏文本，敬畏语言，敬畏思想，敬畏精神。在人类从后轴心时代转向新轴心时代的伟大进程中，为人的身心安宁和精神成长提供她应有的帮助。

人是永恒的主题。“瑜伽文库”并不脱离或者试图摆脱人的身份。人是什么？在宏阔的大地上，在无限的宇宙中，人的处境是什么？“瑜伽文库”又不仅仅是身份的信息。相反，透过她的智慧原音，我们坦然接受我们人的身份，但又自豪并勇敢地超越人的身份，我们立足大地，但我们又不只是属于大地的；我们是宇宙的，我们又是超越宇宙的。

时代在变迁，生命在成长。人的当下的困境，不在于选择什么，而在于参与、在于主动的担当。在这个特别的时代，我们见证一切的发生，参与世界的永恒游戏。

人的经验是生动活泼的。存在浮现，进入生命，开创奋斗，达成丰富，获得成熟，登上顶峰，承受时间，生命重生，领略存在的不可思议和无限的可能。

“瑜伽文库”书写的是活生生的人。愿你打开窗！愿你见证！愿你奉献热情！愿你喜乐！愿你丰富而真诚的经验成就你！

“瑜伽文库”编委会

2020年7月

序 言

当今中国，越来越多的人关注身体和心理的健康，参与各种形式的瑜伽活动。人们不免思考，是什么支撑着具有悠久历史的瑜伽呢？这让我们不得不注意到古代印度六派哲学，即弥曼差、吠檀多、数论、胜论、正理和瑜伽。人们认为，数论和瑜伽是一对姐妹，数论是瑜伽派的理论基础，瑜伽则是数论哲学的践行。实际上并不会这么简单。但这已经足以让人们思考数论和瑜伽之间的关联。

事实上，这种思考反映的是古典瑜伽和数论之间的关系。瑜伽的习练，在历史的长河中发展出了各种形式，且其关联的哲学也并非唯有数论。某些古典的哈达瑜伽经典，最重要的如《哈达瑜伽之光》，其理论基础就不是数论。当今世界流行的哈达瑜伽，则更偏重身体，其离数论哲学已经非常遥远了。

我们需要深入思考的是，历史上最重要的瑜伽经典，即帕坦伽利的《瑜伽经》，其理论基础就主要是数论哲学。只要我们回到瑜伽，回到《瑜伽经》，就无法回避数论哲学。

传统上，数论哲学也可被视为智慧之道。这种智慧之道基于原人（见者、纯粹自我）和原质（所见、觉知对象）之间的分离。问题是，既然原人和原质是不同的存在，又谈何“分离”呢？为何又要关注原人和原质的分离呢？是什么让它们“结合”了？又是什么可让它们“分离”？这些都是重要的哲学问题。

当然，印度哲学的传统研究则主要是从我们人存在的现实即普遍的痛苦出发的。《数论颂》（*Sāṅkhya Karikā*）的作者自在黑（Īśvara Kṛṣṇa）说，我们遇到三重苦：依内苦、依外苦和依天苦。为了摆脱痛苦，就需要达成原人和原质的分离。而为了这一分离，我们需要对原人、原质以及原人和原质之间的关系有一个清晰的认知。为此，自在黑系统地阐发了数论哲学的本体论、世界观和人生观。自在黑认为，当我们通过严格的数论哲学之探索，真正明白了原人和原质的不同、不再认同于原质，就能摆脱痛苦、获得自在或解脱。

自在黑的数论主张和瑜伽派的理解有差异。瑜伽派认为，仅仅认识到原人和原质之间的不同是不够的，对于这样的认识，重要的是通过三摩地的实证、亲证。

毫无疑问，智者透过数论哲学可能会获得数论主张的自在。但对普通大众来说，只是知道这个“真相”、只是获得一个真相的“信息”，并不能真正解除痛苦、获得解脱。知道“真相”是一回事，成为这个“真相”是另一回事。智者认识“真相”可能就成了这个真的“相”，而普通大众只是获得了有关这一真相的“信息”，但不会成为这一真“相”。当然，某人实践瑜伽也并不就能证悟到这一“真相”。人需要在“知”“行”“果”之间不断互动，才能不断成长。在生命的管理和生命的成长中，我们重视瑜伽的实践。我们同样需要重视有关理论的认知，重视理论和实践的相互结合。

有鉴于此，瑜伽人需要了解原汁原味的数论哲学。我们在很多地方可以看到对数论哲学的介绍、分析，但它们大多是零星的、不系统的、不完整的。

古代的真谛三藏和当代的姚卫群先生，他们都翻译了这部自在黑的《数论颂》。真谛三藏的译本《金七十论》非常完美，但今日的瑜伽人很少接触到。姚卫群先生的《数论颂》译本，瑜伽界也少有人关注。在这一背景下，我希望有人能用当今白话文重译《数论颂》，尽可能让普通人，尤其是瑜伽人可以阅读。一个偶然的机会，我在印度和斯瓦米·杜迦南达（Swami Durgananda）谈起翻译《数论颂》的计划。斯瓦米向我推荐了斯瓦米·维鲁帕克萨南达（Swami Virupakshananda）英译的《数论颂》。这个译本中，也包含了瓦恰斯帕蒂·弥室罗

（Vācaspati Miśra）的注释本，即《真理之月光》（*The Tattva Kaumudī*）。

回国后，我希望找到一个有能力译好此经典的合适人选。最后，这一工作落到朱彩红博士身上。朱博士之前已经翻译出版了多部著作，如《瑜伽与冥想的秘密》《观念的力量》，她具有良好的哲学功底和语言翻译能力。其间，我对她说，不仅要翻译这本经典，最好做些自己的注释，以便让读者更好地理解。让人高兴的是，她做到了。

《数论颂》中文版《〈数论颂〉译注》的出版，可说是我国印度哲学研究的一个重要事件，也是瑜伽界的一个重要事件。当今的瑜伽行者可以通过非常通俗的语言认识这部伟大的经典。

感谢朱彩红博士的贡献。

是为序！

王志成
浙江大学
2021年5月31日

中译注者序

本书由三个部分组成：梵文偈颂出自自在黑的《数论颂》；对每一偈颂的理解和紧跟着每一偈颂的注释出自瓦恰斯帕蒂·弥室罗（Vācaspati Miśra）之手，这部分合称《真理之月光》，原文为梵文，由斯瓦米·维鲁帕克萨南达翻译成英文；我把英文版的《真理之月光》翻译成中文，并在每一偈颂的注释后面做了补注。

补注面向的读者是对印度思想与文化怀有兴趣之人，这是我唯一的考虑。所以，我在解释每一偈颂的时候力求能让我的读者明白该颂所要传达的意思，仅此而已（读者也可以先读补注再读注释）。我无意涉入复杂的学术考据与论辩，那样容易让读者迷失。诚然，我也怀有这样的美好期待：这块粗糙的“砖头”能够充当进一步精细研究数论哲学之踏脚石。

基于上述动机，本书的翻译和注释使用的都是白话文，只在若干必要的地方保留了少数几个在今天不难理解的古语，它们主要出自真谛三藏和姚卫群先生。我对古语的使用十分谨慎，确保用含义相当的白话文做标注，并让它们反复出现，这样读者能对它们有个熟悉和接受的过程。语言就是思维，因而流通中的语言才有强大的生命力，能最有效地作用于我们普通人。

自在黑的《数论颂》现存三个重要的注释本，最早的是南朝真谛的三藏《金七十论》，另有大梵学家瓦恰斯帕蒂·弥室罗的注释本和乔荼波陀（Gauḍapāda）的注释本。前面我们说过本书采用的是弥室罗的注释本，名叫《真理之月光》。我在补注的时候主要参看的是《金七十论》，它是我最心仪的注释。在《金七十论》和《真理之月光》的解释发生分歧的时候，我求助于乔荼波陀的注释〔由马因卡尔（T. G. Mainkar）英译〕。另外，我也参看姚卫群先生的《数论颂》中译文，此文收录在他的《古印度六派哲学经典》中。姚卫群先生对《金七十论》的重新编辑也让我受益匪浅，这部分内容收录在他的《印度古代宗教哲学文献选编》中。木村泰贤的《梵我思辨》中有关《数论颂》的介绍简单、清晰却很深刻，富有灵思，对我启发很大。我还参考了孙晶老师和吴学国老师有关数论哲学的论述。

英译者写了一个必要而清晰的导论，用最简明的方式介绍了有关《数论颂》的一些背景知识。具体而言，这篇导论的内容包括：数论哲学的起源，数论的重要性，数论的含义，数论中的一些重要概念和思路的出处与发展，数论派的师承，数论的权威著作，以及数论哲学的基本原理。读者可以参看。由于本书的理论体系宏大而又复杂，故而我在目录中依据各颂的内容自拟了一些小标题，以便读者大致把握自在黑的谋篇布局。我们不在此赘述，请读者翻看目录，便自然明了。

本书的呈现要感谢许多人。首先是我的恩师王志成先生，这个中文版的《数论颂》是他的心愿，也是他为我设定了本书的格调，预设了读者对象。在将近二十年的时间里，我一直是他的弟子，他一直是我精神与灵性上的师父和明灯。其次要感谢我的小师弟周祥杰，他才学了半年梵文，就被我“赶鸭子上架”，帮我解决了梵文的输入和若干梵文单词的含义问题，在此过程中他一直对我有求必应、温柔耐心。再次要感谢Ray（周永基先生），是他建议我倚重《金七十论》，并向我推荐了木村泰贤的《梵我思辨》，这两本书让我在黑夜中看见了曙光。我的印度兄弟慕雅和（Yatindra Dutt Amoli）也用专业而高效的方式帮我解决了许多梵文词语的含义问题。我的兄长闻中知道我在为《数论颂》的翻译而努力之后，向我表达了最大的关怀与支持，把他手里各个版本的《数论颂》发给了我，供我参考。感谢我的学生刘健叶、寇洵和杨欢的仔细校对。感谢斯瓦米·杜迦南达用一贯的爱与慷慨帮我解决版权问题。感谢云南大学和苏磨学院一直以来的关爱。感谢我的家人一如既往的理解与支持，你们是我最坚强的后盾。最后，感谢我的读者们，你们是我努力的动力！

本书有诸多不足之处，尽皆归于我本人的局限性，请读者原谅！让我们继续前行，在行动中变得更好，最终趋向圆满。

“素履之往，独行愿也。”愿您和我一样在先人传递的光明中行走。

朱彩红

2021年5月29日

目 录

导论

众生皆在追求快乐，无一例外，甚至连蚂蚁这样的微小生灵也在庞大的火车呼啸而来时奋力逃脱铁轨，以求离苦。然而，任何缺乏哲学天性的生灵都无法解释快乐的实质。根据数论哲学家的观点，正是原质导致了三种苦，通往真实快乐的道路，乃是原人与原质的彻底分离。他们进一步说，尘世的欢愉如同有毒的蜂蜜，只需啜饮一滴，足以终结所有快乐。所以，他们在正确地认识了显现者、未显者和知者，从而达到喜乐境界之后，对于仍在尘世欢愉的陷阱中颤抖的众生充满了怜悯。简而言之，根据数论体系的解释，这就是哲学研究的起源。

在所有哲学体系中，数论哲学被认为是最古老的思想流派。数论哲学在所有圣典中都保持着重要地位，因为其他各个哲学体系要么反对它，要么支持它。商羯罗阿阇梨（Śaṅkarācārya）说："数论学说有点接近吠檀多学说，因为它和吠檀多学说一样承认因果无差异。另外，它已被《法经》（*Dharma Sūtras*）的一些作者所接受，比如提婆拉（Devala）等人。出于这些原因，我们一直不厌其烦地驳斥本因论（Pradhāna doctrine）。”

《摩诃婆罗多》（*Mahābhārata*）说：“没有知识比得上数论，没有力量比得上瑜伽，我们应该坚信数论是最高知识。”（《和平篇》316-2）

数论（Sāṅkhya）源于“saṁkhyā”一词，指思考和计算。在此，“思考”指涉有关原人的知识的一些基本原理，“计算”指涉原质二十四谛。数论一词的双重含义是由识比丘（Vijñāna Bhikṣu）在《数论解明注》（*Sāṅkhya Pravacana Bhāṣya*）一书的序言中提出的：

संख्यां प्रकुर्वते चैव प्रकृतिं च प्रचक्षते।
तत्त्वाति च चतुर्विंशत्तेन सांख्यं प्रकीर्तितम्॥
saṃkhyāṃ prakurvate caiva prakṛtiṃ ca pracakṣate ।
tattvāti ca catuviṃśattena sāṃkhyaṃ prakirtitam ॥

所以，“数论”意味着通过正确的分辨认识真我（Self）。在《吠陀》（*Vedas*）中可以找到《数论经》（*Sāṅkhya Sūtras*）的一些出处，例如，《梨俱吠陀》（*Rig Veda*）描述了答磨（tamas）：

तम आसीद् तमसा गूळहमग्रे अप्रकेतम्（X-129-3）

tama āsid tamasā gūḷahamagre apraketam

这里的“答磨”后来（在数论哲学中）采取了“未显者”的形式。《梨俱吠陀》还表明，物质世界的诸元素消融在其原因之中，由此暗示了数论哲学所属的“因中有果论”（satkārya vāda）。甚至连（数论哲学中的）“本因”（pradhāna）也在《梨俱吠陀》中被提及，称为“无生”（ajā），有关它的解释如下：

तमिद्गर्भं प्रथमं दध्र आपो यत्र देवाः समगच्छन्त विश्वे ।（X 82.6）

अजस्य नाभावध्येकमर्पितं यस्मिन् विश्वानि भुवनानि तस्थुः ।।

tamidrarbhaṃ prathamaṃ dadhra āpo yatra devaḥ samagacchanti viśve ।

ajasya nābhāvadhyekamarṣitaṃ yasmin viśvāni bhuvanāni tasthuḥ ।।

另外，数论哲学的萨埵（sattva）、罗阇（rajas）、答磨可在《唱赞奥义书》（*Chāndogya Upaniṣad*）中找到解释，数论的诸谛在《羯陀奥义书》（*Katha Upaniṣad* 3.10，11）中被明确提及。众所周知，《白净识者奥义书》（*Śvetāśvatara Upaniṣad*）实质上是一本数论奥义书，因为它明确谈到了数论的诸谛。在《白净识者奥义书》

（6.13）中，“数论”和“迦毗罗”（Kapila）这两个词首次出现。还有，《白净识者奥义书》（1.8）中出现了显现者（vyakta）、未显者（avyakta）和知者（jña）等词。同样，本因、原质（prakṛti）、德（guṇa）这三个词也可在《白净识者奥义书》（第10、13章）中找到。这些奥义书对萨埵、罗阇、答磨等词的提及，对五唯的阐发，对五大[①]的说明，以及对知田者（kṣetrajña）、意图（saṅkalpa）、判断知（adhyavasāya）和相（liṅga，即标记）等数论范畴的谈论清楚地表明，它们是在数论思想体系形成之后才出现的。在《摩诃婆罗多》和《往世书》（*Purāṇas*）中，我们发现数论哲学得到了充分的阐发。如果你想了解数论的详细参考文献，可以查阅伟大而博学的梵文学者加格纳斯·贾（Gaṅgānāth Jhā）对数论的详尽介绍。

数论哲学的创立者通常被认为是迦毗罗。关于迦毗罗其人的历史真实性，学者们持不同的观点，我们不在此进行讨论。但总的来说，人们认为迦毗罗是数论思想体系的创立者。他有个弟子名叫阿修利（Āsuri），而阿修利的弟子是般遮尸诃（Pañca Śikhā）。在般遮尸诃之后，我们所知的名字是频阇诃婆娑（Vindhyāvāsa）。再往后，我们知道数论导师筏蹉衍那（Varṣagaṇya，即雨众）的名字，他

① 五大即五大元素，指土、水、火、风、空，简称“五大”。——译者注

的弟子是阇吉莎维耶（Jaigīṣavya）。一些学者认为，阇吉莎维耶是般遮尸诃的同学。在这份名单中，我们接下来发现阿修利的弟子是弗度（Vodhu），而弗度的弟子才是般遮尸诃。此后出现的名字是提婆拉和萨那卡（Sanaka）。然后是数论导师自在黑，他生在憍尸迦族（Kauśika family）（详见加格纳斯·贾的《真理之月光》）。

关于数论的权威著作，目前只能找到三种：《数论经》（*Sāṅkhya Sūtra*）、《谛论》（*Tattva Samāsa*）和《数论颂》（*Sāikhya Karikā*）。自在黑似乎早于世亲（*Vasubandhu*），因而想必活跃在公元1世纪或2世纪。自在黑的《数论颂》有七十偈颂。

接下来，我们对数论哲学的基本原理进行简单的概括，以便读者学习。数论基于因果效能划分了以下四个范畴：（1）本（productive，演化者），（2）本和变异（productive and produced，既是演化者，又是演化产物），（3）变异（演化产物），（4）非本非变异（既非演化者，又非演化产物）。这种四重划分也囊括了二十五谛。原质是根本，它纯粹是本。原质的演化产物是觉（buddhi）等谛，具有本和变异两种性质，因为觉也演化出了我慢和其余诸谛。纯粹为变异的诸谛是十一根和五大。原人非本非变异，而且没有任何属性。上面这些演化产物都是三德的作用，而作为灵体的原人就其本性而言完全脱离这一切。

根据数论哲学的观点，无中不能生有，原因只是帮助结果显现出来，即结果的显现受到特定原因的作用，例如，油从它潜藏于其中的含油种子中榨出。因此，我们看到，结果总是以这种或那种方式与原因相连。但假如结果是不存在之物，那么因果关系就是不可能的，因为不存在之物不可能具有任何关系。假如结果和原因无关，那么任何结果都有可能出自任何原因，这将导致一种荒谬的因果性。因果效能就在于，结果以潜在的状态存在于原因之中，就像油只存在于种子里，而不存在于沙子里。再者，因果无差别，既然结果是存在之物，那么原因也必定是存在之物。例如，布和织成它的纱线无差别，因为布既不重于也不轻于织成它的纱线，没有那些纱线，布也就不可能存在。

在所有思想流派中，数论派占据着观念论的吠檀多派和实在论的前弥曼差派中间的那个位置。数论既是实在论的，也是二元论的，因为它认为原质和原人都是终极实在。对数论的仔细研究向我们揭示，数论只是接近吠檀多派（而非前弥曼差派）。

斯瓦米·维鲁帕克萨南达

唵

ॐ

安抚颂：

我们向那个无生者虔诚地致敬，她呈红色、白色和黑色，她生出众多后代。我们也向那些无生者顶礼，他们在依靠她并享受了她给予的欢愉之后，弃绝了她。

我们向伟大的迦毗罗牟尼及其弟子阿修利牟尼致敬，也向般遮尸诃和自在黑致敬。

在这世上，一门学说的诠释者所作的诠释，只有那些渴望了解该学说的人才会聆听。诠释无人渴望之学说的人，被具有批判智慧的人当作疯子打发，因为凡夫俗子和批判之士都不会诠释一门既与世俗事务无关，又不值得批判研究的学说。人们渴望聆听的，唯有关于如下学说的诠释：该学说一旦被理解，就能引领人达成至上目标。因为以下要诠释的主题所带来的知识可以充当达成至上目标的方法，所以作者开始了对该主题的探讨。

一 本体论

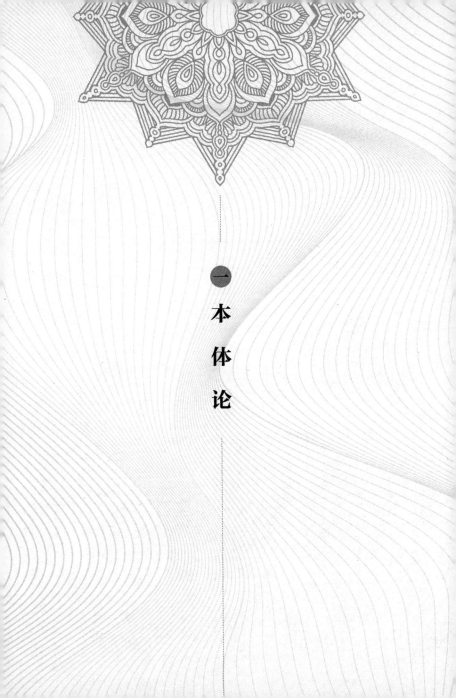

1. 动机：离三苦

第一颂

दुःखत्रयाभिघातात् जिज्ञासा तदपघातके हेतौ ।

दृष्टे साऽपार्था चेत् नैकान्तात्यन्ततोऽभावात् ।। १ ।।

duḥkhatrayābhighātāt jijñāsā tadapaghātake hetau ।

dṛṣṭe sā’pārthā cet naikāntātyantato’bhāvāt ।। 1 ।।

duḥkhatrayābhighātāt，由痛苦的三重（原因）导致的烦恼（而产生了）；jijñāsā，对于探究的渴望；tadapaghātake hetau，（探究）离苦之法；dṛṣṭe，（存在着）明显的方法；sā，它（即探究）；apārthā，多余的，不必要的；cet，如果说；na，（我们的回答是）并非如此；ekāṅtā-atyaṅtataḥ-abhāvāt，（因为在它们之中）缺乏确定性和持久性

由三苦导致的烦恼，产生了探究离苦之法的渴望。如

果说这种探究是多余的，因为存在着明显的离苦之法，那么我们的回答是“并非如此”，因为（明显的离苦之法）缺乏确定性（就方法而言）和持久性（就痛苦而言）。

如果世间不存在痛苦，或者如果存在痛苦，但离苦不是被渴望的，再或者如果离苦被渴望，也是不可能的，那么我们就不会探究“离苦”这一主题。离苦之所以不可能，有两个原因：（1）痛苦是永久的，（2）对离苦之法无知。即便有可能离苦，也许本书中提供的方法不够充分，或者另有某种比本书提出的方法更为简单的方法。

不能说不存在痛苦，或离苦不被渴望，因为这有违经验事实，所以本颂说“由三苦导致的烦恼”。以下三种苦构成“三苦”（duḥkhatraya）：依内苦（ādhyātmika，在有机体内部），依外苦（ādhibhautika，由外部作用导致），依天苦（ādhidaivika，由超自然作用导致）。在此，依内苦有两种：身体痛苦和精神痛苦。身体痛苦是风、热、痰的失调导致的，精神痛苦则是淫欲、愤怒、贪婪、痴迷、恐惧、嫉妒、悲伤和不认识特定对象导致的。二者统称为“依内”苦，因为它们可用内部疗法来对治（Pratipaksta）。可用外部疗法来对治的苦有两种：其一，依外苦，即由外部作用导致的痛苦；其二，依天苦，即由超自然作用导致的痛苦。依外苦由人、兽、鸟、虫、植物和无生命物导致，依天苦则由夜叉（Yakṣa，一种半神，被描述为俱毗罗的侍者）、罗刹（Rākṣasa，妖精，恶灵）、象头神（Vināyaka，迦内什和导致障碍的超人存在者）和行星导致。所以，这种属于罗阇的特定变化的外部痛苦可被每一个体经验到，就其本身而论，它的存在是不可否认的。“烦恼”（abhighāta）即为“有知之谛”（sentient principle，指原人）以不悦的方式接触“心”（内根）中存有的三苦。由此，感知的不悦性质被说成是渴望缓解三苦的原因。

虽然苦不能被绝对除尽，但能被制伏，我们后面将会说明。所以，本颂十分适切地谈到了“离苦之法”（tadapaghātake hetau）。“离苦”就是三苦的消除。虽然“三苦”在复合词duḥkhatrayābhighātāt（“由三苦导致的烦恼”）中是从属部分，但我们应认为三苦接近于觉（buddhi），因而在离苦（tadapaghātaka）中以“tat”来指称。

这里有一个疑问：因为“存在着明显的离苦之法”，所以“这种探究是多余的”。这句话的意思是：好，就算三苦存在，离苦的渴望存在，离苦的可能性也存在，就算我们同意吠陀[①]中提出的方法足以消除痛苦，离苦这一主题也不值得探究，因为有更简单的离苦之法。再者，对诸谛的知识只有依靠很多代人历经漫长而艰苦的传统学习过程才能获得。俗话说，何必舍近求远？当有更简单的方法来达成渴望的目标时，又有哪个智者会舍近求远？

医术高明的医生们开出了许许多多治疗身体痛苦的药方。对于消除精神痛苦，我们也有简单的方法，诸如得到美女、美酒、美食、华服、珠宝等享乐对象。同样，我们也有消除依外苦的方法，比如精通伦理与政治学，住在安全的居所等。对于解决超自然作用带来的麻烦，我们也有简单的办法，比如宝石、咒语等。

但本颂说“并非如此”，意思是拒绝上述观点。为什么？“因为缺乏确定性和持久性。”

Ekāṅta指离苦的确定性，atyaṅta指已经消除的苦不会再现，二者的缺乏用ekāṅtātyaṅtato abhāva来表述。在此，通用词缀tasi具有所有格的作用。此处的大意是：由于三苦的止息甚至在运用规定的方法、服用草药之类的药物、得到美女、研究伦理与政治学、念诵咒语等之后依然无效，

① 此处的“吠陀”一词我们不加书名号，因为结合上下文来看，它是广义上的用法，指整个吠陀文献，包括四部《吠陀》本集、《梵书》、《森林书》和《奥义书》，读者可以参见第二颂的补注。——译者注

因而离苦缺乏确定性；还由于我们看到曾被消除的苦再度出现，因而我们推断离苦缺乏持久性。所以，虽然明显的离苦之法易得，但不会带来确定而持久的效果。有鉴于此，对离苦的探究肯定不是多余的。

尽管开篇就谈及“苦”一词不太吉祥，但离苦之法是吉祥的，就其本身而论，如此开篇十分适切。

虽然我们同意明显的离苦之法不能确定地、究竟地消除三苦，但吠陀中规定了一些方法，比如持续一整年的星祭之类的仪式，它们被认为将会确定而持久地消除三苦。天启（Śruti，指吠陀文献）也认为：“一个渴望天道之乐的人应当履行祭祀。”关于天道（svarga，svaḥ），有如下解释（见弥曼差派的文本*Taṅtra Vārtika*）：“天道是无穷无尽、连绵不绝、不掺杂不幸的快乐，可通过强烈的渴望而进入。”“天道是一种特殊的快乐，它抵消不幸，从而能以固有的力量根除痛苦。”此种快乐也是不灭的，因为天启宣称“我们饮用苏摩，变得不朽”（*Atharva-Śiras-3*），如果此种快乐易逝，那又何谈不朽？所以，能在片刻、几小时内、一天里、一个月内或一年里消除三苦的吠陀方法比（数论的）分辨智简单得多，后者只能通过生生世世的巨大努力才能获得。如果这么来看，本颂提出的对离苦学说的探究是多余的。

对此疑问的回答见下一颂。

【补注】

第一颂开宗明义地提出了本书的整个讨论之动机：离苦。这也是数论哲学的出发点。该出发点清楚地表明，数论以人生问题为重，对于世界观的描述和构建只是充当人生问题展开的基础。这里的“世界观”简单地说指二元二十五谛的宇宙演化论，“人生问题”或人生观指轮回与解脱。尽管数论哲学对印度诸思想派别的贡献似乎更多地在于其世界观，但就数论本身而言，宇宙存在的意义，也就是原质展开演化过程的意义，是为轮回和解脱提供舞台，我们会在本书后面的偈颂中看到相应的解释。

《数论颂》的整个讨论是以经验观察为基础的，这是我们在阅读的时候应当始终记住的一个前提。依据经验事实，世间多苦，数论把苦分为三种：依内苦、依外苦和依天苦。依内苦指身体痛苦和精神痛苦，身体痛苦包括传统医学说的风、热、痰等的失衡引起的健康问题，精神痛苦包括贪、嗔、痴等精神毒素引起的心理问题。依外苦指外部力量导致的痛苦，这里的外部力量指生物和非生物的作用，比如他人、野兽、爬虫、植物、石头等造成的伤害。依天苦指自然和超自然力量导致的痛苦，比如风雨雷电、星体、恶灵等的影响。值得注意的是，本书对苦的分类依据和大家熟悉的帕坦伽利的《瑜伽经》不同。《瑜伽经》

从心理运作的角度把苦分为五种——无明、我见、执着、厌恶、贪生怕死，而数论对苦的分类似乎并无特定的角度，只是就导致苦的对象之最大类别来进行讨论。

对《瑜伽经》和《数论颂》在苦的分类问题上的区别，我们需要注意，在阅读本书的时候，应该尽量记住“文本纯净性”这个术语，它的意思是：一个文本中的概念与逻辑，应该尽量从该文本自己的解释体系内部去理解，不要轻易借用别的文本中看起来相似的知识。如果需要借用，也应该尽量确定此种借用在什么程度、什么意义上是可行的、合理的。文本纯净性的问题在印度的经典与哲学中尤为突出，因为印度思想特别复杂，体系众多、派别林立。即使被视为“姊妹”的数论派和瑜伽派，其经典《数论颂》和《瑜伽经》中的内容差别也很大，甚至连同一个词也可能有着不同的含义和用法，比如《数论颂》中的“心”和《瑜伽经》中的“心”就是两个范围不同的概念。这一点我们要慎之又慎。

回到我们的讨论上来。众生皆有趋乐避苦之本能，因而，这三种苦逼迫着人们寻找离苦之法。当然，在数论之前，已有诸多消除或缓解痛苦的方法。针对身体痛苦，有医方可治，针对精神痛苦，有种种享乐方式。针对依外苦，可以建造安全的居所，或者掌握自然科学与人文科学的相关知识。针对依天苦，有咒语、法器、占星术等。这些都是“明显的离苦之法”，即众所周知的、显而易见的离苦方法。此外，吠陀提供了进入天道享乐的方法，比如祭祀和饮用苏摩。吠陀甚至宣称天道之乐是不朽的。

这就引发了一个问题：既然已经有了这么多方法可以用来对治三苦，那么《数论颂》对于离苦之法的探究为什么不是“多余”的，而是必要的？本颂的回答是，上述离苦之法皆有两个缺点：不确定和不持久。在此，我们可以把本颂和下一颂的内容结合起来理解，下一颂谈到吠陀的离苦之法另有三个缺点：不净、退失、不平。所以，以往的离苦之法共有五个缺点：不确定、不持久、不净、退失、不平。

由此，《数论颂》认为自己提出的离苦之法并不多余，因为能够克服上述五个缺点，做到确定、持久、清净、不退、平等。那么，《数论颂》的离苦之法是什么？下一颂回答这个问题。

第二颂

दृष्टवदानुश्रविकः स ह्यविशुद्धि क्षयातिशययुक्तः ।

तद्विपरीतःश्रेयान् व्यक्ताव्यक्तज्ञविज्ञानात् ।। २ ।।

dṛṣṭavādānūśravikaḥ sa hyaviśuddhi kṣayātiśayayuktaḥ I

tadviparītaḥ śreyān vyaktāvyaktajñavijñānat II 2 II

ānūśravikaḥ，天启的，吠陀的；dṛṣṭavād，和明显的离苦之法或方法类似；hy，因为；saḥ，它是（即吠陀的离苦之法或方法）；aviśuddhi-kṣaya-atiśaya yuktaḥ，带有不净、退失和不平；tadviparītaḥ，与二者（明显的方法和吠陀的方法）相对（的方法）；vyakta-avyakta-jña-vijñānāt，（出自）显现者、未显者和知者（原人）的分辨智；śreyān，更好

吠陀的方法和明显的方法类似，因为带有不净、退失和不平。与这两种方法相对的那种方法更好，它出自对显现者、未显者和原人的分辨智。

ānūśrava指吠陀，因为它是聆听古鲁话语的弟子所听

闻的，也就是说，它只是被弟子所记住，而不是被任何人所创作（就像《摩诃婆罗多》那样）。所以，ānūśravika就是在课堂上从古鲁那里听闻的内容。虽然这些内容出自吠陀，但奉行吠陀规定的仪式方法类似于采纳“明显的方法”，因为这两种方法都不能确定地或持久地消除三苦。尽管ānūśravika是吠陀的《业品》（*Karma Kāṇḍa*）和《智品》（*Jñāna Kāṇḍa*）的共同外延，但我们在此应该知道，它仅指吠陀中的仪式部分。吠陀还宣称：阿特曼应被认识和觉悟，并和原质区分开来（《大森林奥义书》）；他（ātmavit）不返回，不返回（这个世界）（《唱赞奥义书》8-15）。

宣称“吠陀的方法和明显的方法类似”，这里的理由在于它（吠陀的方法）“带有不净、退失和不平”。说它“不净”，是因为诸如苏摩祭之类的祭祀在履行的时候要宰杀动物、破坏谷物。般遮尸诃说：它（献祭动物等）搀杂了轻微的不净，可补救，可容忍。Svalpaḥsaṅkaraḥ指轻微的罪过和主要的功德混合在一起，其中轻微的罪过带来恶，由宰杀动物等导致，主要的功德则由履行星祭之类的祭祀产生。Saparihāra指上面这种恶可以通过某些赎罪仪式来消除。然而，如果因为疏忽而没有履行赎罪仪式，那么它（由宰杀动物导致的罪过）也会在主要的业报（即功德）产生的同时结出恶果。一旦恶果结出，就要耐心地承受。那些通过善行进入天道甘露湖的成就者们，耐心地承受着由罪过（因宰杀动物等所导致）带来的悲伤的火星。

对此，我们不能说普遍戒律（“不杀生”）置特殊训谕（“应杀用于火祭和苏摩祭的动物”）于不顾，因为二者并不冲突。只有存在冲突时，弱者才会被强者取代，而在这里，不存在这样的冲突，因为二者讨论的是两个完全不同的话题。“不杀生”的戒律仅仅宣称杀生有罪并导致苦，但没有消除如下事实：杀生对于祭祀的完成是必要的。“应杀用于火祭和苏摩祭的动物”则仅仅宣称了宰杀动物在履行祭祀中的必要性，但没有说宰杀动物不会产生恶果，不然，这句话就会有两个分句，大意是：（1）杀生有助于履行祭祀；（2）杀生无罪。在杀生作为罪因和杀生有助于履行祭祀之间，亦不存在矛盾。宰杀动物为人带来罪过，但同时，它也帮助人履行祭祀。

虽然本颂中的“退失”和“不平”与离苦的结果有关，但在此，它们被归于离苦的方法。天道中的“退失”特性意味着“退失”是一个肯定性的存在和产物。[①] 再者，据说像星祭这样的祭祀只是进入天道的方法，而像力祭（vājapeya）这样的祭祀则引领人实现自主（self sovereignty）。这种结果的不平等构成本颂所说的“不平”。确实，一个人的大成就会让另一个仅有小成就的人悲伤！

“我们饮用苏摩，变得不朽”中的“不朽”表示持久。另一处说：“确实，不朽是持久，直至所有要素（整个宇宙）最终消融。”因而，吠陀说：“他们既不是通过行动或出身，也不是通过财富，而是唯独通过弃绝获得不朽；隐士所达之处高于天道，却闪耀在心中。”另外，“生养孩子且渴望财富的圣人通过行动只能获得死亡（作为回报），而明智的圣人获得超越一切行动的不朽”。

鉴于上述内容，本颂说“与这两种方法相对的那种方法更好，它出自对显现者、未显者和原人的分辨智”。

---

① 此处，“肯定性的存在和产物”中的“肯定性的”（positive）一词和“否定性的”（negative）一词相对，这种表述在相隔一段之后再次出现。我们试举例说明，“小明经过努力，期末仍没有考取满分”，这里的“考取满分”是肯定性的存在和产物；“小强经过努力，期末没有考取满分”，这里的“没有考取满分”则是否定性的存在和产物。文中的从天道“退失”被说成肯定性的存在和产物，因为这种“退失”导致进入轮回，产生进一步的结果；而稍后的“不落入轮回”则是否定性的存在，因为这不产生任何进一步的结果。——译者注

所以，与缓解痛苦的吠陀方法（比如饮用苏摩等，这些方法不净，而且带来的结果缺乏持久性与平等性）相对的方法，是清净的方法，不掺杂恶（归因于宰杀动物）等，并带来持久的、至上的（即不可超越的）结果。这一点被吠陀中反复出现的说法——具备分辨智的人绝不落入轮回——所显明。认为“分辨智带来的结果不持久，因为它是被引发的存在（caused entity）”，则是不适切的，因为这样的论据只有在其结果是肯定性的存在（positive entity）时才站得住脚，而在当前的例子中，离苦虽然是个结果，但却是否定性的存在（negative entity），因而该论据站不住脚。它（不落入轮回）也不会产生别的苦，因为当原因本身（落入轮回）被废止，就不会产生结果（苦），这意味着因果作用仅仅持续到获得分辨智为止。这一点将在第六十六颂得到解释。

本颂的字面意思是：以直接的分辨智——原人不同于原质——的形式呈现的离苦之法与吠陀的离苦之法相对，因而更好。吠陀的方法也很好，因为它们是吠陀所规定的，就其本身而论能在某种程度上缓解痛苦；分辨智——原人不同于原质——也很好。在这两类卓越的方法中，分辨智更好。

问：分辨智何以产生？

答：从对显现者、未显者和知者（原人）的正确知识中产生。对显现者的认识先于对未显者的认识，未显者是显现者的原因；从这二者为了另一者的目的而存在这个事实，我们获得有关原人的知识。我们看到，本颂是按照认识的先后顺序来谈论三者的。这里的意义在于，“原人不同于原质”这一知识是按照如下顺序获得的：首先是带着分辨力，从天启（吠陀文献）、圣传（权威文本）、史书（历史描述）和《往世书》（神话）中听闻显现者、未显者和知者的真实本性；然后，通过科学的推论，以适当的方式证明听闻的知识；最后，通过长期热切而不间断的冥想吸收已被证明的知识。第六十四颂说：“通过修习真知生起如下智慧：‘非我’，‘非我所’，‘无我’；那是最终的、因无误而纯净的、究竟的知识。”

在首先证明了一个事实——科学的探究对探究者有用——之后，作者为了着手他的工作，接下来简单地交代他的体系之含义，其目的在于集中探究者的注意力。

【补注】

第二颂接着第一颂的内容，继指出明显的方法所具有的两个缺点——“不确定”和“不持久”之后，指出了吠陀方法的三个缺点。在此基础上，本颂提出了自己的方法。

“吠陀”的字面意思是“知识”。这个词有两种用法：第一，指见者（仙人）以直观的方式见到的真理；第二，指对所见真理的记录，狭义上指四部《吠陀》本集，广义上指吠陀文献，包括《吠陀》《梵书》《森林书》和《奥义书》，它们合称为“天启”。本书中出现的“吠陀”一词，一般指广义上的吠陀文献或天启。

吠陀是印度思想的源头，传统上被认为具有绝对的权威，因而吠陀中的离苦之法想必也被认为是不可置疑的权威方法。然而，我们在本书一开始就看到，数论虽然肯定吠陀的方法，但把它和明显的方法相提并论，因为这两种方法都有缺点。吠陀的方法另有如下三个缺点：第一，不净，指履行祭祀的过程中因宰杀动物等带来的轻微罪过；第二，退失，指天道中的享受有着特定的期限，期满之后就会重新落入轮回；第三，不平，指天道中的享受也有品级高低优劣之分，这引起攀比，而攀比带来烦恼。所以，在数论看来，吠陀的方法也不究竟，不算终极解法。这实际上对吠陀权威构成了某种程度上的挑战。

这里涉及一个问题：既然数论不赞同吠陀的方法，并提出了自己的离苦之法，那么数论的起源是不是在吠陀传统之外？的确，有些学者认为数论并非起源于吠陀。然而，这个问题不容易回答。首先，数论是古印度六大正统哲学流派之一，这里的正统与非正统，其划分标准在于是否承认吠陀的权威。在这一点上，数论显然和佛教不同，它承认吠陀的权威，尽管它对祭祀和种姓制度也并不那么赞同。不过，数论承认吠陀的权威，并不等于它起源于吠陀。其次，我们前面说数论的离苦之法在某种程度上是对吠陀权威的挑战，这里的“吠陀权威”指吠陀中的业品，具体指通过履行祭祀进入天道，从而离苦得乐。吠陀作为一个源远流长、庞大复杂的传统，其本身包含着不同的发展阶段，不同的思想和子传统，有的子传统可能是相互对立的。这在逻辑上留下了一种可能性：数论确实出自吠陀传统，它反对的是作为业品的“吠陀权威”。再次，日本学者木村泰贤在《梵我思辨》中经过考察提出：数论思想最重要的四个特征，其材料或可能性都见于《奥义书》，更有不少可以追溯到《梨俱吠陀》时代，因而数论起源于吠陀传统。

本村泰贤列出的数论的四个特征为：（1）指出吠陀的过失，不认为吠陀是绝对的权威（他说，《奥义书》在某种意义上其实是在反抗从前的吠陀主义，是为反抗神话主义或祭祀主义而起的）；（2）排除神或梵的唯一原理，树立原质与原人之二元；（3）特别重视物质之原理，认为一切现象的发展皆与此有关；（4）分析现象界的种种事项，更且于彼此之间附上因果关系。[①]维尔辛格（S. G. M. Weerasinghe）在《数论哲学》（*The Sāṅkhya Philosophy*：

① 参见木村泰贤著：《梵我思辨》，释依观译，台湾商务印书馆，2016。——译者注

A Critical Evaluation of Its Origins and Development）中全面考察了数论哲学的各个构成要素之思想渊源和发展脉络，他在此基础上指出数论派就是吠陀传统的直系后嗣，并驳斥了数论起源于吠陀传统之外的说法。我们在此也倾向于赞同他们的观点，认为数论起源于吠陀传统。

然而，这并不妨碍数论在解脱论上开辟自己的独特道路。数论认为自己的离苦之法是明显的方法和吠陀的方法之外的第三种方法，出自对显现者、未显者和知者的分辨智。这确立了一条智慧解脱的明晰道路。室利·阿罗频多（Sri Aurobindo）在《薄伽梵歌论》中告诉我们，实际上，在吠檀多派确立其智慧道路之前，“智慧瑜伽”指的就是数论派的道路。

既然本颂明确谈到了智慧道路的分辨对象——显现者、未显者和知者，那么下一颂应该接着对这些对象进行最粗略的说明。但我们看到一个表述上的问题：第二颂使用的术语是显现者、未显者和知者（它们与“分辨智”相连），第三颂谈论的则是二十五谛（它们与“本”和“变异”的宇宙演化关系相连），那么，显现者、未显者和知者与二十五谛是什么关系？我们的回答是前者实际上即为后者，只是表述方式不同而已。为什么要用不同的表述方式？因为这两种表述方式代表着不同的谈论角度。二十五谛是从世界观，即宇宙演化的角度来谈的，显现者、未显者和知者则侧重从人生问题，即从分辨智得解脱的角度来谈。换言之，我们可以把二十五谛从宇宙演化的角度分为本和变异的四类范畴（第三颂），也可以把二十五谛从分辨智的角度分为显现者、未显者和知者（第二颂）。与此相关的问题是：在数论中，世界观和人生问题是什么关系？我们在第一颂的补注中已经谈过这个问题，指出了数论的世界观乃是人生问题的基础。所以，作者自然而然应该先从世界观开始谈起，因而第三颂的表述方式切换成了二十五谛的宇宙演化论。

第三颂

मूलप्रकृतिरविकृतिर्महदाद्याः प्रकृतिविकृतयः सप्त ।

षोडशकस्तु विकारो न प्रकृतिर्न विकृतिः पुरुषः ।। ३ ।।

mūlaprakṛtir avikṛtir mahadādyāḥ prakṛtivikṛtayaḥ sapta ।

ṣoḍaśakas tu vikāro na prakṛtir na vikṛtiḥ purūṣaḥ ।। 3 ।।

mūlaprakṛtiḥ，作为根的本或演化者（或根原质）；avikṛtiḥ，不是变异或演化产物；mahadādyāḥ，大（也译成玛哈特、菩提、觉）等；prakṛtivikṛtayaḥ，本和变异；sapta，有七；ṣoḍaśakaḥ，十六；tu，仅仅；vikārāḥ，变异；purūṣaḥ，原人（也译成普鲁沙、大灵或灵体）；na，两者都不是；prakṛtiḥ，本；na，不是；vikṛtiḥ，变异

根原质不是变异（演化产物）。以大谛（觉）为始的七谛既是本（演化者）又是变异（演化产物）。但十六谛（五知根，五作根，心和五大）仅是变异。原人既非本又非变异。

简而言之，《数论颂》中讨论的客体有四类。有的客

体仅是本（演化者），有的客体仅是变异（演化产物），有的既是本又是变异，还有的既非本又非变异。

问：最初的本是什么?

答："根原质不是变异。"演化（也就是产生其余诸谛）的本是原质，也称为本因（pradhāna，也译成胜因），即初始者，代表萨埵、罗阇、答磨这三德的平衡状态，而且它不是变异（演化产物），也就是说，原质仅是本。原质被解释为根（mūla），是作为根源的本（根原质），因为它是其他所有变异的根，同时也是原初的质料。原质是所有产物（即整个宇宙）的根源，但它自己没有根源，即它是独立自存的。如果假定原质也有其原因，那就会陷入无穷无尽的后退，因为我们不得不假定那个原因还有进一步的原因，从而导致一个无穷无尽的原因序列，那是不合逻辑的，与有效推理不融贯。

问：既是本又是变异的客体有多少？有哪些?

答：既是本又是变异的数目有七，始于大谛。大谛（玛哈特或觉）是我慢（ahaṅkāra）的原因，又是原质的产物。同样，我慢是五唯（tanmātras）和十一根（indriyas）的原因，又是大谛的产物。还有，五唯是空（ākāśa）等五大的原因，又是我慢的产物。

问：变异有多少？有哪些?

答：变异有十六，十六是变异的数目，它们是五大和十一根。它们仅是变异，不是本，小品词[①]tu被用来强调这一点。虽然tu在本颂中被放在vikārāḥ（变异）之前，但我们认为tu应该跟在vikārāḥ之后。奶牛、陶罐、树等是土元素的变异，同样，凝乳和幼苗分别是牛奶和种子的变异，而牛奶和种子分别是奶牛和树的变异。这种区分并不影响上述立场，因为树等在本质上无异于土。原质一词代表的是某种本质上不同的能生（productiveness）的东西，而奶牛、树等在本质上彼此无异，这由如下事实表明：它们都有“粗糙”这一共同属性，并可被诸根所感知。

接下来，既非本又非变异的那一个被描述为：“原人既非本又非变异”。我们会在后面详细解释。

为了确立上述命题，应该列出不同种类的证明（有效的认知方法）。如果不先设立一般定义，就没法设立具体定义，因此，正确认知方法（量）的一般定义见下一颂。

【补注】

本颂用最简明的方式交代了数论的宇宙图像或世界观。

---

① 据百度百科，小品词是语言中的一种形似介词的副词。小品词是一类比较特殊的词，它既有副词的某些特征，又具有介词的词形。它往往与前面的动词形成修饰和补充说明的语义关系，本身不能单独充当句子成分；它形似介词，又没有实体意义，却不能独自带宾语，与动词构成的是只有一个论元的单位述谓结构。——译者注

首先需要明确的是，数论反对创世说，认为不存在创世之神，宇宙是自行演化出来的。在数论哲学中，整个宇宙被分析为二十五谛，除了原人之外，其余二十四谛之间存在着次第演化关系，“本”和“变异”的概念被用来说明这种次第演化关系。“本”指演化者，“变异”指演化产物，它们都是相对的概念，也就是说，何者是本，何者是变异，这要在具体的关系中来确定。数论的宇宙演化图如下：

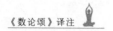

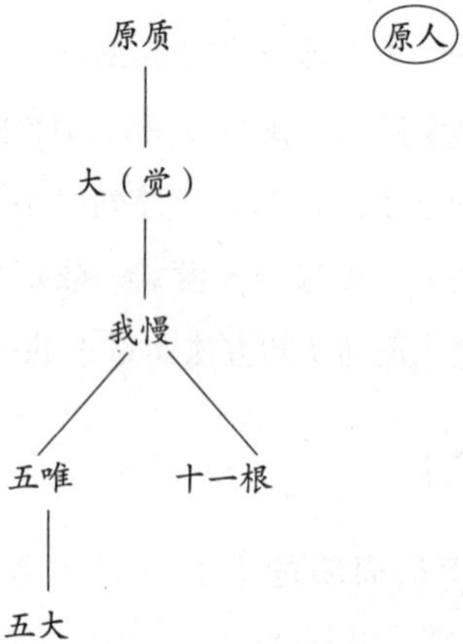

上图显示，原质是其余二十三谛的本，是宇宙演化的根源，而且原质仅是本。大、我慢、五唯（共七谛）既是本，也是变异。五大和十一根（共十六谛）仅是变异。原人非本非变异，和宇宙演化没有直接关系。我们同样用图来表示这四类范畴：

四类范畴
- 仅为本：原质
- 亦本亦变异：大（觉）、我慢、五唯（共七谛）
- 仅为变异：五大、十一根（共十六谛）
- 非本非变异：原人

本书第二十二颂至三十八颂详细讲述了数论的演化论，故而我们在此只作最简单的交代。这里产生了一个问题：本成为变异之后，比如原质成为大（觉）之后，原质还存在吗？同样，大成为我慢之后，大还存在吗？这关乎数论的“演化”是个什么概念。我们可以把这种演化想象成有水从杯中溢出，而杯中之水仍在，换言之，本生出变异之后，本仍在其位。因此，木村泰贤指出，数论的演化论是一种“流溢说”。

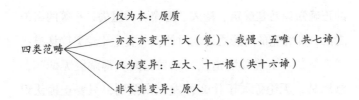

依据这种演化论，二十四谛之间存在着双重关系：在纵向上，它们之间有着本和变异的缘起关系；在横向上，它们之间有着并存关系。所以，数论的演化论是缘起论和并存观的交织。木村泰贤在《梵我思辨》中进一步指出：一方面，缘起论是自《梨俱吠陀》以来的理论，数论继承了缘起论；另一方面，诸谛的并存则更多地体现了数论采用学派时代解析整个存在的特征，把存在分析为二十五谛。数论巧妙调和这两个方面，形成了自己的演化论。

数论把整个存在分为二十五谛，并认为对二十五谛的正确知识乃是确定、持久、清净、不退失、平等的离苦之法，即究竟的解脱之道。对此，《金七十论》确认道："若知二十五随处随道住，编发髻剃头得解脱无疑"，意思是，无论你属于什么种姓什么派别，只要正确认识二十五谛，即可离苦得解脱。那么，接下来的问题是，"正确认识"的方法（称为"量"）是什么？下一颂回答这个问题。

2. 方法论I：三种量

第四颂

दृष्टमनुमानमाप्तवचनं च सर्वप्रमाणसिद्धत्वात् ।

त्रिविधं प्रमाणमिष्टं प्रमेयसिद्धिः प्रमाणाद्धि ।। ४ ।।

dṛṣṭam anumānam āptavacanaṃ ca sarva pramāṇa siddhatvāt ।

trividhaṃ pramāṇam iṣṭaṃ prameyasiddhiḥ pramāṇāddhi ।। 4 ।।

dṛṣṭam，感知；anumānam，推理；ca，和；āptavacanaṃ，可信之人的陈述；sarvapramāṇa-siddhatvāt，因为（通过这三者）所有（其余）量（也）得到确立；trividhaṃ，三重；pramāṇam，量，认知方法，证明；iṣṭaṃ，被确定；pramāṇāddhi，唯独通过量；prameyasiddhiḥ，可证明之物被理解

认知方法（量）是现量（感知）、比量（推理）和圣言量（有效见证）。通过这三种量，其余的量也得到确立，因为它们包含在这三种量中。量被确定为有三种，通过这三种量，可证明之物被理解。

在此，“认知方法”（pramāṇa，量）一词表示有待定义的内容，对该词的解释即为定义。“量”就是用来正确认知事物的方法——这一解释使得量被认定为正确认知的工具。量是心针对客体发生的变化（cittavṛtti，心的波动），此种变化摆脱了模糊、颠倒和不理解等缺陷。量带来的结果是正知（正确的认知），以人的理解的形式呈现，获得正知的方法就是量。由此可见，量的定义并不适用于所有导向怀疑、谬误和回忆的方法。

关于量的数目，作者拒绝矛盾的观点，认为量有三种，也就是说，正知的普遍方法仅有三种，不多也不少。这一点我们将在解释量的具体定义之后进行说明。

问：三种量是什么？

答：三种量是现量（感知）、比量（推理）和圣言量（有效见证）。这三种量是大众一般接受的证明形式。哲学体系的阐发针对的是普罗大众，因为受益者只是普罗大众；超凡脱俗的瑜伽士的直觉知识不以任何方式助益于普罗大众的认知，因而尽管直觉知识真实存在，但我们不在此进行讨论。

驳：好吧。量的数目或许不少于三种，但为什么不是多于三种呢？有人（比如正理派的乔达摩）的确谈到了更多的量，诸如譬喻量（upamāna）等。

答："因为它们包含在这三种量中"，也就是说，其他所有形式的量都不外乎这三种量——现量、比量和圣言量。我们会在后面进行解释。

问：既然本书的目的在于帮助人们理解可证明之物，那么为什么要定义量的一般概念和具体的量呢？

答：因为"通过量，可证明之物被理解"。在此，本颂中的siddhiḥ一词指理解。

本颂的解释从感知出发，而非从言语出发（即遵从可敬长者的做法）。

在定义具体的量时，作者首先定义的是现量（感知），原因在于：（1）现量优先于其他的量，（2）其他的量（诸如比量等）依赖于现量，（3）各方都同意现量的首要性。

【补注】

本颂开始交代数论的方法论。此处的三种量连同后面的因中有果论构成数论的方法论。

关于量的讨论，《数论颂》分两步走，首先定义量的一般概念和数目，然后定义具体的量。本颂讨论的是第一步的内容，需要处理三个问题：第一，认知方法或量是什么；第二，量的数目为什么是三种；第三，本书在展开其理论体系之前，为什么要先讨论量的问题。

众所周知，对于世界和人生，我们有着各种各样的认知。这些认知是怎么来的？当然是通过一定的方法产生的。然而，并非所有能够产生认知的方法都叫“量”，瓦恰斯帕蒂·弥室罗在本颂的注释中告诉我们，只有产生正知（正确的知识）的方法才是本颂的经文中所说的“量”，产生怀疑、谬误和回忆的方法则不是量。再者，本颂讨论的量只涉及普通人的一般认知方法，不涉及瑜伽士、仙人等的“超凡脱俗”的特殊认知方法。所以，确切地说，这里的量指的是适用于普罗大众的用来获取正知的方法。至于为什么这些方法被中译者称为“量”，想必如同知道桌子的长短要使用尺子这种量器，同样，获得认知也需要量器——认知方法。我们在此沿用“量”的译法，也是考虑到白话文的译法过于烦琐。

关于量的数目问题，古印度各派哲学有很多讨论，并得出了不同的结论。数论派把量的数目确定为三种：现量、比量、圣言量。这里说的“三种”不是为了排除其他的量，诸如譬喻量、传承量、义准量、无体量、想定量等，而是囊括了其他的量。这一点会在后面的偈颂中说明。值得注意的是，在排序上，现量或感知占据了优先地位（对此，弥室罗在上面的注释中给出了三个理由），其次是比量或推理，而圣言量排在最后。这说明数论承认吠陀的教导，不过，在地位上，圣言量被作为现量和比量的补充，因为感知和推理是有限度的。在此，数论的态度很明确：应该先用自己的感知和推理，在此基础上再诉诸圣教。这或许体现了数论反对盲目相信吠陀的教导，正所谓“尽信书不如无书”。

最后，数论为什么不直接展开其理论体系，而是要先处理方法论的问题？本颂的回答是：只有借助量，才能理解本书后面的内容，也就是数论体系的具体内容（可证明之物）。〔此处的“理解”（siddhiḥ）一词是弥室罗的译法，他是站在读者解读本书内容的角度来说的；真谛在《金七十论》中对这个词的译法则是“成立”，是站在作者设计本书内容的角度来说的。〕即使在今天看来，这也是一种相当规范而严谨的论述方式，和《吠陀》《奥义书》的总体表述方式不同。数论的知识是建立在感知、推理和圣教的基础之上的，我们也能基于这三种量来理解整个数论哲学。

接下来，我们进入关于量的讨论的第二步，看看《数论颂》对于三种量的具体定义。

第五颂

प्रतिविषयाध्यवसायो दृष्टं त्रिविधमनुमानमाख्यातम् ।
तल्लिङ्गिपूर्वकमाप्तश्रुतिराप्तवचनं तु ।। ५ ।।

prativiṣayādhyavasāyo dṛṣṭaṃ trividhamanumānamākhyātam ।
tallingalingipūrvakamāptaśṛutir āptavacanaṃ tu ।। 5 ।।

dṛṣṭaṃ，现量；prati-viṣāyādhyavasāyaḥ，是（经由诸根）弄清各个客体；anumānam，比量；trividham-ākhyātam，据称有三种；tat，那（即比量）；liṅga-liṅgi-pūrvakam，以对标记（相）和有标记之物（有相）的知识为基础；āptavacanam tu，有效见证；āpta śṛutiḥ，是可信之人和吠陀的陈述

现量是经由诸根弄清各个客体。比量据称有三种，以对中项（相或标记）和大项（有相或有标记之物）的知识为基础。圣言量是可信之人或吠陀的陈述。

在“现量是经由诸根弄清各个客体”这句话中，“现量”一词是被定义者（lakṣya），其余部分是定义

（lakṣaṇa）。“定义”一词意味着把被定义者与同类事物和异类事物区分开来。这句话的字面意思或许可以解释如下：“客体”通过将其形式印在认知上而作用于认知。土等物质和苦乐等情感是我们的客体，但它们的精微形式（五唯）则不是我们的客体，而是瑜伽士和苦行者的客体。Prativiṣayam指作用于特定客体的东西，也就是诸根。Vṛtti是与客体的接触，这里代表诸根与各个客体的接触，依此而来的知识即为判断知（adhyavasāya），它是由觉的运作产生的认知。当诸根因为理解客体而发生变化，觉的答磨性减退，萨埵性占据了主导地位——这被称为判断知、波动或知识（adhyavasāya，vṛtti或jñāna）。这便是认知方法——量。有知官能（cetanā，指原人）得到的恩惠就是被称为“正知”的果子。

实际上，觉（大谛）是无知（unintelligent）的，因为它出自原质。所以，觉的认知（认知是觉的功能）也是无知的，就像陶罐一样。同样，觉的其他变化，诸如愉悦等，也是无知的，但和愉悦等无关的原人却是有知之谛。不过，原人看似有认知、愉悦等，因为认知、愉悦等的影子映照在原人中，但实际上，认知、愉悦等存在于觉中——这便是有知之谛（原人）如何获得觉的恩惠。觉及其判断知本身尽管是无知的，但却看似有知，因为它们被映照在原人的知中。这一点将在第二十颂得到说明。

通过使用判断知（adhyavasāya）一词，可疑认知（saṃśaya）被排除在外，因为怀疑具有不确定性，不可能是明确的，而判断知是明确的认知。Viṣaya（客体）一词的使用排除了对不存在之物的颠倒认知（viparyaya）。本颂经文中的prati一词表明了诸根与客体的接触，从而排除了推理、记忆等。所以，“经由诸根的接触弄清客体”是对现量的完整定义，因为排除了所有同类事物和异类事物。为了避免啰嗦，本颂既没有辩护也没有批判别的体系的哲学家提供的定义。

顺世论者（lokāyatika，物质主义者）说，推理不是量。如果是那样，你要怎样才知道你的听者是无知、疑惑还是反对？当然，感知能力粗糙的俗人不可能知晓别人是无知、疑惑还是反对，也没法通过其他任何方式来知晓，因为顺世论者不接受除了直接感知之外的任何方式。所以，如果顺世论者不知道听者是无知、疑惑还是反对，就到处随便跟人讲话，那么他当然会被忽视，因为他的话配不上有识之士的关注，就像疯子得到的待遇一样。对方的无知、疑惑和反对只能通过某些征象推理出来，比如他的意图或言辞中的异样。所以，顺世论者必须接受推理为一种量，尽管并不情愿。

先定义现量，再定义比量，这个顺序是正确的，因为比量起因于现量。另外，鉴于一般定义必须先于具体定义，作者提供了比量的一般定义："以对中项和大项的知识为基础。"中项（相或标记）相当于被渗透者（vyāpya，即广延较小），大项（有相或有标记者）相当于渗透性（vyāpaka，即广延较大）①。中项和大项的天然共存性（concomittance）已被充分确立，所有可疑的、假定的（偶然的）附件都已被排除。"中项"和"大项"这两个词虽然指认知的客体，但在此，它们代表对客体的认知。在"小山着火了，因为有烟"的比量中，推理本身以对"烟"这个中项和"火"这个大项的认知为基础：在中项（烟）存在的意义上，必须接受大项（火）的存在，由此产生了大项（火）存在于小项（pakṣa，小山）中的认知。所以，比量的一般定义为：比量以对如下二者的认知为基础，第一，对大项和中项的恒定共存性的认知，第

① 中项、大项和小项涉及三段论及其结构。我们举例说明：

有烟就有火，
小山上有烟，
所以，小山着火了。

其中，结论中的主项叫作小项，用"S"表示，如上例中的"小山"。结论中的谓项叫作大项，用"P"表示，如上例中的"火"；两个前提中共有的项叫作中项，用"M"表示，如上例中的"烟"。三段论推理是根据两个前提所表明的中项M与大项P和小项S之间的关系，通过中项M的媒介作用来推导出小项S与大项P之间关系的结论。——译者注

二，对中项存在于小项中的认知。

作者说“比量据称有三种”，并回顾了另一个哲学体系（正理派）所描述的比量的三种具体形式。我们刚才用一般形式来定义的比量有三种具体形式，被称为：有前比量（apriori-pūrvavat，从因推果），有余比量（aposteriori-śeṣavat，从果推因），平等比量（sāmānyatodṛṣṭa，同类推理）。

比量有两种：正推（Vīta）和反推（Avīta）。通过认定一致的方式进行的正面推理即为正推，而通过认定差异的方式进行的反面推理即为反推。

在这两种比量中，反推称为有余比量或从果推因（śeṣavat）。śeṣa即余下之物，因而以余下之物为对象的比量称为有余比量。《正理论》（*Nyāyabhāṣya*）1.1.5对有余比量的描述如下：关于一个对象的有余比量是，该对象的一些可能的属性被否定或排除，并且这些属性不可能属于别的什么，从而，我们对余下之物（未被否定和排除之物）产生认知。我们将在第九颂引用反推的一个例子。

正推有两种：有前比量（从因推果），平等比量（同类推理，它基于一般的观察）。其中，有前比量以一般现象（that Universal）为对象，该一般现象的具体个例先前已被见过；pūrvavat中的pūrva意为众所周知的，指其具体个例先前已被见过的一般现象；以这样的一般现象为对象的推理认知称为有前比量。例如，我们从小山上有烟推理出小山上有一般而言的火的存在（着火了），在此推理中，一般而言的火的具体个例——以具体的火的形式呈现——先前已在壁炉里被见过。正推的第二种形式是平等比量，也是以一般现象为客体，但该一般现象的具体个例先前没有被见过。例如，在以诸根为对象的推理认知中，由某个根的活动（诸如对颜色等的认知）可以推理出这个根的工具性。虽然“工具性”（即导致某项活动的能力）作为一个类（sāmānya）是已知的，因为“工具性”的具体个例我们在作为砍伐工具的斧头上见过，但导致对颜色等的认知的那个具体工具（根）仅是推理出来的，因为该工具（它导致了对颜色等的认知）的具体个例从未被感知；也就是说，该工具的具体形式被认为属于某个一般而言的感官，而这个一般而言的感官的任何具体个例对于肉眼凡胎之人来说是不可感知的，不像在一般而言的火的例子中那样，火的具体个例先前被见过。这就是有前比量和平等比量的区别，但二者都是正推。在sāmānyatodṛṣṭa（平等比量）一词中，Dṛṣṭa指对一般现象（sāmānyasya）的认知，这个后缀可以表示所有的尾格；所以，Sāmānyatodṛṣṭa一词代表对某个一般现象的推理认知，而该一般现象的具体个例尚未被感知。我们在《正理评释真义疏》中对上述内容做过充分说明，在此就不赘述了。[①]

弟子听了导师说的话（比如“牵头奶牛来”），立刻以某种方式采取行动（牵来奶牛）。目击此事的人做出如下推理：对导师的话之含义的理解，乃是弟子行动的原因。由此，他认识到言语和其含义之间的关系。再者，对言语及其含义之间的关系的这种认识可以帮助言语表达其含义。可见，言语见证以比量或推理为基础，所以，圣言量（有效的言语见证）的定义被放在比量之后。圣言量被定义为“可信之人和吠陀的陈述”。在此，āptavacana表示有待定义的对象，这句话的其余部分则表示对它的定义。Āpta一词指正确的事物，既为正确（āpta）又为天启（śṛuti）的事物就是āptaśṛutiḥ，所以，śṛuti代表对一句话所具有的含义的认知。

圣言量是自带权威的，即它始终是正确的，这是因为圣言量来自吠陀的言语，而吠陀并非凡人的创作，还因为圣言量摆脱了所有缺陷（比如让言语变得不可信的谬误）。出于同样的理由，源于圣传、史书和《往世书》的知识也被认为是正确的，因为它们的源头是吠陀。据说古

① 一个感官（sense-organ）和一把斧头不属于同一类，斧头的工具性体现在砍等作用上面。再者，一个感官也不是一个感知客体。认知与行动都是行为，正如砍的行为如果没有工具就无法实施，认知与行动如果没有某种工具也无法实施。由此，作为认知与行动工具的诸根之存在被推理了出来。

代圣人迦毗罗（Kapila，数论哲学体系的创立者）很有可能记得自己在前面的劫（kalpa，时间循环）期间研习过的吠陀文本，就像我们在一觉醒来之后记得昨天学到的知识。这一点由尊敬的阇吉莎维耶以如下陈述显明："当我在十个劫期间逐渐成长……"该陈述出现在他和阿瓦提亚（Āvaṭya）谈话期间，当时，他谈到自己的诸世生活延续了十个劫的时间。在āptavacana（有效见证）中，通过使用āpta一词，所有的假启示（比如顺世论者的错误典籍）都被排除在外。那些典籍是不值得尊重的，原因在于：（1）不融贯性，（2）缺乏坚实的基础，（3）违背理性，（4）仅被少数糊涂之人接受。作者用小品词tu把圣言量和比量区分开来。某个句子的含义确实是通过这句话被认知的客体，但该客体并不成为这句话的属性（dharma），也就不能因此成为这句话的标记（即推理征兆，比如烟是火的推理征兆）。我们也不需要具备关于句子及其含义的关系的先在知识，就能表达该句子的含义。这一点可以在新诗人的作品中看到，该诗人写出的诗句我们闻所未闻，却能表达我们同样闻所未闻的含义。

前面讲了量的一般形式和具体形式的定义，反对者们（即其他哲学体系）所假定的其他所有量，诸如譬喻量等，也包含在上面定义的三种量中。

例如，"野牛（gavaya）类似于奶牛"这一陈述被用作譬喻量的例子，而实际上，该陈述的观点是一种圣言量的认知，而且，该陈述的含义——“野牛”代表类似于奶牛的动物——仅是比量的一个例子。在此，比量采取了如下形式：当一个具体的词被有见识的长者用来指称一个具体事物，而该词除了直接指称之外没有别的功能时，我们应该认为该词代表了该事物，就像“奶牛”（cow）一词指称“奶牛性”（cowness）这种遗传属性，同样，长者用“野牛”一词来指称一种类似于奶牛的动物。所以，我们必须认为“野牛”一词指称该动物。可见，这种认知纯粹是推理认知。再者，我们眼前的野牛这一动物类似于奶牛，这纯粹是一种现量。这就是为什么当我们想起奶牛，它和野牛的相似性这一认知便产生了的原因，这只不过是纯粹的现量。当然，奶牛中所包含的相似性无异于野牛中所包含的相似性。此外，当某一动物的各个身体部位（比如奶牛的尾巴、蹄子等）被发现在很大程度上类似于另一动物的身体，我们便称之为“相似性”。同一个属的两种动物在某些特征上的相似性对于这两种动物而言是同一种相似性，所以，当我们在野牛身上看到这种相似性，那它也必定出现在奶牛身上。因此，譬喻量的认知形式并不是一种含义不同的认知（因为就像我们刚才所证明的，来自譬喻量的认知要么是现量的认知，要么是比量的认知，要么是圣言量的认知）。由此，我们断言譬喻量不是一种不同的量。

同样，义准量或假定量（arthāpatti）也不是一种独立的量。为了支持假定量为一种不同的量，古人举了如下例子：没看见大活人柴特拉在屋内。古人说，在此，我们通过假定的方法知道柴特拉在别的什么地方，尽管没在屋内看见他。但事实上，这也是比量的例子。关于一个人的身体，我们很容易承认如下共存性：当我们知道一个现存的有限客体不在某个地方，那它就在别的地方，同样，当一个有限客体在某个地方，那它就不在别的地方。所以，在小前提“大活人柴特拉不在屋内”的帮助下，我们知道（或推理出）他必定在屋外的某处。这显然是比量的一个例子。“柴特拉在世上的某处存在”无法否定“柴特拉不在屋内存在”的事实，鉴于“不在屋内存在”无法充当他“在屋外存在”的合法理由。柴特拉“不在屋内存在”也不能否定他的“存在”。只有否定他的存在本身，他在屋外的存在才是不可能成立的。

疑：柴特拉“不在屋内存在”是和他的“存在本身”不融贯，还是仅和他“在屋内存在”不融贯？

答：不可能和他的“存在本身”不融贯，因为“在别的某处存在”和“不在屋内存在”之间没有不融贯性，二者完全彼此独立。

驳：屋子也属于一般而言的空间（这样说是为了反驳

刚才的主张：“不在屋内存在”和“在别的某处存在”之间不存在不融贯性，因为二者彼此不同），所以，柴特拉“在别的某处存在”也意味着他“在屋内存在”，这里的论题是一样的。“在别的某处存在”和“不在屋内存在”之间才有不融贯性。

答：并非如此。通过量（正确的认知方式）确定的“不在屋内存在”无法通过可疑的蕴含概念“在屋内存在”（借助一个模糊的论证——屋子也属于一般而言的空间）来否定。虽然被明明白白地确定的“不在屋内存在”否定了可疑的蕴含概念“在屋内存在”，但它不能否定此人的存在，也不能消除怀疑（涉及反对者所表示的“在屋内存在”的可能性）。被屋子这一范围所限定的柴特拉的“不在屋内存在”所否定的仅仅是“在屋内存在”，因为这里的存在和不存在有不融贯性；但它没有否定柴特拉的一般而言的存在，因为“不在屋内存在”和一般而言的存在没有不融贯性。所以，“此人在屋外存在”这一推理出自确定的理由（中项），其形式为“此人不在屋内存在”。上述理由也消除了“假定量”的另一定义，该定义在于将两个有效认知限定于不同的主题，从而消除二者之间的矛盾，因为实际上在“限定的范围”和“没有限定的范围”（即在“不在屋内存在”和“在别的某处存在”）之间没有不融贯性。假定量的其他例子也应被囊括在比量中。由此可以确定，假定量不是一种不同于比量的独立的量。

同样，无体量（abhāva，“不存在”）仅是现量的一种形式。一个罐子不存在于某个地方——这只不过是这个地方的一个具体变化（在这个地方，罐子的存在被否定），这种变化以无条件性（absoluteness）为特征。除了有知之谛（原人），其余之物无时无刻不在变化，这些变化能被诸根所感知。所以，不可能有任何客体可以充当诸如无体量之类的独特的量的对象。

随生量（saṃbhava，相等）导向对“大量”米所包含的诸如厘米，分米，毫米等“小量”的认知，这也仅为比量的一种形式，而非一种不同的量。事实上，大量米包含分米等小量，这导向对分米等小量存在于米之中的认知。

世传量（aitihya，传说）只是来自可疑的无名源头的模糊陈述之延续，一般以如下形式出现：“在很久很久以前”。下面的陈述就是一个例子：这棵榕树上住着一个鬼魂。世传量不可能是一种不同的量，因为它的陈述是模糊不清的，其来源无法确定。如果其来源被确定为可信之人的陈述，那么它就属于圣言量。所以，我们只能适切地说，量仅有三种。

我们已经定义了量，为的是确立显现者、未显者和知者的存在。在这三者之中，以土等形式呈现的显现者通过现量被认知，甚至能被目不识丁之人所认知。这样的人也能基于对烟之类的指示标记的感知，通过有前比量知道小山着火了这样的事。所以，如果要讨论的只是这样的事，那么本书提供不了任何有价值的帮助。本书应该讨论的是用常见的方法难以知道的事。因此，作者在下一颂强调：在前面谈到的这些量中，什么量能够带来对什么事物的知识。

【补注】

本颂具体定义了前颂谈到的三种量。瓦恰斯帕蒂·弥室罗的注释比较复杂，我们试图用更加简单化的方式来解释这三种量。

第一种是现量，真谛译成“证量”，它就是我们通常说的感知（感觉和知觉）。具体而言，现量是五知根（眼耳鼻舌皮）分别接触其客体或对象，使得客体的形式通过五知根的门户进入心中，从而引发心、我慢和觉这三个内作具的活动，由此产生相应的认知。例如，“我看到这个苹果又大又红”，这种认知就是现量。在此，眼根接触苹果这个客体，使得苹果的形式通过眼根这扇门进入心，经过心的加工传送给我慢，再从我慢传送给觉，最后觉得出“我看到这个苹果又红又大”这种认知，弥室罗称之为判断知或审定知。在此，需要注意几点：（1）我们刚才的例子仅仅涉及五知根中的眼根，而在现实生活中，诸根常常是一起发动的，所以我们不只是看到苹果又大又红，还会感到闻起来很香，想象吃起来很甜美。心、我慢、觉这三个内作具也会在诸根传来的感觉之上附加自己的作用，比如我慢会附上“这个苹果是我的”。（2）现量的认知需要调动五知根和三个内作具，作具共有十三个，它们的具体功能与合作关系，以及它们和原人的关系，构成数论的认识论，我们会在后面相应的偈颂中详细讨论。（3）《正理经》对现量的解释更加具体：“现量是根境相合产生的认识，不可言说，无误，确定”。“根”指五知根，“境”一词在《金七十论》中的解释是“境谓二十五义摄一切故”，我们可以最粗略地理解为由二十五谛生出的客体。弥室罗把“客体”解释为五大和合而成的物质以及苦乐等情感，这是常人的诸根能够接触到的客体。五唯被排除在外，因为常人不具备感知它们的超能力。再者，这种“根境相合”意味着根直接接触客体，所以推理、记忆、传闻等认知也被排除在外，它们不属于现量的认知。还有，现量的认知应该是明确的、无误的，这就排除了可疑认知、错误认知和对不存在之物的认知，比如夜色中把草绳看作蛇就不是现量的认知。这一点我们在前颂中解释“量”的定义时也谈到过。

第二种是比量，也就是推理，它以现量为基础，所以在分类的时候排在现量后面。比量分为三种：有前比量、有余比量和平等比量。有前比量也叫从因推果，《金七十论》举的例子很典型，“如人见黑云，当知必雨”——黑云密布是因，雨是果。有余比量也叫从果推因，《金七十论》举的例子同样很典型，“如见江中满新浊水，当知上源必有雨”，意思是，如果此处天气晴朗，也没听说江边动土，江水却一反常态的混浊，就能推理出上游下了雨，这是从结果推理出原因。平等比量是同类推理，《金七十论》对它的解释为，“如见巴吒罗国庵罗树发华，当知乔萨罗国亦复如是”，意思相当于春天西湖边的桃花开了，太湖边的桃花也应该开了。关于比量的成立，有一个要点，就是要先认识中项和大项的共存性（即相应不相离），在前面的例子中，就是黑云和雨、浊水和雨、春天和桃树开花的共存性。如果不知道这种共存性，就无法使用比量来认知。

第三种是圣言量，本颂的定义是“可信之人或吠陀的陈述”。圣言量的认知涉及的是现量和比量之外的知识，比如《金七十论》说“天上北郁单越非证比所知”，意思是关于天道的知识，我们用现量和比量都没法认知，只能依赖可信之人或吠陀的陈述。这里强调的是“可信”，对此，《金七十论》有言“圣者灭诸惑，无惑不妄语”。把“言语见证”称为“圣言量”，或许就是为了强调我们对这种量需要谨慎对待，并非出自所有人、所有典籍的言语都能成为言语见证。确实，因为信错了人，我们遇到许许多多的问题和麻烦。弥室罗在注释中指出，圣言量指的是作为天启的吠陀文献和以此为源头的典籍，以及可信长者的陈述。总而言之，圣言量的有效见证是需要被谨慎限定的。

另外，弥室罗在注释中还分析了别的哲学体系提出的譬喻量、假定量（义准量）、无体量、随生量和世传量为什么不是除了上述三种量之外的独立的认知方法。他分析认为，那些量实际上最终都可以还原为现量、比量或圣言量，或者它们的组合。所以，数论哲学认为量说到底只有三种，弥室罗在本颂注释中的分析可以看成是对第四颂中的经文“通过这三种量，其余的量也得到确立，因为它们包含在这三种量中；量被确定为有三种”的脚注。

到目前为止，我们已经说明了量的一般定义和具体定义，但量的讨论和数论哲学的关系尚未得到明确的揭示。别的哲学体系（比如正理派）也谈论量，甚至更加具体，那么，本书对量的讨论如何导向对显现者、未显者和知者的分辨智呢？下一颂的说明让我们离目标更近一步。

第六颂

सामान्यतस्तु दृष्टादतीन्द्रियाणां प्रतीतिरनुमानात् ।

तस्मादपि चासिद्धं परोक्षमाप्तागमात्सिद्धम् ।। ६ ।।

sāmānyatastu dṛṣṭādatīndriyāṇāṃ pratītiranumānāt ।

tasmādapi cāsiddhaṃ parokṣām āptāgamāt siddham ।। 6 ।।

tu，但是；atīndriyāṇāṃ pratītiḥ，对超感事物的知识；sāmānyataḥ dṛṣṭāt anumānāt，用平等比量（来获取）；parokṣam，超感事物；tasmād api ca asiddham，甚至不能用它来确立；āpta-āgamāt siddham，用圣言量（见证与启示）来确立

但是，对超感事物的知识要用平等比量来获取；甚至不能用平等比量来确立的超感事物的知识，要用圣言量来确立。

本颂中的小品词tu把"平等比量"与"现量和有前比量"区分开来。对本因（原质）和原人（大灵）等超感事物的知识"要用平等比量来获取"，也就是说，此种知识

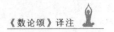

的获取归因于觉的某种运作，其形式为：觉映照在有知的原人中。对平等比量的提及仅是充当例证，我们应该认为这里也包括有余比量。

驳：所以，对所有超感事物的认知只能用平等比量来获取吗？如果那样，就意味着诸如天道、不可见的力量、诸神等，以及由大谛和其余诸谛构成的演化序列是不存在的，因为在这些例子中，平等比量不适用。

答：为了回答这个问题，本颂说“甚至不能用平等比量来确立的超感事物的知识，要用圣言量来确立”。tasmāt一词的使用足以表明超感事物的确立这层意思，对小品词ca的附加使用意在把有余比量纳入进来。

驳：好吧。但是，诸如天空花、乌龟毛、头发角之类事物的不可感知使得我们认为它们不存在。原质等同样不可感知，那么，原质等的存在又是如何通过平等比量等来确立的呢？

下一颂回答这个问题。

【补注】

本颂谈论的是对“超感事物”的认知方法（量）。顾名思义，超感事物指不可感知的事物，也就是无法用现量来认知的事物。弥室罗在上面的注释中实际上谈到了两类不可感知的事物，第一类是诸如天空花、乌龟毛、头发角之类的事物，它们符合不可感知的条件，但它们的不可感知是因为它们不存在；第二类是诸如原质、原人、天道、不可见的力量、诸神等事物，它们虽然不可感知，但却是存在的。本颂谈论的超感事物指的是第二类不可感知并且存在的事物。

超感事物既然不能用现量来认知，就要用比量和圣言量来认知，而且比量被排在圣言量的前面。前颂谈到比量有三种，本颂只提到了平等比量，但弥室罗认为这里也应该包括有余比量，即从果推因的推理。我们认为，从本书后面的偈颂，尤其是用来证明原质和原人存在的偈颂（第十五、十六、十七颂）中可以明显地看出，他的这一主张是十分合理的。

本颂实际上已经明确地告诉我们，本书要讨论的重点不是可感事物，而是超感事物。我们刚才谈到了本书所指的超感事物的两个特征——不可感知和存在，接下来讨论存在之物为什么“不可感知”。作者用来讨论超感事物的思路和讨论量的思路差不多，都是先进行一般的说明，然后有针对性地进行具体说明。

3. 方法论II：因中有果论

第七颂

अतिदूरात्सामीप्यादिन्द्रियघातान्मनोऽनवस्थानात् ।

सौक्ष्म्यात् व्यवधानाभिभवात्समानाभिहाराच्च ।। ७ ।।

atidūrātsāmīpyādindriyaghātānmano’navasthānāt ।

saukṣmyāt vyavadhānābhibhavāt samānābhihārāc ca ।। 7 ।।

atidūrāt，由于极远；sāmīpyāt，由于极近；indriyaghātāt，由于根坏；mano’navasthānāt，由于心不在焉；saukṣmyāt，由于精微；vyava-dhānāt，由于障碍；abhibhavāt，由于（被他物）抑制；samānābhihārāt，由于相似物的混合；ca，以及其他

由于极远、极近、根坏、心不在焉、精微、障碍、他物的抑制、相似物的混合，以及其他原因（甚至连存在之物也不可感知）。

依照“狮子眼”的格言[①]，下一颂中的“不可感知”（anupalabdhiḥ）应该结合本颂来理解。高翔在空中的鸟儿尽管存在，却不可被眼根看见，因为距离极远。本颂中的“极远”（ati）也应和“极近”（sāmīpya）结合起来理解。滴入眼中的眼药水尽管存在，却不可被眼根看见，因为距离极近。“根坏”指目盲、耳聋等。“心不在焉”诸如我们甚至在大白天也感知不到某些东西，尽管那些东西与我们的诸根相触，这是因为我们的心被强烈的激情等占据了。“精微”让我们无法感知诸如原子之类的事物，无论我们的心有多么专注，也无论它离我们有多近。“障碍”例如我们看不见女王等人，虽然她们存在，但被墙挡住（隐藏）了。“抑制”例如我们在白天看不见星星，因为它们被更明亮的阳光抑制了。“混合”例如我们看不见落入池中的雨水，因为雨水和池水混合了。本颂中的小品词ca具有集合作用，也囊括了本颂没有提及的那些内容。由此，甚至连未显者也被囊括在不可感知的原因中，比如凝乳不可感知是因为它在牛奶的状态中属于未显者。

上述内容的意思是，一个事物不会仅仅因为不可直

① 狮子眼（Simhāvalokana Nyāya）是用来形容狮子瞻前顾后的格言。狮子有个习惯，就是在杀死猎物之后瞻前顾后，看看有没有对手来抢夺。这条格言常被用来形容一个人一边回顾已经做过的工作，一边继续手里的工作。

接感知就不存在。这样说是因为这里存在着一种危险：不恰当地把论证推得太远。例如，一个人走出屋子，便得出结论说原先屋内的人不存在，因为看不到他们。然而，并非如此。只有对于如下事物，我们才能确定它们不存在：它们能够被感知，同时没有被感知。原质、原人等不具备可感知的属性，智者不会仅仅因为它们不可感知而推理出它们不存在。至于本颂中提到的哪个原因适用于原质等的“不可感知”，下一颂来回答。

【补注】

本颂回答存在之物为什么“不可感知”这个问题。在此，作者罗列了八个原因：极远、极近、根坏、心不在焉、精微、障碍、他物的抑制、相似物的混合。这些情况都是基于现实的观察，因而很容易理解。其中，“根坏”指感官本身的无能导致无法感知客体；“心不在焉”类似于耶稣说的“你们视而不见，听而不闻”，说明诸根的有效运作需要心的配合；“障碍”指因他物的覆障导致诸根无法感知客体，比如屋外的人看不到屋内的人，因为被房子遮挡了。

除了这八个显而易见的原因，本颂还加上了“以及其他原因”，从而把没有罗列出来的情况也囊括在内。对此，弥室罗举了一个例子：我们都知道凝乳（或奶酪）是由牛奶制作而成的，但未制作之前，我们只能看见牛奶，没法看见凝乳，这时，凝乳其实是存在的，只是尚未显现出来——作为“未显者”。他把“未显者”也纳入了超感事物的范围。关于这一点，《金七十论》的解释更加细致。《金七十论》把上述八种情况归入“有不可见”，即八种不可感知的实有物，并把“未显者”归入“无不可见”，即“无物有四种亦复不可知”。这四种不可感知的“无物”为：第一，“生前不可见”，比如前面说的凝乳未被制作出来，故而不可见；第二，“坏无故不见”，比如瓶子摔碎了，其样貌不复可见；第三，互无故不见，比如牛中不见马，马中不见牛；第四，“极无故不见”，比如空中花、乌龟毛、头发角等。所以，按照《金七十论》的说法，共有十二种不可感知。

我们可以看到，弥室罗把前八种和第九种“生前不可见”归入存在并且不可感知的“超感事物”；剩下的三种只是不可感知，但不属于超感事物，因为它们不存在。《金七十论》的分类不一样，它把前八种说成“实有物”，后四种说成“无物”，仅此而已。初看起来，《金七十论》的分类比较合理，也符合现实状况。然而，大梵学家弥室罗为何要在本颂的注释中单单举出“未显者”的例子呢？结合本书后面的内容，我们便知他的用意十分明显：主要是为了给后面的“因中有果论”做铺垫。另外，

“未显者”一词除了“尚未显现之物”这个一般含义，在数论哲学中还有一个特殊用法，专指“本因”。所以，弥室罗在注释中特意把“未显者”提出来，是为本书整体内容的融贯性服务的。

解释了存在之物为什么不可感知（以及注释中的不存在之物的不可感知）之后，接下来要进行的具体说明是：原质不可感知的原因属于上述十二种不可感知中的哪一种。

第八颂

सौक्ष्म्यातदनुपलब्धिर्नाभावात् कार्यतस्तदुपलब्धिः ।

महदादि तच्च कार्यं प्रकृतिसरूपं विरूपं च ।। ८ ।।

saukṣmyā tadanupalabdhirnābhāvāt kāryatastadupalabdhiḥ I

mahadādi tacca kāryaṃ prakṛtisarūpaṃ virūpaṃ ca I I 8 I I

tadanupalabdhiḥ，它不可感知；saukṣmyāt，是因为它精微；na ābhāvāt，不是因为它不存在；kāryataḥ，通过它的结果；tat upalabdheḥ，它被认知；tat ca kāryaṃ，它的结果是；mahat ādi，大谛和其余诸谛；prakṛti-sarūpaṃ，与原质相似；virūpaṃ ca，和不相似

原质不可感知是因为它精微，而不是因为它不存在。它通过结果被认知；这些结果是大谛和其余诸谛；它们与原质相似又不相似。

我们为什么不说原质不可感知仅仅是因为它不存在，

就像第七种味道[①]那样？

作者的回答是，“不是因为它不存在”。为什么？因为“它通过结果被认知”，这里的“它”（tat）指的是原质。用来认知原人的证据则在第十七颂给出：“聚集物是为了另一个的缘故”。当我们发现诸根的现量无法认知某些客体，而这些客体的存在被更强的证据所证明时，我们就应该明白诸根不能认知它们。诸根无法认知第七种味道不能归因于诸根不能认知它，而要归因于第七种味道的存在尚未被任何有效的证据证明。

问：那么，原质的存在又是从什么结果推理出来的呢？

答：“这些结果是大谛和其余诸谛。”它们如何表明了原质的存在？第二十二颂将会详细解释。本颂谈到“它们与原质相似又不相似”，这是因为对这些结果与原质的相似和不相似的理解有助于获得分辨智（viveka jñāna），对此，第二十三颂等偈颂将作进一步的说明。

原因只能通过结果来认知。关于因果论，不同的哲学家有着不同的看法。

有些哲学家（佛教徒）声称，存在（结果）出自非存在（原因）。

---

① 味道只有六种：辣、酸、甜、咸、苦、涩。所以，第七种味道是不存在的。

有些哲学家（不二论者）声称，所有结果都只是同一终极实在的虚幻现象，它们本身不是真正存在。

有些哲学家（比如迦那坨和乔达摩）认为，先前非存在的结果出自存在的原因。

古人（比如迦毗罗）宣称，存在（结果）出自存在（原因）。

依据前三种因果论，本因（原质）的存在无法被证明。世界具有声等元素的性质，而这些元素仅是乐、苦、幻的不同变化，这表明世界的原因是具有萨埵、罗阇、答磨的属性（三者的本质分别是乐、幻、苦）的本因。如果我们接受"存在的结果出自非存在的原因"这一论证，而"非存在的原因"必定是无法形容的，因为不具特点，那么，"非存在的原因"如何能够具有声等性质呢？"非存在"当然绝不可能具有"存在"的性质。即便我们说，具有声等性质的世界是同一终极实在的虚幻现象，那也不能证明存在的结果出自存在的原因。独一无二的终极实在也绝不能产生现象，毋宁说，"非现象者产生现象"的观点仅仅是个幻觉。甚至根据迦那陀和乔达摩的理论——非存在的结果出自存在的原因，也不能认为结果完全由原因造成，因为存在者和非存在者不可能有一致性。所以，依据这种理论，本因的存在也无法得到证明。

所以，为了证明本因的存在，作者从一开始就宣称结果是存在的。

【补注】

本颂承上启下，讨论了两个问题：第一，原质不可感知的原因；第二，原质存在的原因，这涉及数论的因果论。

原质不可感知的原因属于前颂中谈到的十二种原因中的“精微”。什么是精微？《金七十论》举了个例子，“譬如烟等于空中散细故不可见”，意思是，原质就像散在空气中的烟，由于精微而不可见。有没有见过村里的炊烟？中午或傍晚，家家户户烟囱里飘出白色的烟。烟刚从烟囱里飘出时是可见的，因为聚集在一起，不久就散入空中不可见了。

我们可以承认烟之类的平常事物虽然精微不可感知，却是存在的，然而，原质并非平常事物，我们又如何知道它的存在呢？这里开始正式讨论我们前面说的超感事物的第二个特征“存在”。本颂说，原质的存在是通过它的结果——大谛和其余诸谛——被认知的。耶稣说，看一棵树是什么树，要看它结出的果子。弥室罗在本颂的注释中也说，在现量无法认知客体，而客体的存在又被其他证据所证明时，就应知该客体是存在的，只不过诸根不能直接认知它。原质的情况就是如此，虽然它不可感知，但从它的结果可以推理出它的存在，此处用到的量是比量，确切地说是有余比量和平等比量。

从这里衍生出了因果论的问题。数论的观点很明确：原质是原因，大谛和其余诸谛是结果；原因是存在的，结果也是存在的；结果的存在证明原因的存在。在此或许需要补充说明，数论的原因分为两种——质料因和动力因，原质是质料因，三德（萨埵、罗阇、答磨）是动力因，我们会在后面详细解释。

弥室罗在注释中谈到了不同哲学流派的因果论，并做了四种分类。接着，他逐一分析除了数论之外的其余三种因果论都不能证明本因（原质）的存在。这是站在数论的角度进行的反驳，或许从被反驳的流派本身的理论来看未必是完全准确的。不过，我们无须陷入复杂的哲学纷争，而且下一颂中还会继续讨论因果论。就本颂而言，我们只需明确作者所要表达的基本意思：基于普遍的因果关系，因为世界作为结果是存在的，所以必定存在着本因。你可能已经注意到，当从因果论的角度谈论时，我们把原质称为本因。实际上，“原质”一词在数论中有两种用法，第一种专指演化之前处于三德平衡状态的本因或初始者，第二种指除了原人之外的二十四谛，也就是本和变异，统称原质。

我们回到因果论上来，本书对因果论的谈论和对量、超感事物的谈论一样，也是分为两步：先一般地谈论数论的因果论，再具体谈论不可感知的原质和原人存在的原因。既然本颂谈到由大谛和其余诸谛（结果）可推理出原质（原因）的存在，那么下一颂自然而然要交代数论的因果论。

第九颂

असदकरणादुपादानग्रहणात् सर्वसंभवाभावात् ।

शक्तस्य शक्यकरणात् कारणभावाच्च सत् कार्यम् ।। ९ ।।

asadakaraṇādupādānagrahaṇāt sarvasaṃbhavābhāvāt ।

śktasya śkyakaraṇāt kāraṇabhāvācca sat kāryam ।। 9 ।।

asat akaraṇāt，由于非存在者的无造作；upādānagrahaṇāt，由于为了结果而选取质料；sarva sambhava abhāvāt，由于不能通过任何方法产生任何事物；śaktasya，有能力的；śakyakaraṇāt，由于能作之物的造作；ca，和；kāraṇabhāvāt，由于结果和原因同质；sat kāryam，结果是存在的

结果是始终存在的，因为（1）非存在物不能通过任何方式而存在，（2）结果要取适当的质料因，（3）不是一切结果产生于一切原因，（4）有效的原因只能产生相应的结果，（5）结果和原因同质。

本颂中的satkāryam意思是：甚至在原因起作用之前，结果就是存在的。对于此种学说，正理派不应提出如下异

议：证明已然成立之物是荒谬的。[1]虽然诸如新芽和罐子之类的产物是在种子和泥块被消灭之后才产生的，但我们不能借此说，原因的效力是消灭（pradhvamsa，因为“消灭”是纯粹的否定）。原因的效力仅是由种子和泥块的粒子构成的肯定性的存在物（即新芽和罐子）。如果一个肯定性的存在物可以从纯粹的否定（即无物）中产生，而这样的“否定”到处都是，那就会引起一种荒谬的可能性：一切事物能在一切地方产生。[2]对此，我们在《正理评释真义疏》中已经详细地解释过了。

现象世界仅是幻——这一吠檀多理论无法被证明，除非我们举出某些证据使得现象世界的存在无效。现在，只剩下乔达摩和迦那陀的理论，即先前非存在的结果出自存在的原因。对此，本书作者证明了自己的观点：“结果是始终存在的”。这一主张的理由在本颂中给出：“（1）非存在物不能通过任何方式而存在”，意思是，如果结果在原因起作用之前不存在，那么谁也不能让它存在，就像无数的艺术家也绝不能把蓝色变成黄色。如果我们说“存在”和“非存在”仅是罐子的特性（dharma），即便

① 这种异议称为siddha sādhana doṣa，意思是：如果结果已然存在，那么让原因起作用以便产生该结果，就是多此一举。

② 由此，佛教徒的首要理论——存在的结果源于非存在的原因——被反驳。

那样，罐子的“非存在”使得任何特性都不可能存在于罐子上，而罐子的“存在”照旧；再者，“非存在”不可能是罐子的特性，因为“非存在”与罐子既不相等也不相关，我们又如何能够认为罐子“非存在”呢？由此得出，结果必定也在原因起作用之前存在，亦如结果在原因起作用之后存在。既然如此，那么我们对原因的期待仅仅是：原因让预先存在的结果显现出来。“让潜在的结果显现”的断言是完全适切的，例如，我们通过压榨让油从芝麻中显现，通过捶击让米从稻谷中显现，通过挤奶让牛奶从奶牛中显现。但我们没有例子来证明非存在物的产生，事实上，我们从未见过非存在物的显现或产生。

其次，出于下述理由，我们应该认为结果甚至在原因起作用之前就存在于原因中：因为“（2）结果要取适当的质料因”。本颂中的upādāna一词代表原因，而grahaṇa一词指对原因的选取，代表原因和结果的关系。所以，复合词upādānagrahaṇāt指“因为原因和结果有固定的关系”。这里的意思是，只有当某个原因和某个结果有关时，该原因才能产生该结果，而如果结果非存在，就不可能有这种关系。所以，我们必须认为结果是存在的。

问：好吧。即便如此，结果为什么不能从无关的原因中产生呢？如果是那样，就只能产生“非存在的结果”。本颂给出的回答则是：因为“（3）不是一切结果产生于一切原因”。如果我们说结果可以从无关的原因中产生，那么，任何结果都能从任何原因中产生，因为一切结果都可以与原因无关，但这样的事从未发生。所以，无关的结果不可能从无关的原因中产生，相应的结果是从相应的原因中产生。这就是为什么数论导师断言：“原因始终与存在物有关，而不可能与非存在物有关；但对于渴望与原因无关的结果的人而言，不存在任何限制（即事物是任意产生的）。”

驳：好吧。原因也只能产生它能够产生的结果，原因的这种效力是通过看到结果的实际产生而被认知的，所以不可能有上面谈到的混乱。这一点在本颂中得到了回答：因为“（4）有效的原因只能产生相应的结果”。那么，有效的原因中存在的效力是对一切事物起作用，还是仅对特定的结果起作用？如果我们接受前者，就会产生同样的混乱。如果我们接受后者，就需要解释它如何对“非存在物”起作用。如果我们说原因的效力本身是以如下方式构成的——它只能产生特定的结果，而非所有结果。那么我们就会问，这种特殊构造的效力是否和特定的结果有关？如果回答“是”，那么原因和“非存在物”就不可能有关，所以必须接受结果是存在的。如果回答“否”，那么我们会再度面临混乱的问题。所以，本颂正确地说“有效的原因只能产生相应的结果”。此外，“（5）结果和原因同质”这一陈述也给出了结果存在的理由。因为结果和原因同质，所以结果不可能异于原因，又因为原因存在，所以无异于原因的结果如何可能非存在呢？

以下是用来证明结果无异于原因的论据。（1）布无异于织成它的纱线，因为布存在于纱线中。本质上不同于某物的另一物，不可能存在于某物中，就像奶牛不可能存在于马中，但在此，布存在于织成它的纱线中。由此我们得出，结果无异于其原因。（2）布和纱线不可能是两种不同的东西，这归因于质料因与其结果的关系（upādāna-upādeya bhāva）。但凡我们发现两种东西彼此不同，就无法在二者之间找到因果关系，例如，我们无法找到罐子和布之间的因果关系。然而，我们可以在纱线和布之间找到质料因和结果的关系，所以二者不是相异的东西。（3）布和纱线不是两种不同的东西，还“因为二者之间既无结合，又无分离”（samyoga-aprāpti abhāvāt）。结合只存在于彼此不同的事物之间，比如井和枣树；分离也只存在于彼此不同的事物之间，比如山与河。在布和纱线的例子中，没有这样的结合或分离，因此，它们不是两种不同的东西。（4）布无异于纱线，还因为在布里面并不包含其他任何物质，使得布比纱线更重。事实上，针对两种不同的东西，我们才能接受其中一种更重，比如，放了两个苹果的天平一端比放了一个苹果的另一端要低。但在布的重量和织成它的纱线的重量之间，没有这种不同，所以布无异于纱线。这些用来证明布无异于纱线的论据是由反推提供的。

由此，布和织成它的纱线之间的无差异性得到了证明。可见，布仅仅是以不同的方式排列的纱线，布在本质上无异于纱线。下述论证不能证明布和纱线相异：（1）在无差异的事物中会出现自相矛盾的作用，例如，当我们把布撕成纱线，就涉及布的消灭和纱线的产生，所以，如果我们接受布和纱线的无差异性，就会涉及消灭和产生的自相矛盾的作用；（2）对因果关系的认知导向这一观念：关系双方是相异的；（3）原因服务的目的不同于结果服务的目的，例如，布的目的在于遮盖东西，而这一目的无法由纱线达成。

上述论证无法证明原因和结果相异，因为这三种反对意见可以通过某些要素的出现和消失来解释与调和。具体而言，（1）乌龟的四肢缩进龟壳就消失了，伸出龟壳就再度出现，但我们不能因此说乌龟把四肢消灭又产生了，同样，罐子和王冠只是泥土和黄金的具体变化，当它们从泥土或黄金中出现时，我们就说它们产生了，而当它们变回泥土和黄金时，我们就说它们消灭了。实际上，非存在物不可能“产生”，存在物不可能“消灭”。克里希那早已指出这一点，他说：“不存在者不会存在，存在者不会不存在”（《薄伽梵歌》2.16）。在上述例子中，乌龟在质料上无异于它出现和消失的四肢，同样，罐子和王冠无异于泥土和黄金。（2）“布在纱线中”（布是由这些纱线织成的）这个陈述所包含的意义类似于“森林里有榕树”的陈述。在此，后一陈述并不意味着森林本质上不同于榕树，毋宁说，森林无非是榕树的集合。同样，在布和纱线的例子中，布只不过是纱线的一种具体形式，二者本质上并无差异。（3）二者的服务目的不同也不能用来证明原因和结果的不同，因为同一事物可有若干不同目的或作用。例如，火这一事物可服务于不同的目的——燃烧、煮饭、照明等。我们也不能说作用的不同造成差异，因为我们看到，同一事物的作用随着单独运作和集体运作而不同。例如，单个挑夫只能起到指路作用，但他们合起来就能抬轿，同样，单根纱线不能起到遮盖作用，但把许多纱线织成布，就能起到遮盖的作用。

驳：那么，这种“样子”（即织成的布）在原因起作用之前就已存在，还是不存在？如果不存在，就必须承认非存在物的产生。如果在原因起作用之前已然存在，那么原因起作用的必要性又在哪里？因为当结果已然存在，原因的作用就毫无必要。如果我们说虽然这种样子已然存在，但正是为了让这种样子显现，才需要原因的作用，那么我们只会陷入无穷无尽的显现之中，而那是荒谬的。

所以，当布产生，所发生的全部就是纱线以布的形式显现——这是个空洞的论证。

答：非也。如果按照你的看法，一个非存在的结果产生了，那么请你告诉我们，这个非存在的结果的“产生”是什么？“产生”是存在的，还是非存在的？如果它是存在的，那它哪里需要原因呢？如果它是非存在的，那么还应该有那种“产生”的产生，由此，就会有无穷无尽的产生，那是荒谬的，令人无法接受。为了避免这一缺陷，如果我们说“产生”不是某种不同于布的东西，其实就是布本身，那就意味着“布”一词和“被产生”一词是同义的。既然如此，当我们说“布”一词时，就不应该说“被产生”一词，因为如果二者同义，那么说“被产生”一词就只是一种不必要的重复。再者，你也不能说布被消灭了，因为产生和消灭绝不能在同一事物中共存。

因此，“布的产生”必定要么在于布是其原因所固有的（sva-kāraṇa-samavāya），要么在于布是其存在所固有的（sva sattā samavāya）。无论哪种情况，这里说的“产生”都不是无中生有（因为“固有”是永恒的）。即便如此，为了“产生”的目的，若干原因必须起作用。因而，可以适切地说，我们需要原因来让已然存在的产物（比如布等）显现出来。此外，原因并非和布的“形式”有关，因为形式不是作用；原因只和“作用”有关，否则（如果原因和作用无关），就根本不成其为“原因”。这样，我们已经充分证明“结果是始终存在的”（satkāryam）。

证明了“结果是始终存在的”之后，接下来要解决的问题是，什么事实有助于证明本因的存在？为了说明本因存在的证明方法，作者在接下来的偈颂中陈述了显现者和未显者的相似和不相似，对此的适切理解可导向分辨智。

【补注】

本颂交代了数论的因果论，被称为“因中有果论”或“因果无差异论”。因中有果论连同前面讨论的三种量（认知方法）构成数论哲学的方法论。关于原因，我们说过数论的原因可以分为两类：质料因和动力因。关于质料因和结果的关系，弥室罗在前颂中罗列了四种理论：存在的结果出自非存在的原因，所有虚幻的结果出自同一终极实在，先前非存在的结果出自存在的原因，以及数论说的存在的结果出自存在的原因。他在前颂和本颂中对前三种理论进行了逐条驳斥，并在本颂中详细讨论了数论用来支持因中有果论的五个论证。

作为大学者，弥室罗的论证十分详尽，在逻辑上十分复杂，对印度的因明学（逻辑学）感兴趣的读者可以仔细品读。在此，我们参考《金七十论》，提供一个更加简明的版本来解释因中有果论的五条论证。

第一，“无不可作故”，即非存在物不能通过任何方式而存在，意思是：如果结果不存在于原因中，那么此种“非存在”的结果是不可能从原因中产生的，只有存在于原因中的结果才能从原因中产生。具体而言，这里有两层意思，首先，“非存在物”（其实这是个逻辑上矛盾的说法，因为只有存在物，没有“非存在物”，我们姑且用之）可以理解为不包含在所有原因中的“东西”，比如空中花、乌龟毛、头发角。这样的东西无论如何也不会实际存在，只能以想象的方式存在。其次，“非存在物”是相对于某个特定的原因而言的，比如油菜籽中不能出沙，而只能出油，因为沙相对于油菜籽是“非存在物”，不存在于油菜籽中，而油存在于油菜籽中。

第二，“必须取因故”，即结果要取适当的质料因，意思是：缘木求鱼是没有结果的，我们求取结果，必须找到适当的质料因。比如，我们要得到丝绸，就必须养蚕吐丝。据说外国人曾经不知道丝绸是怎么来的，有过很多猜测和试验，都没有成功地造出丝绸，直到后来才知道蚕乃是适当的质料因。

第三，“一切不生故”，即不是一切结果产生于一切原因，比如石头生不出小猫，草木生不出金银，我们都知道现实中的因果关系不是混乱的。

第四，“能作所作故”，即有效的原因只能产生相应的结果，意思是：因果关系是固定的。我们都知道火烧赤壁的故事，东吴军正是利用风向的变化这个有效因火烧曹营，以少胜多。

第五，“随因有果故”，即结果和原因同质，比如我们只会期待玫瑰开出玫瑰，百合开出百合。

这五条论证说明，结果在实际产生之前和之后都始终存在于原因中，即因中有果。与因中有果论相对的是因中无果论或因果差异论。弥室罗在注释中分析了因果无差异的四个理由，并逐条驳斥了因果差异论。我们在此需要注意的是，“因中有果论”和“因中无果论”虽然从字面上看似乎是正相反对的理论，二者的立论依据实则并不统一。木村泰贤在《梵我思辨》中指出：“因中有果论者主要是就有机物之发生而论证，因中无果论者的论证是以制作物作为标准。就世界观而言，前者是基于发展说，后者是基于积聚说。”[1]从发展说（演化论）的角度而言，因中有果论者认为质料因中已经潜伏着结果，就像鸡蛋中已经潜伏着小鸡，只要加以一定的条件，就会产生相应的结果。但是，就制作物的条件而言，因中无果论者认为质料因要产生相应的结果，必须具备各种条件，而这些条件本身并不包含在质料因中，比如鸡蛋要孵出小鸡，需要鸡蛋

① 木村泰贤：《梵我思辨》，释依观译，台湾商务印书馆，2016年，第97页。

本身已经受精，并且在一段时间内保持特定的温度，而受精和温度本身不是作为质料因的鸡蛋自身所具备的。可见，因中有果论和因中无果论实际上是从不同的角度得出的不同理论，客观地说，它们各有各的道理，服务于各自的目的。数论确立因中有果论是为了证明原质的存在，否则，原质充其量只是一种假设或空想。我们在理解这两种因果论的时候，要把它们放回各自的解释体系内部，才能获得准确的看法。同理，弥室罗从数论的角度对因果差异论进行的反驳，其目的不应该被看作是为了驳倒对方，而在于从自身的反面进一步确立自身，这类似于讨论“非‘非甲’”是为了确立“甲”，而不是为了驳倒“乙”。

既然一方面结果是始终存在的，另一方面相应的结果从相应的原因中产生，那么这里的“产生”应该如何理解？显然，此种产生不是无中生有意义上的产生，而是潜在之物的显现。换言之，原因和结果并非两种本质相异的东西，而是原因改变其状态，成为结果。我们前面说过原质一词既可指本因，又可指本因及其变异（即二十四谛的统称），根据就在于此；本因及其演化出来的二十三谛本质上并无差异。就本和变异的关系而言，本是因，变异是果。至于原因的状态何以发生改变而成了果，则涉及作为动力因的三德，我们会在后面进行说明。在此我们需要记住，在数论中，“原因产生结果”指的是“原因让固有的结果显现出来”，从这个意义上说，原因是未显者，结果是显现者。

一般地谈论了数论的因果论之后，接下来应该具体谈论原质为何存在。但在此之前，作者认为有必要先说明原质这一概念本身涉及的两个重要方面：一是显现者和未显者的关系，二是原质三德的含义和作用。所以，接下来的第十至十四颂讨论这两个方面。

4. 显现者、未显者与原人的异同

第十颂

हेतुमदनित्यमव्यापि सक्रियमनेकमाश्रितं लिङ्गम्।

सावयवं परतन्त्रं व्यक्तं विपरीतमव्यक्तम् ।। १० ।।

hetumad anityam avyāpi sakriyam anekam āśritaṃ liṅgam ।

sāvayavaṃ paratantraṃ vyaktaṃ viparītamavyaktam ।। 10 ।।

vyaktam，显现者；hetumat，有原因或依赖于原因；anityam，无常，非永恒；avyāpi，非遍在，有限；sakriyam，迁移，流转；anekam，众多；āśritaṃ，有支撑，依赖；liṅgam，相，标记；sāvayavaṃ，由部分组成；paratantraṃ，从属；avyaktam，未显者；viparītam，（与上面）相反

显现者有因、无常、非遍在、迁移、众多、依赖、有

相、有部分、从属。未显者与此相反。

显现者有其原因，即显现者是产物或结果。至于何者是何者的原因，见第二十二颂的讨论。“无常”（anityam）指可灭，意思是会消融在其质料因中。“非遍在”（avyāpi）是因为显现者并不遍在于一切变异（演化产物）中。只有原因遍在于结果中，而非结果遍在于原因中，例如，觉和其余产物不可能遍在于本因中，就其本身而论，它们是非遍在的。“迁移”（sakriyam）是因为出入之类的流转。觉等变异被认为是迁移的，因为它们会放弃先前占据的身体，重新占据另一个身体。身体和土等物质的流转则是众所周知的。“众多”（anekam）是因为觉等变异因人而异（人有多少，它们就有多少）。土等五大也是众多的，取决于它们在身体、罐子等产物中的差异性。“依赖”（āśritaṃ）是因为它们受到各自的原因的支撑。虽然觉和其余产物无异于它们的原因，但它们呈现出某种差异，它们和原因以支撑者和被支撑者的关系相连，就像“森林里有榕树”这一陈述所表明的那样。

“有相”（liṅgam）指的是本因的相或标记。觉和其余产物是本因（原质）的相，这一点将在第十五颂得到解释。然而，本因不是本因自身的相，但我们可以认为原人是原人自身的相。“有部分”（sāvayavaṃ）指包含着整体与部分的关系，或者avayava一词可解释为相当于avayavana，意思是相互结合，即整体与部分的结合。这里的“结合”在于分离后的结合，因此，“有部分”指有这种结合者。例如，土等物质可相互结合，同样，其他物质也可相互结合。然而，本因不与其产物觉等结合，因为这些产物无异于本因（它们和本因实质上相同）。萨埵、罗阇和答磨之间也不存在结合，因为它们之间不存在分离。

“从属”（paratantraṃ）指觉和其余诸谛是从属物。觉为了产生其变异——我慢，需要原质的帮助，即原质填充进来。如果没有这种帮助，觉就是稀薄的，无法产生我慢。同样，我慢和其余诸谛也需要原质的帮助才能产生它们的变异。所以，每一显现者都需要原质的填充才能演化出其产物。因而，尽管显现者有产生自己的变异（演化产物）的效力，但它们需要根本原质以填充的形式提供帮助。因此，显现者是“从属”的。

未显者与显现者相反，也就是说，未显者无因、恒常、遍在、不迁移。虽然未显者有演化活动，但未显者不迁移。所以，未显者是一，无部分、无相、无结合、无从属。

由此，我们解释了显现者与未显者的不相似。在下一颂，作者说明了显现者与未显者的相似，以及二者与原人的不相似。

【补注】

本颂陈述显现者与未显者的不相似，共有九处。“显现者”指从觉到五大的二十三谛，“未显者”指本因。

这里或许需要指出，前颂在谈论数论的因果论时，论证了原因和结果在本质上无差异。在此，未显者是显现者的原因，显现者是未显者的结果，二者在本质上没有差异，但这并不能抹杀二者有不相似之处的事实，就像两个苹果在本质上都是苹果，但有如形状等方面的相似和不相似，这一点我们很容易理解。所以，本颂说的显现者和未显者的相似和不相似并不是就本质上的异同而言的。

显现者的“有因”“无常”“非遍在”“众多”“有部分”很容易理解，我们就不重复解释了。“迁移”指的是由觉、我慢、心、十根和五唯构成的“精身”或说“细身”随着生死轮转从一个身体迁移到另一个身体，所以印度经典中说，人死如同精身脱下一件旧衣。关于liṅgam一词，有两种译法，《数论颂》的注释者弥室罗的译法是“有相”，指觉等诸谛是本因的标记或相；真谛的《金七十论》和乔荼波陀的注释本则把这个词翻译成“没”或“复归”，姚卫群在《古印度六派哲学经典》中的译法是“回归”，就是复归之意，指觉等诸谛在宇宙消融之时依次复归其本，最终没入本因。“依赖”和“从属”两个词看上去很接近，似乎很容易混淆。按照弥室罗的解释，“依赖”指觉等显现者依赖于其原因的支撑，具体指觉依赖于原质、我慢依赖于觉、十一根和五唯依赖于我慢，五大依赖于五唯；“从属”指觉等诸谛在演化过程中全部需要原质的填充作用，因而显现者全部从属于本因。木村泰贤在《梵我思辨》中的解释似乎略有不同，他说“依赖”指现象依他物，本因独立无伴；“从属”指现象界的事项皆隶属其上位，本因是无主之独立体。《金七十论》中的解释比较接近弥室罗的解释。

由于未显者在这九处与显现者相反，所以未显者有如下特征：无因（仅是本，不是变异）、恒常（宇宙消融时依然存在）、遍在、无迁移、唯一、无依赖、无相、无部分、无从属。

说明了显现者与未显者的不相似之后，作者在下一颂中说明了两点：一是显现者与未显者的具体相似之处，二是两者和原人的异同。

第十一颂

रिगुणमविवेकि विषयः सामान्यमचेतनं प्रसवधर्मि ।

व्यक्तं तथा प्रधानं तद्विपरीतस्तथा च पुमान् ।। ११ ।।

triguṇamaviveki viṣayaḥ sāmānyamacetanaṃ prasavadharmi ।

vyaktaṃ tathā pradhānaṃ tadviparītastathā ca pumān ।। 11 ।।

vyaktam，显现者；triguṇam，由三德构成；aviveki，不相离；viṣayaḥ，客观存在；sāmānyam，共有，共同；acetanaṃ，无知，无智性；prasavadharmi，能生，多产；tathā，亦然，如此；pradh ā naṃ，是本因；pumān，原人，大灵；tadviparītaḥ，与此相反；ca tathā，（在某些方面）又相似

显现者由三德（萨埵、罗阇与答磨）构成，不相离，客观存在，共有，无知，能生。本因亦然。原人与二者相反，但在某些方面又与二者相似。

"由三德构成"意思是显现者由乐、苦与幻（分别为萨埵、罗阇与答磨的本质或"体"）构成。这一陈述反驳了（逻辑学家等持有的）三德是原人的固有特性的理论。"不相离"是因为，正如本因与自身不相分离，大谛和其余诸谛也与本因不相离，因为它们和本因同一。或者，"不相离"可指通过结合或和合产生事物，因为某物无法单独演化出自己的产物，只有结合起来才能演化。所以，任何事物都不可能单独从什么中产生什么。

疑：有人（佛教的唯识论者）说，具有声等元素之形式的乐、苦与幻无非是"识"，再者，除了能以这些为属性的识，无物存在。为了反驳这种观点，本颂说，显现者是"客观存在"的。"客观存在"就是为诸根所认知，并且外在于"识"。由于显现者是客观存在的，因而也是"共有"的，就是说，显现者能被所有原人认知。如果说显现者只是"识"的一种形式，那么一切显现者必定只是专属的（与"共有"相反），因为以特殊精神变化的形式呈现的"识"专属于特定的个体（也就是说，一个人的识无法被另一个人所把握，从而，一个人的识始终无法被另一个人所认知）。让我们以舞女为例，她的侧目而视（眼睛显现的动作）被许多观众同时观看着，如果舞女的侧目而视仅是识，那就不可能被许多观众同时观看。

"无知"指本因、觉和其余诸谛都是无知的

（insentient）。知（sentiency）并不像吠世师迦学派（佛教某个派别，相信“非有”）认为的那样属于觉。“能生”是因为显现者具有不断产生什么的能力。这个词在本颂中应该写作prasava-dharma（而不是prasavadharmi），但作者在此用了一个特定的所有格词缀，为的是指出显现者具有不断产生什么的特性，不停地演化出相似和不相似的产物。作者说“本因亦然”，从而把显现者的特性归于未显的本因，也就是说，未显者和显现者一样具有这些特性。作者说“原人与二者相反”，从而指出原人与显现者和未显者的不相似。

驳：原人和本因也存在相似之处，比如无因、恒常等。同样，原人和显现者也存在相似之处，比如“众多”。那么，你何以说“原人与二者相反”呢？

答：对此，本颂说“但在某些方面又与二者相似”。在此，ca也有api之意。虽有相似之处，比如无因等，但也有不相似之处，比如没有三德和其余属性。

三德是什么，它们的特质是什么？下一颂给出回答。

【补注】

本颂陈述显现者与未显者的相似，共有六处。

“由三德构成”，指原质二十四谛皆有三德，“三德”即萨埵、罗阇、答磨，在接下来的第十二、十三、十四颂有详细的讨论。我们前面在谈论数论的因果论时提到，原因分为两类——质料因和动力因，原质二十四谛是宇宙演化的质料因，三德是动力因；本颂则说，原质二十四谛和三德本是结合在一起的，这意味着宇宙万物皆有三德。

“不相离”指显现者与未显者不相离。弥室罗在前颂的注释中谈论显现者的“从属”特性时说，显现者在演化出自己的产物时，需要本因填充进来，否则演化无法进行，此即“不相离”。再者，宇宙万物是由原质二十四谛和合而成的，比如人的粗身或父母所生身就是五大（土、水、火、风、空）和合的产物，所以，不相离也可指显现者之间的关系。另外，觉等二十三谛作为本因的结果，即便在宇宙处于消融状态时依然潜伏于本因中，与本因不相离，因为“结果是始终存在的”。

“客观存在”，按照弥室罗的解释，指显现者和未显者不是“识”，也不是“幻”，而是能被诸根所认知的外在的客观实在。我们知道数论哲学是二元论的，即数论哲学认为终极实在有两个范畴：原质和原人。原质是独立于原人的客观实在。但《金七十论》对“客观存在”的解释有所不同，认为应该译成“客体”，指显现者和未显者都是原人的客体。

“共有”指原质是众多原人的共同客体。在数论哲学中，原质唯一，原人众多，它们的关系是个体的原人对普遍的原质。关于此，《金七十论》举了个例子，“如一婢使有众多主，同共驱役故”，意思是原质就像一个婢女，为众多的原人主子服务。斯瓦米·维韦卡南达（Swami Vivekananda）更为适切地把原质比作母亲，无私地为原人的经验和解脱服务。关于原质和原人的关系，我们在后面会反复讨论。

“无知”指原质二十四谛没有觉知，唯有原人才“有知”。这听上去似乎有点奇怪，我们都知道“心”作为第十一根属于原质，那么心是无知的吗？数论的回答是肯定的，它说心看上去有知是因为反射了原人的知，就像月亮看上去发光是因为反射了太阳的光。《金七十论》说，“离我诸法无有知”，这里的“我”指原人，“诸法”指原质二十四谛。关于这个问题，后面的偈颂会进行说明，我们在此只需知道，原质二十四谛是无知的，无法认识自身。

“能生”指显现者和未显者都有产生他物的能力，本可以产生变异，纯粹的变异结合起来也可以产生具体的事物，诸如我们前面谈到的粗身就是五大的产物。

显现者（从觉到五大的二十三谛）和未显者（本因）的六个相似之处很容易理解。原人没有这六个特性，即原人无三德、彼此独立、非客体、有知、无生。不过，原人与显现者和未显者也有相似，并非只有不相似，我们会在后面的偈颂中看到这一点。

接下来，作者谈论本颂涉及的一个非常重要的概念——三德。三德也是整个数论哲学乃至瑜伽哲学的重要概念，在本书中会反复出现。

5. 三德

第十二颂

रीत्यप्रीतिविषादात्मकाः ।

अन्योन्याभिभवाश्रयजननमिथुनवृत्तयश्च गुणाः ।। १२ ।।

prītyaprītiviṣādātmakāḥ prakāśapravṛttiniyamārthāḥ ।

anyonyābhibhavāśrayajananamithunavṛttayaśca guṇāḥ ।। 12 ।।

guṇāḥ，三德；prīti-aprīti-viṣāda-ātmakāḥ，具有乐、苦与幻的性质；prakāśa-pravṛtti-niya-mārthāḥ，它们起到照明、活动与抑制的作用；anyonya-abhibhava-āśraya-janana-mithuna vṛttayaḥ ca，相互主导、支撑、生起与合作

三德具有乐、苦与幻的本质；它们起到照明、活动与抑制的作用，并且相互主导、支撑、生起与合作。

三德被称为“德”（guṇāḥ）是因为它们为了另一个（即原人）而存在。下一颂将逐个解释三德。依据先在原则或专著作者们的惯例，本颂中出现的乐、苦与幻应该分别对应下一颂中的萨埵、罗阇与答磨，这意味着乐（prīti）是萨埵的本质，苦（aprīti）是罗阇的本质，幻（viṣāda）是答磨的本质。为了反驳“乐无非是苦的缺乏”和“苦只不过是乐的缺乏”的主张，我们必须结合ātman一词来理解。乐与苦不仅仅是彼此的否定面，而且是肯定性的存在，而ātma一词意味着这种肯定性的存在。所以，那些具有乐之本质的东西是prītyātman，另外两个词也要进行相应的解释。乐、苦与幻的肯定性质可由共同经验证明。如果乐、苦与幻只是彼此的否定面，那么它们将彼此依赖，而那样的话，其中一者的缺失也将导致另一者的缺失。

描述了三德的本质之后，作者接下来这样描述三德的作用和目的：“它们起到照明、活动与抑制的作用”。在此，“照明、活动与抑制”也要结合起来看。罗阇时时处处以活动为导向，如果不受惰性的答磨的抑制，就会激发轻快的萨埵的活动；如果罗阇受到答磨的抑制，就只能间歇性地运作。所以，答磨在此充当抑制要素。

解释了三德的作用之后，作者接下来解释它们的运作，即“它们相互主导、支撑、生起与合作”。本颂中的

vṛtti指运作，要与复合词中的每个单词结合起来看。

“相互主导”是因为当三德中的一者为了某个目的而变得活跃，就主导了另外二者（即抑制了另外二者）。例如，萨埵只有在主导（或抑制）了罗阇和答磨之后，才会达成其平静性，同样，罗阇通过抑制萨埵和答磨达成其扰动性，而答磨通过抑制萨埵和罗阇达成其惰性状态。

“相互支撑”指的不是包含者与被包含者意义上的彼此支撑。在此，“支撑”（āśraya）指的是：当一者的运作要依靠另一者，后者便成了前者的“支撑”。例如，萨埵依靠活动与抑制，用照明帮助罗阇与答磨；罗阇依靠照明与抑制，用活动帮助萨埵与答磨；答磨依靠照明与活动，用抑制帮助萨埵与罗阇。

“相互生起”指的是一者依靠另外二者产生其作用。在此，“生起”意味着“变化”，这种变化始终具有与相应之德同样的性质。这就是为什么三德的变化不是由某个原因导致的，因为这里没有三德之外的谛作为原因。这里也不涉及“无常”，因为三德的变化不会消融在某个谛里（即三德的变化不会融入一个本质上不同的谛里）。

“相互合作”就是三德相互伴随，从不相离。小品词ca是在复数意义上使用的。我们引用下面的《阿笈摩》（*Devī Bhāgavata 3.8*）来支持这一点：

三德相互伴随，无处不在。

萨埵伴随罗阇，罗阇伴随萨埵；

萨埵与罗阇伴随答磨，

答磨伴随萨埵与罗阇。

三者从未合并或分离。

本颂说三德起到照明、活动与抑制的作用。下一颂解释三德是什么，以及三德何以如此。

【补注】

本颂讲的是三德之体（本质）、用（作用）和运作。

三德是什么？我们把它们音译为萨埵、罗阇、答磨。萨埵的本质是乐，作用是照明；罗阇的本质是苦，作用是活动；答磨的本质是幻，作用是抑制。“三德”一词中的“德”不是指道德，而是可以理解为指属性、天然势力等，比如我们说火之德是光和热。但三德是三种属性吗？若这样理解则并不完全准确，我们将在下一颂讨论这个问题。本颂用来说明三德的方式是先交代本质，然后交代作用，这是体用论的思维。何为体与用？我们可以简单地理解为火是体，光和热是用，或者“耳便是体，听便是用”。

数论哲学体系常被简单地概括为二元二十五谛的

结构，我们注意到，三德不是“谛”。再者，三德的运作是三德自己内部的事，不以任何谛为依靠。关于三德的运作，弥室罗的解释是“相互主导、支撑、生起与合作”；《金七十论》的说法从字面上看略有不同，是“互相伏”“互相依”“互相生”“互相双”“互相起”；姚卫群在《古印度六派哲学经典》中的译法接近《金七十论》，是“互相压抑、支持、产生、伴随和依存”。这样看来，似乎是弥室罗把“伴随和依存”（“互相双”和“互相起”）合并成了“合作”。

从弥室罗的解释来看，“相互主导”和“互相压抑”（伏）同义，指三德势力不均衡，占优势的一者主导或压抑了另外二者，就像太阳光抑制了月光和星光。“相互支撑”指三德中任何一者的运作都需要另外二者的支撑，比如萨埵要起照明作用，就需要罗阇的活动作用和答磨的抑制作用的支撑，因为萨埵不可能离开罗阇和答磨而独自运作。这就像夫妻是相互支撑的，一方离不开另一方。三德的“相互生起”中的“生起”不是指因果关系中原因生起结果的“生起”，而是指三德中的一者在另外二者的帮助下发挥自身作用，类似孩子在父母的帮助下成长起来。“相互合作”指三德中的任何一者都不是独立存在的，而是相互依存和伴随。我们可以把三德看作一个家庭中的三个成员，相互依存和陪伴、相互支撑、相互成就，在不同的方面和阶段由不同的成员主导。

在数论哲学中，三德的运作就像宇宙的演化一样，是系统内部的事，不需要借助“外物”。我们后面在讲述宇宙演化时会进一步解释数论采纳的是“缘起论”，而非“神创说”。下一颂解释三德的特性和存在目的。

第十三颂

सत्त्वं लघु प्रकाशकमिष्टमुपष्टम्भकं चलं च रजः ।

गुरु वरणकमेव तमः प्रदीपवच्चार्थतो वृत्तिः ।। १३ ।।

sattvaṃ laghu prakāśakamiṣṭamupaṣṭambhakaṃ calaṃ ca rajaḥ ।

guru varaṇakameva tamaḥ pradīpavaccārthato vṛttiḥ ।। 13 ।।

sattvam，萨埵；laghu，轻快，积极；prak ā śakam，照明，启迪；ca，和；rajas，罗阇；iṣṭam，被渴望；upaṣṭambhakaṃ，激奋；calaṃ，流变，变易；tamaḥ，答磨；guru，滞重，惰性；varaṇakam，遮蔽，晦暗；eva，必定；ca，和；vṛttiḥ，（它们的）运作；arthataḥ，（是）为了同一个目的；prad ī pavat，像一盏灯

萨埵是轻快与照明，罗阇是激奋与流变，答磨是惰性与遮蔽；它们的运作是为了同一目的，就像灯为照明一样。

数论导师认为，在三德中，唯独萨埵是轻快的、照明的。在此，“轻快”（lāghava）的特性是事物迅速生长的原因，与惰性相反。正是这种特性使得火焰上升。有时，轻快的特性也导致横向运动，就像空气那样。所以，“轻快”使诸器有效运作，而“惰性”使诸器丧失效能。萨埵的“照明”特性已在前颂谈及。

萨埵和答磨是不活跃的，无法产生各自的结果，因而它们从罗阇那里获取动力，罗阇将它们从不活跃的状态中唤起，激发它们达成各自的结果——这就是本颂为什么说罗阇是“激奋”。罗阇的“激奋”是因为它的“流变”。这表明罗阇的运作乃是一切活动所必需的。虽然罗阇的流变让三德保持在不断活动的状态，但罗阇只在某些情况下起到作用，因为它的流变受到答磨的惰性与遮蔽的抑制。为了将答磨与罗阇区分开来，本颂说答磨是抑制力量：“答磨是惰性与遮蔽”。Tamas后面的小品词eva也跟在sattva和rajas后面，所以应该理解为sattvam eva，raja eva和tama eva。

驳：既然三德天生具有相互矛盾的特性，那么它们自然而然会像孙陀（Sunda）和乌普孙陀（Upasunda）一样互相毁灭，而非互相合作。[1]

答：本颂说，“它们的运作是为了同一目的，就像灯一样。”我们都知道，虽然灯芯和灯油与火的活动对立，但三者放在一起，就能合作执行发光的任务。身体的三种体液——风、胆汁和痰虽然具有相反的特性，却相互合作，达到维系身体的共同目的。同样，萨埵、罗阇和答磨虽然相互矛盾，却相互合作，达到同一目的——让原人解脱，如同第三十一颂所言：“原人的目的是作具活动的唯一动机。作具不由其他任何事物而活动。”

乐、苦与幻是相互矛盾的属性，人们自然而然依据它们的内涵假定它们的原因也具有乐、苦与幻的本质，而且它们的原因呈现出多种形式，因为乐、苦与幻相互抑制。比如，一个年轻、貌美、贤惠的妇人是丈夫快乐的源泉，因为对丈夫而言，她以乐的形式出现。但她却是妾们痛苦的原因，因为对她们而言，她以苦的形式出现。另外，她让无法拥有她的男人迷惑，对他而言，她以幻的形式出现。这个妇人的例子说明了万物的本质。带来快乐的东西是萨埵，其本质为乐；带来痛苦的东西是罗阇，其本

---

① 孙陀和乌普孙陀是尼空波（Nikumbha）的两个儿子。在多年的严格苦行之后，他们得到了梵天的一个奖赏：他们不会死，除非亲自动手。有了这个奖赏的力量，他们变得非常暴虐。最后，因陀罗不得不派下一位可爱的仙女，名叫提洛塔玛（Tilottama），两人为了争夺她而互相残杀。

质为苦；带来虚幻的东西是答磨，其本质为幻。出现在同一基础上的乐、照明与轻快并不相互矛盾，因为它们是共存的。所以，没有必要假定乐、照明与轻快具有不同的原因，因为它们并不相互矛盾，不像在乐、苦与幻的例子中那样，三者相互矛盾（就其本身而论无法在同一基础上共存），从而有必要假定三个不同的原因。苦、流变与激奋（罗阇的特性）以及幻、惰性与遮蔽（答磨的特性）的情况和萨埵的情况一样，我们没有必要假定这六个特性中的每一个都具有不同的原因。所以，可以确定属性只有三个。

驳：就算作为我们的经验对象的“不相离”等特性属于土等可感事物，但我们如何能够证明不相离、客观存在、共有、无知、能生的特性就像第十一颂说的那样，属于可感经验范围之外的三德？下一颂回答这个问题。

【补注】

在此，我们把第十二颂和第十三颂结合起来，并参考《金七十论》和木村泰贤在《梵我思辨》中的论述，对三德作详细的探讨。

三德是什么？根据第十一至十三颂的内容，我们知道三德是宇宙演化的动力因，显现者和未显者皆由三德构成；三德的名称分别为萨埵、罗阇、答磨，它们以乐、苦、幻（喜、忧、暗）为体，以照明、活动、抑制（照、造、缚）为用，相互主导、支撑、生起与合作；萨埵是轻快与照明，罗阇是激奋与流变，答磨是惰性与遮蔽；三者为了同一目的而运作。这是本书到目前为止对三德的解释。

然而，我们仍然不清楚三德究竟是什么。三德不是谛，也不完全是属性。根据木村的梳理，《数论经》明确地说三德是“物”（dravya），至于是什么样的物，则不得而知。欧洲学者把三德视为物质的性质、物的三方面、组成要素、“杂多化作用之原动力”、“三种原动力之质料代表者”等，概括地说，三德要么被视为实体化的性质，要么被视为原动力的物之代表，要么被视为万有的三个方面或组成要素。木村本人的看法则是，“数论师将心情变化的三态和宇宙发生的三种经过当作思辨背景，对于万有的性质、运动与状态等皆以三态观察，进而予以实在化，视之为物体的本质，依此成立此三德说，因运动、性质、本质皆包含在内，故不能简单地或单方面地看待”。木村还认为，用萨埵代表精神，用罗阇代表能量，用答磨代表物质，三者或以妥协或以竞争形成现象世界。

可见，三德是什么，无法简单地说清楚。三德既是实体化的物，又是属性、运动、状态等，我们无法在白话文中找到一个合适的词来对应。然而，印度古人却只用了

“guṇāḥ”一词，这反映了思维方式的差异。换言之，在我们的既有思维方式中，我们找不到与三德对应的白话文概念。

让问题更为复杂的是，就像木村在前面的引文中提到的，三德既是心理上的概念，又是物理上的概念，心与物是混为一谈，而不是明确区分的。《金七十论》说，“喜为轻光相者，轻微光照，名之为喜，若喜增长，一切诸根轻无羸弱能执诸尘”。换言之，就心理而言，萨埵代表乐、光明和平静，有启迪的作用；就物理而言，正如弥室罗所说，萨埵的轻快代表事物的生长或扩展。“忧为持动相者，持者心高不计他，如醉象欲斗，敌象来相拄，若忧增长者，是人恒欲斗，其心恒躁动，不能安一处”，也就是说，就心理而言，罗阇代表苦、不安、好斗，有动摇的作用；就物理而言，事物的流变或一切活动归因于罗阇的作用，萨埵和答磨也需要罗阇才能发动。“暗为重覆相者，暗德若增长，一切身并重，诸根被覆故，不能执诸尘”，意思是，就心理而言，答磨代表幻、惰性、迟钝，有束缚的作用，比如日常生活中的抑郁就是因为答磨占据了主导地位；就物理而言，滞重和遮蔽是答磨的特性。这似乎是一种更为混沌或整体主义的思维方式，我们也可以在中国古籍中看到此种思维方式，比如“水”既可以代表物理上的滋润力量，也可以代表心理上的聪慧灵动。印度人认为，只要是属原质的或物质性的——无论是心理的还是物理的——皆具备三德。

三德既是三个不同的实体，又不能分离，它们浑然一体，正如第十二颂注释中的引文所言，“三者从未合并或分离”。我们可以把这种关系说成“三位一体”，犹如三色线搓成一根绳子，或七色光合成阳光。世间万物无一例外兼有三德，只是三德的比例不同。数论哲学认为，正是三德比例的不同造就了世界的千姿百态，套用木村的说法，宇宙现象所以有千态万状，不外乎三德之间所显现的关系样式不同。比如，“天清地浊”是因为天的三德比例为，萨埵占50%、罗阇占40%、答磨占10%，而地的三德比例为，萨埵占10%、罗阇占40%、答磨占50%；圣人的三德比例为萨埵占50%、罗阇占30%、答磨占20%，凡人的萨埵占20%、罗阇占30%、答磨占50%，邪恶之人的萨埵占10%、罗阇占50%、答磨占40%，而精神病人的萨埵占10%、罗阇占30%、答磨占60%。[①]

事实上，三德还有价值上的高低优劣之分。帕坦伽利的《瑜伽经》谈到心意中的萨埵性波动是最为纯净的波动，犹如一面干净的镜子反射出原人之光，此时的心意离解脱很近，这是从修习的角度谈三德之优劣。本书后面的

① 参见王志成：《喜乐瑜伽》，四川人民出版社，2015年，第12—13页。

偈颂谈到三道中的天道以萨埵为主导，人道以罗阇为主导，兽道以答磨为主导。《弥勒衍拿奥义书》（5.2）说，世界之初只有答磨态，此答磨态受最高原理激发而成罗阇态，此罗阇态更受激发而成萨埵态，这是从宇宙论的角度谈优劣。萨埵占据主导的状态被认为是最优状态，罗阇态次之，答磨态最劣。木村认为，这种价值排序的依据是“宗教精神生活之立场”。我们可以这样来思考：既然三德的运作“是为了同一目的”——原人的解脱，那么对三德进行价值排序的依据必定是距离解脱的远近，心意的萨埵态离解脱最近，因而被认为是最优，反之，答磨态离解脱最远，以致帕坦伽利认为答磨态的心意不适合冥想。由于此种价值排序是有立场的，因而并不是绝对的。如果抛开立场，那么三德的地位是平等的。比如，我们在日常生活中需要答磨态来休息，需要罗阇态来进取，需要萨埵态来树立理想。对于夜里正在失眠的人来说，答磨态是他一心渴望的。三德能在合适的场合呈现出合适的关系，才是最佳生活方式。

三德根本性的特征				三德说适用之例						
萨埵	喜	照明	轻快与照明	天	天道	快	觉	善	上	赤
罗阇	忧	活动	激奋与流变	空	人道	不快	我慢	杂	中	白
答磨	暗	抑制	惰性与遮蔽	地	兽道	暗昧	五唯	不善	下	黑
	心的	物的	心物共通	世界	众生	感情	演化	善恶	等差	三色
	特征	倾向					顺序			

（木村泰贤：以宗教伦理价值为基础的三德次第图）

我们刚才提到了三德存在的目的，本颂说“它们的运作是为了同一目的，就像灯一样”。这也是三德一体的表现。弥室罗说，这里的“目的”指原人的解脱，更确切地说，从本书的整体内容来看，三德运作的目的有两个，一是原人的经验或享受，二是原人的解脱。这两个目的是原质和三德的活动之共同目的，当然，原人的解脱是最终目的，所以弥室罗的说法是准确的。

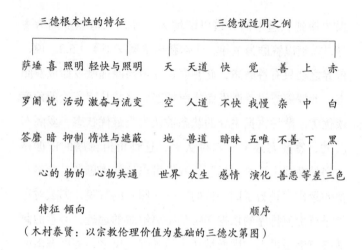

关于三德是什么，我们已经从横向的要素分析角度进行了探讨。接下来，我们试图从纵向的发展角度简单地交代三德说形成的几个阶段，以便更全面地理解三德的内涵。三德说的一般基础是印度的三分法，这种考察宇宙万物的方法始于《梨俱吠陀》时代，比如天、空、地的三道思想，以及《无有歌》的开一为三的思想：混沌未分时的一颗种子发动成为欲爱，再开展成为现识。我们无须在此展开论述，只需指出这条开一为三以及物质性的现象与心理性的现象一致的思路，是三德说的先驱。此为第一阶段。接下来，在奥义书时代，三德说大致定形，此时的三德说不仅继承吠陀时代的思想，而且更加趋于哲学性。在奥义书时代初期，已经可以看到三德观的两个方向——并存观与发展观。到奥义书时代末期，三德说臻于成熟，根据木村的考察，到了《弥勒衍拿奥义书》中，“依据最具重要意义的上中下价值而判断三要素，以及依据三德详细说明吾人心理现象之企图，才有明显表现”。但从数论派的角度来看，奥义书中的三德说仍属于先驱思想。实际上，由奥义书之三德说走向数论派之三德说，仍有一段中间过程，这就是第三阶段的《摩诃婆罗多》。在该史诗中，三德说已是公认之说，即已被印度思想广泛接受。木村指出，当时兴起了从伦理的心理学之立场分析心象作用的风气，三德之教理特适用于此。《摩诃婆罗多》中的三德说虽然不像数论派的三德说那样有定义性的概括说明，但含义已经具足，据此加以整理，即成为数论派的三德说。

上述内容表明，从思想史的角度来看，三德是以对宇宙万物的三分性考察为出发点而提出的概念，这和原质不同，原质是为了寻求宇宙未展开时的唯一本因而提出的概念，我们会在后面的偈颂中再次谈及。不过，在数论哲学中，三德和原质虽然是出于不同的需要而提出的概念，但却结合在一起，正如第十一颂所言，显现者和本因都由三德构成。关于原质和三德的关系，我们在后面的偈颂中讨论。

最后，让我们回到最初的问题“三德是什么”，木村总结了七条，提供了相对比较完整的答案：（1）以三分法作为基础；（2）以伦理的或宗教的价值为三分法之标准；（3）据此说明物质性的现象以及心理性的现象（即意欲说明宇宙与个人之同一）；（4）可视为组成万有之三种要素，同时也有三种性质或三种方向之意；（5）萨埵是轻快与照明，罗阇是激奋与流变，答磨是惰性与遮蔽；（6）三德可视为并存的三种要素，然其中亦含变化的三种顺序之思想；（7）具有三归于一，一开为三，即三位一体之意。这七条虽然让我们对三德有了大致的理解，但依然没有给出彻底的解释。后面的偈颂会反复论及三德，随着本书内容的逐渐展开和深入，我们对三德的理解也会加深。

作者用第十二、十三颂解释了三德之后，在第十四颂折回第十一颂的内容，谈论显现者和未显者（本因）的六个相似之处中的另外五个，即不相离、客观存在、共有、无知、能生。

6. 未显者的存在

第十四颂

अविवेक्यादेस्सिद्धिरत्रैगुण्यात्तद्विपर्ययाभावात् ।

कारणगुणात्मकत्वात्कार्यस्याव्यक्तमपि सिद्धम् ।। १४ ।।

avivekyādes siddhis traiguṇyāt tadviparyayābhāvāt ।

kāraṇaguṇātmakatvāt kāryasyāvyaktamapi siddham ।। 14 ।।

avivekyādeḥ，不相离等特性的存在；siddhiḥ，被证明；traiguṇyāt，由于它们被三德构成；tad-viparyaya-abhāvāt，由于它们没有反面（即由于它们没有三德的“不存在”）；kāryasya-kāraṇa-guṇa-ātmakatvāt，由于结果具有原因的特性；avyaktam，未显者；api，也；siddham，被证明

不相离等特性（在显现者和未显者那里的存在）被证

明是因为它们由三德构成，并且因为它们没有反面。未显者的存在被证明是因为结果具有原因的特性。

本颂中的“不相离”（aviveki）应该理解为avivekitvam，就如帕尼尼（Pāṇini）在如下经文中的用法：dvyekayordvivacanaikavacane（1.4.22）。在此，dvi和eka分别代表dvitva和ekatva，否则，复合词的形式将是dvyekeṣu。①

问：我们如何证明不相离等特性的存在？

答：由三德的存在来证明。凡是具有乐、苦与幻的本质的事物，就有不相离等特性，甚至连可以直接感知的显现者也是如此。这是通过认定一致的方法（anvaya anumāna）推理出来的，这一点没有在本颂中明说，因为它是显而易见的。但认定差异的方法（vyatireki anumāna）在本颂中有所说明：“因为它们没有反面”。凡是没有“不相离”等特性的事物，就不具有乐、苦与幻，像原人一样无三德。另外，我们可以把显现者和未显者视为推理对象（小项），在这一推理中，“三德的存在”纯属反

① 而不是dvyekayoḥ。在此，如果复合词被分解为dvi和eka，那么总数为三，这会要求该复合词以多数形式作为词尾，而不是以双数形式作为词尾。如果dvi和eka被解释成代表dvitva和ekatva，那么它们就能以双数形式作为词尾，因为它们的数只有两个。

推。[①]除了显现者和未显者，不可能有别的事物来肯定中项，即三德的存在。

驳：只有先证明未显者的存在，才能证明“不相离”等特性在未显者那里的存在。然而，未显者的存在本身尚未得到证明，又如何能够证明“不相离”等特性的存在呢?

答：“因为结果具有原因的特性。”这一论证的意思是，我们确实发现一切结果都具有其原因的特性，比如，构成布的特性就是构成纱线的特性。同样，大谛等一切产物所具有的乐、苦与幻的特性，必定从其原因继承而来。所以，以本因或未显者的形式呈现的原因具有乐、苦与幻的特性，这一点得到证明。

问：迦那坨（Kaṇāda，胜论派的代表）和乔达摩（Gautama，正理派的代表）的追随者们认为，显现者出自显现者。五大（土、水、火、风、空）是显现者，由它们的一系列结合（比如二元和合等）产生了各种具有它们的性质的显现物。在五大中产生的“色”（形式）等特性与其原因（即五大）中的特性相一致。既然所有显现物及

① 这里说的推理之完整形式如下：“除了原人之外的一切事物，也就是显现者和未显者，都具有不相离等特性，这是因为它们有三德，而凡是没有不相离等特性的东西，也没有三德。”在这个推理中，我们以显现者和未显者为小项，该小项可包含一切有三德的情况。

其特性皆出自一个显现的原因，那么为什么要假定一个未显的原因呢？况且这个未显的原因甚至不是一个可感知的实体。

对上述问题的回答见下一颂。

【补注】

作者用第十二、十三颂讨论了何为三德之后，在本颂折回第十一颂的陈述，因为第十一颂涉及的其余内容尚未得到说明。本颂中的“不相离等特性”指第十一颂中的“不相离、客观存在、共有、无知、能生”这五个特性，它们是显现者和未显者（本因）的六个相似之处中的五个，还有一个是“由三德构成”，即为第十二、十三颂的讨论内容。这六个特性的含义已在第十一至十三颂中解释过了。

本颂的经文由两句话构成，第一句中的两个“它们”指显现者和未显者，而不是指不相离等特性。作者用来证明不相离等特性的逻辑如下：（1）把显现者和未显者的六个相似特性分为两组，第一组是“由三德构成”，第二组是具有“不相离等特性”；（2）这两组的关系为第二组伴随着第一组，也就是说，凡是由三德构成的事物，就有不相离等特性；（3）显现者和未显者由三德构成已在前面被证明；（4）由此，不相离等特性的存在也被证明。

你可能会追问，为什么由三德构成的事物具有不相离等特性。这个问题的答案或许可以按照如下思路来思考：由三德构成的事物指广义上的原质（显现者与未显者），与此相对的只有原人，按照数论哲学的设定，原人无三德、非客体、彼此相离、有知、无生，而原质有三德、客观存在、共有、无知、能生，此即第十一颂说的“原人与二者（显现者与未显者）相反”。换言之，原质的特性是相对于原人而言的，二者的特性是数论哲学的设定，所以本颂说“因为它们没有反面”，指的是就这六个特性而言，原质和原人是相反的，原质并不兼具原人的特性。

本颂第二分句“未显者的存在被证明是因为结果具有原因的特性”的意思是，作为结果的大谛等显现者具有由三德构成等特性，根据第九颂说的“结果和原因同质”，我们可以推知必定存在着具有相应特性的原因，否则就无法解释结果何以具有这些特性。但是，马因卡尔（T. G. Mainkar）翻译的乔荼波陀注释本把这一分句理解为“未显者也被证明如此，因为结果始终具有原因的特性”[①]，意思是“结果具有原因的特性”这一论证在此证明的不是“未显者的存在”，而是不相离等特性在未显者那里的存在。相应地，该注释本把本颂前一分句理解为不相离等特

① T. G. Mainkar: *Sāmkhyakārikā of Iśvarakṛṣṇa with the Commentary of Gaudapāda*, Chaukhamba Sanskrit Pratishthan, 2004.

性在显现者（不包括未显者）那里的存在被证明。我们认为，结合上下文，马因卡尔译本的理解可能更加准确，因为未显者的存在不是本颂的论题，而是下一颂的论题。按照合理的逻辑，作者不太可能既在本颂第二分句证明未显者的存在，又用下一颂专门证明未显者的存在。本颂应该是为了说明不相离等特性在显现者和未显者那里的存在。

这里产生了两个问题。（1）为什么要设定大谛等显现者是结果，并且它们有一个共同的原因？（2）为什么数论要设定这个原因是未显者？弥室罗在注释中提到，胜论派的迦那陀和正理派的乔达摩不同意数论的设定，他们认为万物的原因是作为显现者的五大，所以显现者出自显现者，而非出自未显者。那么，数论认为未显者存在的理由是什么？下一颂回答这个问题。

第十五、十六颂

भेदानां परिमाणात् समन्वयात् शक्तितः प्रवृत्तेश्च।

कारणकार्यविभागादविभागाद्वैश्वरूप्यस्य ।। १५ ।।

bhedānāṃ parimāṇāt samanvayāt śaktitaḥ pravṛtteśca ।

kāraṇakāryavibhāgādavibhāgād vaiśvarūpyasya ।। 15 ।।

कारणमसत्यव्यक्तं प्रवर्तते त्रिगुणतः समुदयाच्च ।

परिणामतः सलिलवत् प्रतिप्रतिगुणाश्रयविशेषात् ।। १६ ।।

kāraṇamasatyavyaktaṃ pravartate triguṇataḥ samudayācca ।

pariṇāmataḥ salilavat pratipratiguṇāśrayaviśeṣāt ।। 16 ।।

avyaktam kāraṇam asti，作为原因的未显者是存在的；bhedānāṃ parimāṇāt，因为特定演化产物的有限性；samanvayāt，因为同质性；ca，和；śaktitaḥ pravṛtteḥ，因为演化归因于原因的效能；kāraṇa-kārya vibhāgāt，因为原因和结果的区别；avibhāgāt，因为消融；vaiśvarūpyasya，整个（作为结果的）世界；triguṇataḥ，通过三德；pravartata，它运作；ca，和；samudayāt，通过结合；pariṇāmataḥ，通过变化；salilavat，就像水；prati-pratiguṇa-āśraya-viśeṣāt，由于三德的容器不同而产生差异

未显的原因是存在的，因为（1）特定事物的有限性，（2）同质性，（3）演化归因于原因的效能，（4）原因和结果的区别，（5）整个结果世界的消融。未显的原因通过三德的结合与变化来运作，就像水，由于三德的容器不同而产生差异。

未显者或本因是存在的，它是从大谛直到土元素的所有特定事物的原因。何以如此？因为“原因和结果的区别”以及“整个结果世界的消融”。我们已经证明结果已然存在于原因中。乌龟的四肢已然存在，当它们伸出龟壳，并和龟壳区别开来时，我们就说“这是乌龟的身体，这是乌龟的四肢”；而当四肢缩进龟壳，就成了未显的。罐子和皇冠等产物从它们的原因——黏土和黄金中显现，从而与原因区别开来。同样，土等预先存在的产物从它们的原因——五唯中显现，从而与五唯区别开来。预先存在的五唯从它们的原因——我慢中显现，从而与我慢区别开来。预先存在的我慢从它的原因——大谛中显现，从而与大谛区别开来。预先存在的大谛从它的原因——最高的未显者（parama avyaktam）中显现，从而与最高的未显者区别开来。由此，整个作为产物的宇宙与其终极原因——

最高的未显者既相关联〔这种关联要么是直接的（就像大谛那样），要么借助一系列相续的产物——就像土等元素那样〕——又相区别，这就是“原因与结果的区别”的含义。在宇宙消融之时，罐子和皇冠等产物融入各自的原因——黏土和黄金，即罐子和皇冠等消融在各自的原因中，成为未显的。这就是说，结果在其原因的形式中变得未显（就某个特定结果而言，其原因本身即是未显者）。同样，五大融入五唯，使五唯成为就五大而言的未显者；五唯融入我慢，使我慢成为就五唯而言的未显者；当我慢消失在大谛中，就使大谛成了相对于我慢而言的未显者。最终，当大谛融入原质，就使原质成为未显者。然而，原质不会融入别的东西，因为它是一切产物全然未显的状态。这就是“整个结果世界的消融”之含义。Vaiśvarūpya一词是通过加上词缀ṣyañ形成的。由此，因为已然存在于原因中的结果和原因的分离以及融合（结果消融在原因中），作为原因的未显者之存在被证明。

关于作为原因的未显者之存在，本颂还给出了进一步的证明：“因为演化归因于原因的效能”。众所周知，结果的产生归因于原因的效能，因为没有结果能从无效的原因中产生。这种效能潜藏于原因中，它就是处于未显状态的结果。所以，基于结果已然存在于原因中这一前提，我们不能证明原因中存在的不是潜在形式的未显结果，而是其他形式的因果效能。

油的质料因芝麻和沙子之间的差别基于如下事实：只有在芝麻里面，而非在沙子里面，油才以未显的状态存在着。

驳："演化归因于原因的效能"和"原因和结果的分离与融合"这两条理由证明大谛本身具有最高的未显特征（是最高的未显者），那又为什么要假定另一个高于大谛的未显者呢?

答："因为特定事物的有限性。"在此，parimāṇāt代表parimitatvāt，意思是由于非遍在性而带来有限性。这里涉及的演绎推理形式如下：

"作为我们所讨论的特定事物的大谛等，以未显者为原因，因为它们是有限的，就像罐子等。"

罐子等是有限事物，以未显状态存在于其原因黏土等之中。我们前面说过原因是未显状态的结果，所以，大谛的原因必定是最高的未显者，后者应是终极原因，因为没有证据来假设一个更高的未显实体。

我们所讨论的特定事物必定以未显者为原因，"因为同质性"。同质性指不同的事物具有共同的形式。觉等特定事物将自身显现为认知等，它们具有乐、苦与幻的本质，是同质的。总是与特定的形式相连的诸事物，它们的原因必定以那些形式为构成要素，就像罐子和皇冠等内在于黏土和金块中的东西以黏土和黄金为其未显的原因。由此，未显者是特定事物的原因，这一点得到证明。

证明了未显者的存在之后，作者接下来说明未显者的运作方法："通过三德来运作"。在宇宙处于消融状态时，萨埵、罗阇与答磨经历着相同的变化。三德具有变化性，就其本身而论，它们一刻也不能保持静止不变。所以，甚至在宇宙消融之时，萨埵也在以其特定的萨埵形式运作着，罗阇在以其特定的罗阇形式运作着，而答磨在以其特定的答磨形式运作着（也就是说，在宇宙消融之时，三德以各自的特定形式保持着平衡状态）。这就是本颂为何说"通过三德来运作"。

本颂还给出了另一种运作方法："通过（三德的）结合"。在此，"结合"一词的意思是和合之后的样子。这种和合是不可能的，如果没有主导之德和其余二德的某种关系（即三德按照特定的比例混合，从属的二德与主导之德结合并协作）。这种关系（以一德为主，其余二德从属）是不可能的，如果没有差异。这种差异是不可能的，如果没有相互抑制（主导之德抑制其余二德，并与它们结合）。这是演化出大谛等产物的第二种运作方法。

问：不同的运作方法如何能被归于三德，既然三德的本质不变？

答：因为三德的变化"就像水"。尽管天上落下的雨水只有一种味道，但随着它与不同的土发生接触，它就相应地变成了不同的味道，比如甜、酸、咸、苦、辣、涩，它还能变成不同水果的果汁，比如椰子汁、扇椰子汁、木苹果汁、黑檀果汁、榄仁果汁等。同样，由于三德的结合与相互抑制，三德轮流占据主导地位，由此产生不同的变化，这些变化以不同产物的状态呈现出来。这就是“由于三德的容器不同而产生差异”的含义，即由于三德中的这个或那个占据主导地位而产生的特殊性。

有些自满之人（物质主义者）把未显者、大谛、我慢、诸根甚或诸元素看作原人，并只崇拜它们。针对那些人，作者的观点见下一颂。

【补注】

首先需要说明的是，我们在翻译本颂经文的时候，对原文作了一点改动。在英文文本中，经文的最后一句（“未显的原因通过三德的结合与变化来运作……”）前面有编号“（6）”，这就在形式上和内容上把该句也纳入了未显者存在的“原因”之列。然而，这句话交代的不是未显者存在的原因，而是未显者如何运作，前面的五条才是未显者存在的原因。这一点也可以从《金七十论》等其他译本中得到证实。再者，这句话原本构成第十六颂，前面的内容构成第十五颂，英译者将这两颂合并，这一做法本身是可取的，但我们不赞同在内容上把第十六颂归入第十五颂，充当未显者存在的另一个原因。所以，我们在翻译的时候把这句话单列了出来，作为一个独立的句子。

其次需要说明，本颂中的“未显的原因”专指本因或根原质。我们前面说过“原质”一词有广义和狭义之分，同样，“未显者”（或未显的原因）也有广义和狭义之分。从广义上说，相对于结果而言，其原因都是“未显者”，比如纱线是布的未显者，黏土是陶罐的未显者。换言之，“本”是未显者，“变异”是显现者。从狭义上说，未显者专指本因或根原质，也就是弥室罗在本颂注释中说的“最高的未显者”。

第十五颂陈述根原质存在的原因，共有五条。弥室罗的解释很具体，我们在此给出更加简单的解释。（1）特定事物的有限性。根据现实经验，有限的事物不是自身的原因，而是要以其他无限者为原因，比如有限的陶罐或瓦片皆以无限的泥土为原因。诸谛也是有限的，大或觉的数量有一，我慢有一，诸根有十一，五唯和五大的数量分别为五（整个宇宙是这二十三谛的产物）。依据平等比量，这二十三谛也有一个遍在的、无限的原因，它就是本因。（2）同质性。陶罐和瓦片虽然用处不同，但其本质都是泥土。同样，从大谛到五大的二十三谛虽有差异，但其本质都是三德，依据平等比量，它们都是出自同一种由三德构成的质料——根原质。（3）演化归因于原因的效能。现实中的事物必然出自有能力产生它的原因，就像陶罐和瓦片出自泥土，而不是出自水。依据平等比量，整个作为结果的宇宙也有一个能够产生它的原因。（4）原因和结果的区别。陶器和泥土有别，同理，诸谛及整个宇宙也有一个不同于它们的原因，那就是本因。（5）整个结果世界的消融。数论接受了印度传统的宇宙论，认为宇宙就像人的呼吸，经历着周期性的演化和消融。宇宙在消融之后能够再度生成，是因为本因的恒常存在。如果本因不存在，那么宇宙在消融之后就无法再度生成。我们前面说过，数论不赞同无中生有，宇宙消融之后，仍有本因存在，整个宇宙以潜在的状态存在于本因之中，所以本因乃是最高的未显者，是整个宇宙的未显者。

从上述论证可以看出，数论用来证明原质存在的量主要是平等比量和有余比量（由果推因），当然，比量的认知是建立在现量的基础上的，也就是说，这些论证以现实的观察为基础。其次，这些论证反映出数论在宇宙论上的一个既定思维，即整个宇宙出自同一个原因。这种基本观念不是数论的发明，而是数论从吠陀文献中继承而来的思想。由一生多，这是印度大多数哲学流派的共同思想。木村说，"视此宇宙是由某唯一的实在而发展出的，正是《梨俱吠陀》至《奥义书》的一贯思想"。实际上，这也是人类自古以来的一种思维倾向，人的头脑似乎天生就爱探究万物的统一本源，宽泛地说是寻求统一性，比如中国人认为“道生一，一生二，二生三，三生万物”，古希腊第一位哲学家泰勒斯说世界的本原是水，基督教认为上帝创造了这个世界，直至现代，仍可见到大爆炸说之类的科学理论。数论的特色是认为万物的本源乃是物质性的“一”，而非精神性的“一”，或者“多”（比如二、三、五等）。此外需要提及的是，本颂中的说法“原因和结果的区别”在字面上似乎和第九颂的说法“结果和原因同质”或“因果无差异论”有矛盾。这个问题我们在第九颂的补注中已经分析过了，二者的立论依据不同，并不必然是正相反对的理论。况且，这里的“原因和结果的区别”指的是相或用上的区别，诸如泥块和陶罐的区别，而不是本质上的区别。

有趣的是，上述五条用来证明本因存在的理由，除了第二条“同质性”，其余四条也可以用来证明创世之神的存在。也就是说，无限性、具有产生宇宙的效能、不同于整个宇宙、在宇宙消融时依然存在，这些也支持精神性的创世之神的存在，并不必然指向物质性的宇宙根原质。只有“同质性”表明第一因和宇宙一样，是物质性的存在，由变动不居的三德构成。我们常说数论哲学是无神论的，这里的“无神”指的是没有一个创世之神，而不是指没有别的类型的神。为什么这么说？我们在后面的偈颂中可以看到，数论把宇宙分为三道，天道的存在者包括因陀罗等神。所以，当我们把“无神论”一词应用于数论时，需要清楚这个词的确切含义。可见，数论的宇宙论属于缘起论，而非创世论，这一点我们在前面提到过。

数论反对创世之神，除了基于“同质性”这一条，还有别的理由。木村在《梵我思辨》中梳理了这些理由，我们在此简单地转述。

第一，比量上的缺点。有神论（在此专指承认创世之神的理论）认为，宇宙拥有一个有意志的创造者，然而，尽管房屋、手表等确实有创造者，但草木等却是自发生长的。所以，如果用“事物都是有意志的创造者的造物”这一命题作为比量的大前提，从而推理出宇宙也有一个创世之神，则是犯了比量上的错误。

第二，针对神的性质，数论师提出了一个诘难：创世之神是解脱者，还是未解脱者？如果是解脱者，就意味着神没有欲望，那又怎么会有创造宇宙的欲求？如果是未解脱者，那么神自己尚且不是圆满的，岂能创造宇宙？

第三，针对创造的动机，数论师也提出了一个诘难：神创造世界是为了自身的利益，还是为了众生的利益？如果说是为了自身的利益，神作为自足圆满的存在，岂会有自己的利益？如果说是为了众生的利益，在创世之前，众生还不存在，谈不上众生的利益。再者，在经验上，这个世界充满了苦，哪里看得见一个慈悲的创世之神？事实上，数论哲学的出发点正是为了让众生离苦，苦的存在乃是一个基本事实。苦的问题确实对全知、全能、全善的创世之神构成难以解决的挑战，基督教中的“神正论”也一直没有令人满意地解决这个问题。

让我们回到本颂的讨论上来，第十五颂证明未显者是存在的，紧接着的第十六颂交代未显者运作的方式：“未显的原因通过三德的结合与变化来运作”。这里涉及一个难以说清的问题：三德和未显者（本因）的关系是什么？根据第十一颂的陈述，本因由三德构成，更确切地说，本因就是三德之平衡态。我们知道，从大谛往下的二十三谛和世间万物是三德的不平衡态，世界之所以千姿百态，正是归因于三德的比例不同，而当三德的比例相同时，就成了本因。据此，我们可以得出“本因=三德之平衡态”，因为除了三德之外，本因不包含别的东西，就像三色绳是由三股不同颜色的线搓成的。然而实际上似乎是，“本因=三德之平衡态+X”[①]，因为本因是宇宙演化的质料因，而三德是宇宙演化的动力因，逻辑上不能完全相等。不过，这里的X是什么，又是不可言喻的。

造成上述问题的原因应该从思想史中去寻找。我们

① 本段中的两个等式参见木村泰贤的《梵我思辨》，第384页。

在第十三颂的补注中提到，三德的概念和本因的概念是基于不同的背景形成的，三德是以对宇宙万物的三分性考察为出发点提出的概念，而原质是为了寻求宇宙未展开时的唯一本因提出的概念，可见，三德和原质本来就是属于不同范畴的概念。那么，二者何以在数论中结合了起来？对此，木村分析道，现象的三分性的考察与本源的考察，在某种程度上虽得以独立，但二者却有必须结合的必然命运，因为三分的考察本是因应单纯化杂多的现象之要求而起，具有趋于一的命运，而本源的考察一开始虽属要求将杂多归一，但若进而推求其一之本源如何成为杂多，终究仍是要经由三德。他的意思是，三德针对的是杂多的现象，本因针对的是唯一的本源，虽然从学理上说，二者具有独立性，但事实上，现象和本因原是一体，不能分离，所以三德与本因的结合乃是必然。我们在第十三颂解释三德时说过，三德的关系是“三位一体”，在三德与本因的关系问题上，也反映出三位一体的思想方式。

接下来的问题是：既然本因是三德的平衡态，那么三德的比例何以失衡，导致本因开始了演化？这个问题数论没有交代，似乎在数论解释体系内部也没法给出回答，因而我们不在此进行臆测。需要注意的是，“三德的平衡态”并不意味着三德静止不动，弥室罗告诉我们，三德是永远变动不居的，没有静止的时刻，故而三德的“平衡”

指的是三德经历着相同的变化，在比例上保持不变。变化的动能由罗阇提供。在演化之初，三德的比例失去平衡，本因产生了大或觉这个第一产物。三德继续变化，更多的产物演化出来。在三德变化的过程中，三德始终以各种比例结合在一起，没有分离或合并的时刻。整个宇宙出自三德的结合与变化，虽然三德的本质没有改变，但比例的变化造就了宇宙的无限多样性："就像水，由于三德的容器不同而产生差异。"这句话的意思是，就像水落在下水道里变得肮脏，落在清澈的池塘里就变成了干净的池水，这是"容器"不同的缘故。对此，《金七十论》有言"天水初一味，至地则变异，转为种种味，各各器异故"。同理，唯一的本因也因为三德的比例关系不同而呈现出不同的样子，比如我们后面会谈到，萨埵相的我慢演化出十一根，答磨相的我慢则演化出五唯。从这个意义上，就能理解数论为什么说三德是宇宙演化的动力因。

这里的"水"和"容器"的比喻，也就是一和多的关系，让我们想起了罗曼·罗兰在《维韦卡南达传》里讲述的一个动人的小故事。年轻的纳伦德拉（即后来的斯瓦米·维韦卡南达）曾经内心傲慢，伴随着理智偏执，宛如一个贵族蔑视所有人，只要这人不符合他纯粹而崇高的理想。后来，在云游的最初几个月里，一个年幼的舞者无意中给他上了一课。当她出现时，僧人维韦卡南达起身意欲离开。年幼的舞者唱到：

哦，主啊，请别把我的邪恶品性看轻！哦，主啊，你的名字就是一视同仁。请让我俩成为一样的婆罗门！一块铁铸成庙里的神像，另一块铁铸成屠夫手里的刀。然而，当它们碰到点金石，就会变成一样的金子。所以，主啊，请别把我的邪恶品性看轻！主啊，你的名字就是一视同仁……

一滴水落到神圣的亚穆纳河里，另一滴水落到路边污浊的水沟里。然而，当它们落入恒河，就会变成一样的圣水。所以，主啊，请别把我的邪恶品性看轻。主啊，你的名字就是一视同仁……

纳伦德纳被彻底征服了，此后，他的偏见一个接一个地消失，甚至包括那些他曾经以为最根深蒂固的偏见。这支影响他一生的歌的动人之处，难道不是在于本颂中的这句话“就像水，由于三德的容器不同而产生差异”所折射出的智慧与慈悲之光？这也告诉我们，数论之理的生命力在于其用。

说明了未显者的存在和运作方式之后，作者接下来证明数论二元论中的另一元——原人的存在。

7. 原人的存在与特性

第十七颂

सङ्घातपरार्थत्वात् त्रिगुणादिविपर्ययादधिष्ठानात् ।

पुरुषोऽस्ति भोक्तृभावात् कैवल्यार्थं प्रवृत्तेश्च ।। १७ ।।

saṇghātaparārthatvāt triguṇādiviparyayādadhiṣṭhānāt ।

puruṣo'sti bhoktṛbhāvāt kaivalyārthaṃ pravṛtteśca ।। 17 ।।

saṇghāta，（因为）所有聚集物、集合体；parārthatvāt，是为了另一个的缘故；triguṇādi-viparyayāt，因为没有三德和其余特性；adhiṣṭhānāt，因为必有某个控制者；bhoktṛbhāvāt，因为必有一个经验者；ca，和；pravṛtteḥ kaivalyārthaṃ，因为活动趋向终极至福；puruṣaḥ asti：原人是存在的

原人是存在的，因为（1）聚集物是为了另一个的缘故，（2）没有三德和其余特性，（3）必有某个控制者，

（4）必有某个经验者，（5）活动趋向终极至福。

不同于未显者及其变异（演化产物）的原人必然存在。为什么？“因为聚集物是为了另一个的缘故。”此处的推理如下：未显者、大谛、我慢和其余变异的存在是为了另一个的缘故，因为它们就像床架、椅子、药膏一样，是聚集物。我们说未显者及其变异都是聚集物，是因为它们都由乐、苦与幻（即萨埵、罗阇与答磨）构成。

驳：就算这样，但我们看到，床架、椅子等聚集物的存在只是为身体所用，而身体本身就是个聚集物；我们看不到床架等如何为超越未显者及其变异的原人所用。这使我们做出如下推理：聚集物是为了另一聚集物的目的而存在，而不是为了非聚集物——“原人”的目的而存在。

答：对此，本颂的回答是“因为没有三德和其余特性”。这句话的含义是：如果说一个聚集物是为了另一个聚集物而存在，那么我们不得不推理出第三个聚集物的存在，第二个聚集物正是为了第三个聚集物而存在的，同理，我们不得不继续推理，由此，我们必须假定一个无穷无尽的聚集物序列。有了一个合理的终止，就不能假定一个无穷无尽的聚集物序列，因为后者导向多重假设。我们也不能说多重假设在有证据支撑时即可成立，因为在此，床架的聚集性仅仅就它与“为了另一个的缘故而存在”这一条共存而言，才在推理中被提出（此处并非意在涵盖聚集物的所有特性）。如果你坚持认为，这种推理应该涵盖某个确凿的例子（比如床架）的所有特性，那就根本无法进行推理，[①]这一点在《正理评释真义疏》中有详细的解释。所以，为了避免荒谬的“无限后退”（regressusad infinitum），如果我们不得不接受原人的非聚集性，那么我们也不得不把诸如无三德、彼此独立、非客体、非共有、有知、无生等特性归于原人。“由三德构成”等特性始终伴随着“聚集性”，因而，当我们排除了原人的聚集性，也就排除了三德在原人中的存在，就像排除了婆罗门，诸如kaṭha（婆罗门的一个特殊阶层）等也就自动被排除。所以，当数论导师自在黑说因为“没有三德”时，他指的是存在着某个并非聚集性的至上者，它就是原人。

还有，存在着不同于物质的原人是因为“必有某个控制者”，也就是说，鉴于由三德构成的演化产物总是受到控制，所以必有一个控制者。我们看到，凡是具有乐、苦与幻的本质的东西，都受制于他物，好比马车受制于车

① 因为一个人几乎不可能在自然中遇到两个完全相同的事件。甚至在这一推理——远处的山上着火了，因为有烟，和壁炉里一样——中，山上的火在各个方面也不同于壁炉里的火，因为壁炉里的火是用来做饭的，并且是由屋内的人所点燃的，而山上的火并非如此。所以，如果一个人要坚持推理必须和用来佐证的例子（比如刚才谈到的壁炉里的火）的所有特性相一致，那么推理就不可能进行。

夫。觉等演化产物由乐、苦与幻的本质构成，所以它们也必定受制于某物，而这个超越三德的“某物”就是原人。

再者，原人的存在是因为“必有某个经验者”。“经验”一词暗示了以苦乐的形式呈现的经验客体。每一个人都依据喜欢或讨厌的感受，把客体经验为苦与乐。这种喜欢和讨厌的感受只能发生在“某物”那里，而不能发生在感受本身这里。觉等产物不可能具有喜欢或讨厌的“感受”，因为觉等产物本身由苦乐构成，否则，就会出现事物在自身之上运作的反常现象。所以，只有不由苦乐构成的“某物”，才能具有喜欢或讨厌的感受，它就是原人。

不过，对于“必有某个经验者”，有人是这么理解的：经验事物是可见事物，诸如觉等产物，而如果没有一个观者，它们就不可能成为可见事物，所以，存在着一个超越觉等可见事物的观者（seer），它就是原人。本颂中的“必有某个经验者”意味着“必有某个观者”，也就是说，要从可见者推理出一个观者。至于觉等产物的可见性，则从如下事实推理出来：它们就像土等五大那样，由乐、苦与幻构成。

原人的必然存在还有一个理由：“活动趋向终极至福”。根据经典和具有神圣感知力的圣人的观点，以三苦的彻底止息为特征的“终极至福”绝不会出现在觉等产物那里。觉等产物本质上由乐、苦与幻构成，而且绝不能与这些构成要素分离。唯有那不同于觉等产物，并且不由乐、苦与幻构成的事物，才能独存。再者，根据经典以及智者的观点，所有活动皆趋向终极解脱。因而，必有超越觉等产物的东西，它就是原人。

证明了原人的存在之后，作者接下来说明原人为“多”的理论，以回答如下问题：原人是居于诸多身体中的“一”，还是随着身体的不同而不同的“多”？

【补注】

本颂陈述原人存在的五个理由。

第一，“聚集物是为了另一个的缘故”，这是根据经验观察得出的。我们看到，布被制造出来是为了供人制衣，陶罐被制造出来是为了供人装水，它们是为了供人使用的目的而存在的。依据平等比量，由血、肉、骨等生理要素（五大）聚集而成的粗身和由觉、我慢、十一根、五唯聚集而成的精身，是为了使用它们的“另一个”而存在的，由此证明身体之外存在着作为“真我”的原人。另外，关于“聚集物”的含义，弥室罗在注释中说，凡是由三德构成的，都是聚集物。所以，依据第十一颂，显现者和未显者（即整个原质）都是聚集物。它们的存在为了原人的经验和解脱，我们在后面还会进一步解释。

第二，“没有三德和其余特性”，这个分句的主语是前一分句中的“另一个”；“三德和其余特性”应该结合第十一颂来理解，指“由三德构成，不相离，客观存在，共有，无知，能生”。所以，这个分句的完整意思是：原人无三德、彼此独立、非客体、非共有、有知、无生。为什么必然存在具有这六个特性的原人？因为凡是有三德的，都是聚集物，其存在本身是没有目的和意义的，只有设定具有无三德、有知等特性的原人的存在，整个原质的存在才是有意义、有目的的。再者，弥室罗在注释中说，聚集物的存在必定是为了非聚集物的缘故，因为如果聚集物的存在是为了另一聚集物的缘故，那么后一聚集物的存在必定是为了第三个聚集物的缘故，如此会陷入逻辑上的“无限后退”，导致一个没有意义的命题。只有设定“非聚集物”，即无三德的原人的存在，才能终止这种逻辑上的荒谬性。

第三和第四个原因“必有某个控制者”和“必有某个经验者”，需要结合前两个原因来理解。由于作为聚集物的整个原质是“由三德构成、客观存在、共有、无知、能生”的客体，所以必有某个超越三德的控制者和有知的经验主体，它就是原人。

第五，“活动趋向终极至福”，这里的“终极至福”指独存或解脱。《金七十论》说，“若唯有身，圣人所说解脱方便即无所用”，意思是如果只有身体和三道（天道、地道、人道），而没有恒常的真我，那么圣人谈解脱以及人们为了解脱而做出的所有努力就是毫无意义的，因为解脱是脱离身体在三道中的轮回。这里的“活动”指所有活动，也就是说，整个原质的运作最终指向的是解脱，解脱是数论哲学乃至整个印度哲学的出发点、落脚点和意义所在。所以，必然存在着作为“真我”的原人，整个原质的活动趋向原人的独存。此外，《金七十论》说，如果没有原人，只有身体，那么“父母师尊死后遗身，若烧没等，如实供养则应得罪，应无福德”，意思是如果只有身体而没有真我，那么供养逝者就是错误的，没有任何福德可言。

以上是用来证明原人存在的五个理由。我们可以看到，原人的存在实际上规定了整个宇宙存在的方向和目的。今天，我们或许可以毫不费力地承认原质的存在，却似乎难以承认原人的存在。我们可能认为，目的和意义可以在原质内部得到实现，而整个原质的活动是没有一个整体目的的。你可以按照这种看法生活，但也可以采纳数论“整个宇宙的运作是为了你的解脱”的观点。在数论的体系中，意义和目的一开始就被嵌入了宇宙的运作中，绝不能剥离出来，它们由原人的存在所保证。

证明了原人的存在之后，下一颂讨论原人是“一”还是“多”，并给出理由。

第十八颂

जननमरणकरणानां प्रतिनियमादयुगपत्प्रवृत्तेश्च ।
पुरुषबहुत्वं सिद्धं त्रैगुण्यविपर्ययाच्चैव ।। १८ ।।

jananamaraṇakaraṇānāṃ pratiniyamādayugapatpravṛtteśca ।
puruṣabahutvaṃ siddhaṃ traiguṇyaviparyayāccaiva ।। 18 ।।

puruṣa-bahutvaṃ-siddhaṃ，原人的“多”被证明；pratiniyamāt，因为个体的分有；janana-maraṇa-karaṇānāṃ，生、死、作根（行动官能）和知根（认知官能）；ca eva，确实；pravṛtteḥ ayugapat，因为活动的非同步性；traiguṇya-viparyayāt，因为三德引起的不同变化

原人的“多”被证明，因为（1）个体对生、死和作具的分有，（2）活动的非同步性，（3）三德引起的不同变化。

原人的“多”基于什么得到证明？本颂回答：“因为个体对生、死和作具的分有”。出生是原人与一个特定

聚集物的结合，该聚集物是身体、诸根、心、我慢、觉和经验的一个特殊组合。该聚集物不是原人的变化，因为原人并不受制于任何变化。死亡仅仅是放弃那个聚集物，而不是原人的毁灭，因为原人是不变的、永恒的。包括知根（认知官能）和作根（行动官能）在内的作具（官能）共有十三个，始于觉。“分有”（niyama）指对生、死、作具等的特定适应。我们不能说生、死、作具等都与同一个原人结合，并且同一个原人居于所有身体中。如果所有身体中的原人是同一个，那么当一个人出生，所有人就都出生了，当一个人死去，所有人都会死去，当一个人目盲，所有人都会目盲，当一个人疯了，所有人就全都疯了，那样会出现混乱。只有接受一个独特的原人居于一具独特的身体中，确切的适应才是可能的。认为同一个原人与身体的各个附件分别结合，从而达成确切的适应，那也是不恰当的，因为那也会让我们陷入混乱，理由在于原人将根据手、胸等附件的变化而出生或死亡。实际上，一个女孩不会因为失去双手而死亡，她死后也不会因为找到双手而重生。再者，出于下述理由，不同身体中的原人必定是不同的：“因为活动的非同步性”。活动是一种努力形式，虽是作具的作用，但在象征意义上被归于原人。如果我们接受所有身体中的原人为同一个，那么当原人在一个身体中活动时，所有身体都会活动起来，由此出现同步动作。只有接受原人为多，即一个原人占据一个身体，才能消除这种荒谬性。

还有，出于下述理由，不同的身体有不同的原人："因为三德引起的不同变化"。本颂中的eva应该理解为跟在siddham后面，而非跟在viparyaya后面，它用来强调原人的"多"是已被证明的事实（siddhameva），而非未被证明的事实。traiguṇya指三德，三德的差异是viparyaya。有的存在者萨埵居多，即他们的身体成分以萨埵为主导，比如苦行者和诸神。有的存在者罗阇居多，比如普通人。还有的存在者答磨居多，比如虫子等。如果所有身体中的原人是同一个，那么三德在不同存在者那里的分布差异就无法得到解释。如果接受原人为多，这一障碍就能消除。

证明了原人为多之后，作者接下来陈述原人的特性，因为这一知识引导我们获得分辨智。

【补注】

前颂证明了超越原质的原人的存在。数论把终极实在分为两个范畴——原质和原人，"原人"概念的前史可追溯到吠陀文献中。《奥义书》区分了"个体真我"和"现象之我"，数论的原人相当于《奥义书》中的"个体真我"。但在《奥义书》和吠檀多派中，真我是"一"，而数论派的真我是"多"。所以，数论实际上在原人问题上把多元论的要素引入了二元论，使得数论二元论的结构成了唯一的原质对多元的原人。

根据本颂的陈述，原人是“多”的理由有三个，主要是基于现实的观察，从个体存在者的角度来说的。（1）“个体对生、死和作具的分有。”“作具”指五知根、五作根、心、我慢、觉，它们合称为十三作具。这个证明原人为多的理由，其核心词是“分有”，意思是不同的个体有不同的生、死和作具。按照数论的设定，原质唯一，处处相同，如果原人也是唯一，同一原人居于各个身体中，那么所有个体的生、死和作具按理都是一样的，而这不符合现实状况。所以必有不同的原人居于不同的身体中，各自经历着生死，使用着各自的作具。（2）“活动的非同步性。”“活动”属于原质，不属于原人，因为原质是变易的，原人是不动的。但是，套用弥室罗在本颂注释中的说法，“活动……在象征意义上被归于原人”。为什么？数论哲学有若干“吊诡”之处，活动属于原质却被归于原人，就是其中之一，本书后面的偈颂会谈到这个问题。在这里，我们只需知道，活动虽然属于原质，但如果原质不与原人结合，就不会发生演化，也就没有本颂说的“活动”。既然原质唯一，只有原人为“多”才能解释不同的个体之活动的非同步性。（3）“三德引起的不同变化。”《金七十论》举了个例子，“如一婆罗门生三子，一聪明欢乐，二可畏困苦，三暗黑愚痴”，意思是比如同一对婆罗门夫妇生了三个儿子，个性却截然不同，萨埵相的儿子聪明欢乐，罗阇相的儿子可畏困苦，答磨相的儿子暗黑愚痴，这是由于三德的比例不同引起的差异。如果众生身体中的原人是同一个，就无法解释三德比例的这种差异是如何造成的。

这三个理由看似简单，其实未必那么容易理解。数论的原人为多，是在逻辑上不可避免的设定，因为唯一、无知的原质本身无法解释为什么在不同的存在者那里，生、死、作具、活动、三德比例是不同的。我们知道，由原质构成的客观世界对于所有存在者都是一样的，同样由原质构成的主观心理机关（十三作具）也是一样的，而不同存在者的客观经验和主观经验却是分离的、相异的。只有原人为多，才能解释不同存在者之间的这种分离和差异。我们前面说过，世界的多样性归因于三德的变化，确切地说是三德比例的不同，本颂说三德比例的不同证明了原人的“多”。

解释了原人的存在和众多之后，接下来的问题是原人有什么特性，这是下一颂的讨论内容。

第十九颂

तस्माच्च विपर्यासात् सिद्धं साक्षित्वमस्य पुरुषस्य ।

कैवल्यं माध्यस्थ्यं द्रष्टृत्वमकर्तृभावश्च ।। १९ ।।

tasmācca viparyāsāt siddhaṃ sākṣitvamasya puruṣasya ।

kaivalyaṃ mādhyasthyaṃ draṣṭṛatvamakartṛbhāvaśca ।।
19 ।।

tasmāt-ca-viparyāsāt，由那对比；asya-puruṣasya sākṣitvam siddham，可以证明原人是目击者；kaivalyam，是独存的；mādhysthyam，是中立的；draṣṭṛatvam，是观者；akartṛbhāvaḥ ca，是不动的

由那对比可以证明，原人是纯粹的目击者。他独存，中立，观照，不动。

本颂中的小品词ca在原人的“多”之上增加了接下来要说的特性。如果本颂说的是“由这对比”（viparyāsād asmāt），那么对比的对象是前颂中的“三德引起的不同变化”。为了避免这一点，本颂说“由那”（tasmāt）。

代词“这”（idam）所指的对象是紧挨着的事物，而代词“那”（tad）所指的对象是不那么近的事物，因而，本颂中的“那”指的是第十一颂中的“由三德构成”“不相离”等，所以，“无三德”等的说法意味着原人的特性，诸如无三德、彼此独立、非客体、非共有、有知、无生。有知和无生的特性表明了原人作为目击者和观者的特征：唯独有知的存在，而非无知的存在，才能成为观者；再者，只有客体向他显现，他才是目击者。在日常生活中，我们看到，争论双方向目击者出示争论对象，同样，原质向原人显现其产物，原人由此成为目击者。没有客体能向无知的客体本身显现。所以，原人是目击者，因为他既有知，又非客体。出于同样的理由，原人是观者。

原人是“独存”的，因为他无三德。独存是三苦（依内苦、依外苦、依天苦）最终的、绝对的止息。原人本就无三德，也就无乐、苦与幻，这证明了原人的独存性。原人也是“中立”的，这也是因为他无三德。一个充满快乐的人是幸福的，一个厌恶悲伤的人是痛苦的，这样的人不可能是中立的人。只有既不快乐也不痛苦的人才能被称为中立的或不动心的。原人的“不动”由它的彼此独立和无生所证明。

驳：即便如此，但这一点是经验事实，即一个人通过适切的推理决定自己要做什么，然后他想：“我是个有知的存在者，我想做这件事，而且我会去做。”由此可以证明，有知和活动在同一基础上共存。这个论证反驳数论的如下理论：有知者不动，无知者活动。

对此的回答见下一颂。

【补注】

本颂交代原人的特性，需要结合第十一颂来理解。“由那对比”指第十一颂中的“原人与二者相反”，此处的“相反”指在如下六个特性上原人与显现者和本因相反：由三德构成，不相离，客观存在，共有，无知，能生。由此，原人具有“无三德，彼此独立，非客体，非共有，有知，无生”的特性。本颂根据原人的这六个特性证明原人是纯粹的目击者，独存、中立、观照、不动。

依据弥室罗在注释中的分析，原人的有知和非客体意味着他是“纯粹的目击者”。“独存”正如弥室罗所言，指的是离三苦。原人没有三德，也就没有乐、苦与幻，原本就是清净独存的。关于“中立”，弥室罗和姚卫群的解释是不动心，归因于原人无三德。《金七十论》的解释也是类似的——“譬如以道人独住于一所。不随他去来。唯见他来去”，意思是原人纯粹目击而不动心。木村泰贤的解释略有不同，他把“中立”解释为原人相互之间无任何关系，因为原人具有“彼此独立”的特性。“观照”的意思就是纯粹的目击者。“不动”则可以由原人的无三德、彼此独立、无生推出。

根据上述特性，数论的原人是不动、不变的灵体，其唯一本质就是“知”，即认识的主体。由此可见，原人不是人格神，故而数论哲学是无神论的哲学。除了寂静的“知”，原人没有其余属性，故而原人没有意志，没有行动，没有束缚与解脱。数论的原人有点像近代哲学家笛卡尔的“我思”。笛卡尔在《第一哲学沉思录》中通过类似于冥想的过程得出，“我”是纯粹的精神实体，其唯一特征就是“思”。到这一步，“我思”和原人是类似的，但笛卡尔接下来的推理过程就和数论哲学不同了。

原质唯一、有三德、无知、活动；原人众多、无三德、有知、不动，是纯粹的目击者。如果说原人是我们的真我，那么真我本来就是独存的，又是谁受到束缚要得解脱呢？如果说是原质要得解脱，那么原质无知，如何知道束缚和解脱呢？套用弥室罗在本颂注释中提出的说法，根据经验事实，有知和活动是共存的，就是因为知道自己受到束缚，才要通过努力去解脱，得大圆满、大自在，难道不是吗？可数论却说有知者不动（原人），无知者活动（原质）。这该如何解释呢？答案见接下来的两颂。

8. 二元结合

第二十颂

तस्मात्तत्संयोगादचेतनं चेतनावदिव लिङ्गम् ।

गुणकर्तृत्वेऽपि तथा कर्तेव भवत्युदासीनः ।। २० ।।

tasmāt tatsaṃyogādacetanaṃ cetanāvadiva liṅgam ।

guṇakartṛtve'pi tathā karteva bhavatyudāsīnaḥ ।। 20 ।।

tasmāt，因而；tatsaṃyogāt，因为与原人结合；acetanam liṅgam，无知的演化产物；cetanāvat iva，看似有知；tathā，同样；guṇa-kartṛtve api，因为活动实际上属于三德；udāsīnaḥ，中立者；karteva bhavati，看似活动者

因而，通过结合，无知的演化产物看似有知；同样，通过属于三德的活动，中立的原人看似活动者。

“因而”一词表明，就“有知”和“活动”已被种种

理由证明有着不同的基础而言，本颂紧接着提到的那些反对意见只是错误的印象。反对者持有错误的印象，其原因在于“结合”，即原人与演化产物（变异）的亲近。本颂中的“liṅga”一词代表从大谛直到五大的每一演化产物，其余内容都很清晰。

驳：本颂说“通过结合”，但对彼此没有某种需要的两个事物是不可能结合的；而“某种需要”的产生如果没有帮助者与被帮助者的关系，则是不可能的。所以，如果原人和演化产物对彼此没有期待，怎么可能结合呢?

对此的回答见下一颂。

【补注】

本颂和下一颂交代数论哲学的一个重大论题，即原人和原质的关系。本颂的字面意思很简单：通过原人和原质的结合，无知的原质看似有知，有知的原人看似活动，也就是说，原质借了原人的“有知”，而原人借了原质的“活动”。对此，《金七十论》举了两个例子，其一，“譬如烧器与火相应热，与水相应冷”，意思是，就像水罐放在火上烧就变热了，再把热水罐放在水中就冷却了，“热”和“冷”分别是火和水的特性，而非水罐的特性，但由于水罐亲近火和水，故而也就暂时有了热和冷。其二，“如一婆罗门误入贼群中，贼若杀执时，其亦同杀执，与贼相随故，是故得贼名”，意思是，就像一位婆罗门不小心与贼人同行，此时官兵来杀贼，把这位婆罗门也一起杀了，因为他看上去像是贼人中的一员。同理，由于原质和原人亲近，故而看似和对方一样，即原质看似“有知”，原人看似“活动”。

然而，我们需要注意作者的用词“看似”，这表明原质的“有知”和原人的“活动”只是一种非实质性的变化或者“错误的印象”，就像弥室罗在注释中说的那样。实际上，有知依然不是原质的特性，活动也依然不是原人的特性。何以如此？这与“结合”一词的含义有关。我们在下一颂详细解释。

第二十一颂

पुरुषस्य दर्शनार्थं कैवल्यार्थं तथा प्रधानस्य।

पङ्ग्वन्धवदुभयोरपि संयोगस्तत्कृतः सर्गः ।। २१ ।।

praruṣasya darśanārthaṃ kaivalyārthaṃ tathā pradhānasya ।

paṅgavandhavadubhayorapi saṃyogastatkṛtaḥ sargaḥ ।।
21 ।।

pradhānasya，原质的；puruṣasya，被原人；darśanārthaṃ，为了观看；tathā kaivalyārthaṃ，为了独存；paṅgu-andhavat，就像跛子和盲人；ubhayoh api，双方也；saṃyogaḥ，有着结合；tat kṛtaḥ sargaḥ，由这种结合产生了演化

为了原质被原人观看，以及为了原人的独存，原人与原质结合，就像跛子与盲人结合。由这种结合产生了演化。

本颂中的“原质的”（pradhānasya）一词为所有格形式，带有主动性质，意思是“为了原质（所有演化产物的原因）被原人观看”。这表明原质作为经验客体的事

实。由此可见，作为经验客体的原质无法脱离经验者，故而我们完全可以合理地接受如下观点即原质需要一个经验者。接着，作者表明了原人对原质的需要是“为了原人的独存”。与原质结合的原人不知道自己和原质的分别，认为三苦属于自己（但实际上三苦属于原质），于是，原人寻求从三苦的束缚中解脱。只有知晓原人不同于原质，解脱才是可能的。如果离开原质（及其所有演化产物），就不能知晓原人和原质的分别。所以，为了自身的解脱（独存），原人需要原质。原人和原质的结合是长久的，因为二者之间有着持续的关联。虽然原人是为了经验的目的而与原质结合，但原人也为了解脱的目的与原质结合。

问：就算原人与原质结合了，但大谛和其余产物是从何处演化出来的?

答：“由这种结合产生了演化。”无论是为了经验，还是为了独存，如果没有大谛和其余演化产物，光有结合是不够的。所以，为了经验和解脱，“结合”本身产生了演化。

接下来解释演化的过程。

【补注】

本颂解释原质与原人的“结合”。弥室罗在前颂注释的末尾提出了一个问题：“如果原人和演化产物对彼此没有期待，怎么可能结合呢？”这种“彼此期待”在本颂中就是原质期待被原人“观看”，而原人期待“解脱”。“就像跛子与盲人”是个譬喻，我们引用《金七十论》中的故事来说明。从前有一个商队，在去优禅尼的途中遇到了劫匪，商人们作鸟兽散。有一个盲人和一个跛子，跟不上众人逃离的步伐，被遗弃在原地。盲人四处乱转，被坐在地上的跛子看见了。跛子问道：“你是何人？”盲人回答：“我天生目盲，不识道路，所以四处乱转。你又是何人？”跛子回答：“我天生腿跛，能看见道路，却不能行走。不如你背着我，我来给你指路。”于是，二人合作，到达了目的地。原质和原人的“结合”或和合就像跛子和盲人的合作，为的是达成彼此的目的或期待。一旦达成，就“各各相离”。可见，这里的“结合”是双方出于各自的目的而在功能上的一种合作，而不像氢与氧化合成水那样，是一种实质性的结合。

然而，上面的譬喻只是用来解释原质和原人之关系的权宜之计。我们意欲追问：二者的结合是一种什么性质的结合。印度哲学中有一个用来解释关系的独特理论——“镜像论”。原人相当于镜子，原质相当于镜中的映像。原人映照出原质的活动，由此达到“经验”的目的，并在经验中认清自身与原质的分别，从而达到“解脱”的目的。镜子与对象原本是分离的，但结合起来制造了镜像，这种“镜像”相当于整个演化出来的宇宙。由此可见，原质与原人的结合是为了原人的双重目的——经验与解脱。

接下来的问题是，原质与原人的结合是如何开始的？根据木村泰贤的总结，数论从两方面回答了这个问题，第一是从迷的方面，《数论经》第六卷列举了三种解释：无始业、无分辨智（无明）、精身。我们可以这样来理解：由于无明，原人与原质结合，制造了种种业，而由于业，真我（原人）被精身纠缠，不能分离。数论吸收了印度的普遍思想，将无明当作原质与原人结合的根本原因。不过，木村对此提出了质疑，他认为依据数论哲学，无明是原质的第一演化产物“觉”的作用，所以无明已然是二元结合之后的产物，如果把它当作二元结合的原因，岂不是因果颠倒？如果认为无明存在于原质和原人结合之先，那是讲不通的，因为在结合之前，原人有知，没有无明，原质无知，无所谓无明。所以，无明不可能是原质与原人结合的原因。所以，在数论哲学中，只能从解脱的角度来这样谈论无明：一个人获得分辨智，消除既有的无明，灭无始之业，与精身脱离，获得解脱。既然不能从迷的方面来谈二元结合之始，那么或许可以从悟的方面来谈，此为第二个方面。根据木村的概括，原质与原人本有结合之倾向，即原人是主观倾向的能见（观看的主体），原质是客观倾向的被见（观看的客体），依此倾向二元结合，又因本性全然不同，故而原质一旦被原人看见，则二者之缘断绝，永久分离（参见第五十九颂）。这种解释似乎比较符合本书的论述，但木村认为仍有不彻底之处。首先，原质和原人有结合的倾向，但在尚未结合（即尚且分离）之时，就已期待通过结合来实现分离和独存，这在逻辑上显得有点古怪，就像两个人想要结婚，但在结婚之前就已期待通过结婚来实现离婚。其次，既然原质无知，怎么会主动期待被原人观看，这是讲不通的。

由此可见，单纯从理论上看，数论的二元“结合”之因是没有办法得到圆满解答的。实际上，数论只能讲到二元结合这一步，没有办法再往前推至二元结合的原因以及尚未结合时的状况，因为数论的思路是从现状往前回溯，而回溯必然是有限的。不过，从实修的角度来看，谈二元结合与分离，却是意义重大的。套用木村的说法，“由于物质，心灵的光辉暗昧，心灵受制于肉体……将感觉界的事象视为就是全体，却忘了另有理想的精神生活存在”，他进而认为“数论所以认为此世界是迷执之产物，形成此世界的心物结合之因在于无明，正是痛切此感所致”。换言之，就现实境况而言，正是因为无明，原质与原人是结合的，致使人执迷于世界，在轮回中翻滚。从这个意义上说，无明是结合之因——这一理解是合乎实情的。再者，既然二元结合导致束缚与轮回，那么让结合的二元分离即为数论的修行与解脱。木村指出，“吾人一旦趋向此道，从来被视为恶的物质或肉体绝非吾人之对敌。换言之，从前恶业之机关的手足成为勇猛精进之机关，从前妄想之泉源的觉成为真智之主体，最后转变成理想精神生活的助力”。也就是说，原质与原人结合的现状既是轮回或经验的舞台，也是解脱的舞台，而一旦我们把二元结合视为解脱的舞台，原本束缚人的原质就变成了解脱的机关和助力，此时，原质与原人的关系在修行者那里化敌为友，套用木村的说法，“吾人的修行并不是心灵对物质的战争，而是利用”。在此意义上，原质与原人的结合真正成为分离的手段，这就是数论“为离而合”这种表面上古怪的逻辑之真义。木村总结道，“此世界是迷的解脱，同时也是觉悟的道场，如此才是数论之正意。”不过，这只有从实修的角度才是讲得通的。

我们从理论和实修两个角度分析了原质与原人的结合之含义。你可能已经发现，这两个角度得出的看法是截然不同的，理论上讲不通的逻辑，从实修角度却显得真实而意义重大。但对此我们需要谨慎分析，因为这种特殊的情况并不适用于所有的案例，一般而言，理论与实修两个角度的看法多少有一致性。

原质与原人的结合产生了宇宙的演化。虽然演化的主角是原质，但演化的前提是二元的结合，好比生育是母亲的活动，但生育的前提是父母的结合。至于演化的目的，弥室罗在注释中告诉我们，是为了原人的经验和解脱，这当然也是二元结合的目的。另外或许需要说明，从逻辑上说，原人与原质的结合似乎首先是原人与本因的结合，其次是原人与演化产物的结合，但我们无须计较这种逻辑上的先后。

到目前为止，本书已经说明了数论的本体论，涉及数论的动机或出发点（离苦之法），数论的方法论（三种量，因中有果论），数论的终极实在（二元结合）。接下来的偈颂开始谈论演化，此为数论的现象论的内容，形成数论的世界观。

二 世界观

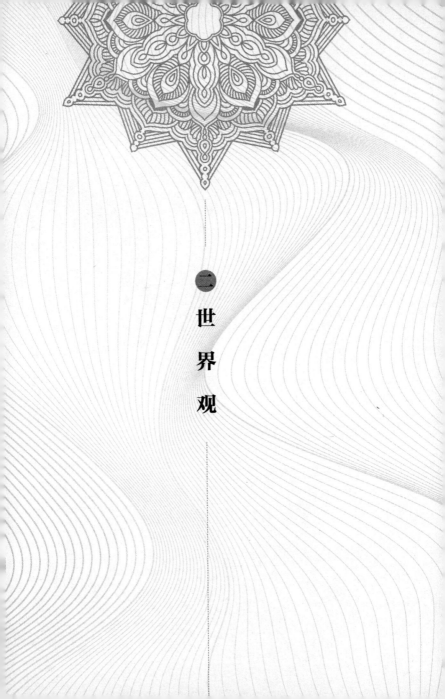

1. 原质的演化

第二十二颂

प्रकृतेर्महांस्ततोऽहङ्कारस्माद्गणश्च षोडशकः ।

तस्मादपि षोडशकात्पञ्चभ्यः पञ्च भूतानि ।। २२ ।।

prakṛtermahāṃstato’haṅkārasmād gaṇaśca ṣoḍaśakaḥ ।

tasmādapi ṣoḍaśakāt pañacabhyaḥ pañca bhūtāni ।। 22 ।।

prakṛteḥ，由原质；mahān，演化出大谛；tataḥ，由那；ahaṅkāraḥ，生出我慢；tasmāt ca，并由那；ṣoḍaśakaḥ gaṇaḥ，生出十六谛系列；ṣoḍaśakāt tasmād api pañcabhyaḥ，由十六谛系列中的五谛；pañca bhūtāni，生出五大

由原质演化出大谛，由大谛演化出我慢，由我慢演化出十六谛系列，由十六谛系列中的五谛演化出五大。

“原质”指未显者。“大谛”和“我慢”稍后定义。“十六谛系列”包括十一根和五唯，稍后说明。由于该系列的数量为十六，故而被称为“十六谛系列”。由十六谛中的“五唯”演化出“五大”：土、水、火、风、空。（1）由五唯中的声产生了空，其特性为声；（2）由五唯中的触与声的结合产生了风，其特性为声与触；（3）由五唯中的色与声、触的结合产生了火，其特性为色、声、触；（4）由五唯中的味与色、声、触的结合产生了水，其特性为色、声、触、味；（5）由五唯中的香与色、声、味、触结合产生了土，其特性为色、声、香、味、触。

对未显者的一般定义有“未显者与此相反”（第十颂）等，具体定义有“萨埵是轻快与照明……”（第十三颂）等。显现者也被一般地定义为“有因……”（第十颂）等。接下来定义觉，它是显现者的一种具体形式，对它的认识引导我们获得分辨智。

【补注】

本颂说明演化的次第：原质生大谛（觉、玛哈特），大谛生我慢，我慢生十六谛系列（五知根、五作根、心、五唯），五唯生五大。读者可参见第三颂补注中的演化图。

关于五唯如何生五大，有着不同的说法。《金七十论》说“声唯生空大，触唯生风大，色唯生火大，味唯生水大，香唯生土大”，弥室罗在本颂注释中的说法则有不同。我们用下图分别表示这两种观点。

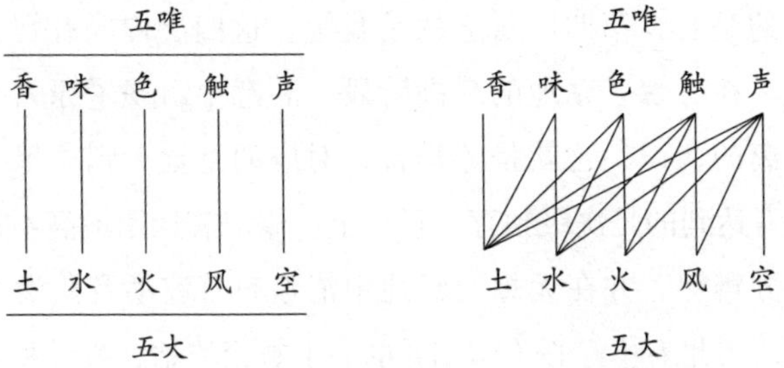

《金七十论》注释本的观点　　　　弥室罗注释本的观点

数论的宇宙演化论对印度各个思想派别影响颇大。由于数论体系的目的在于离苦得解脱，我们应该从导向解脱的角度来理解数论的演化论，而不应该单纯从现代科学的角度去评判数论的演化论，否则我们很难进入数论的思想世界。如果把正向的演化图倒转过来，就是逆向的解脱图，所以解脱也被称为“复归”。以数论派哲学作为实修之理论基础的瑜伽派正是根据“复归”来设置修习次第的，《瑜伽经》1.17说，“有智三摩地分为四种：有寻、有伺、喜乐和有我”，王志成在对该颂的注释中说，“第一层是对外在感觉对象的经验（粗糙对象），第二层是对内在感觉对象的经验（精微对象），第三层是经验本身（喜乐），第四层是经验的主体（有我）。”[①]如果对照数论的演化图来看瑜伽派的修行次第，我们发现第一层三摩地对应的是五大，第二层对应的是五唯，第三层对应的是心，第四层对应的是我慢，这四层构成有智三摩地。在有智三摩地的最高阶段，心意中出现了原人与觉分离的认识，这就是分辨智，对应的是觉。到这里，修习者达到的是次级独存。再往上，修习者运用最高不执弃绝分辨智，并在无想三摩地中消除般若波动及其潜在印迹，到此为止，心（瑜伽派的心由数论的觉、我慢和心三谛构成）瓦解，它的要素复归原质，身体也不会持续多久，原人和原质自此永远分离，这就是终极独存。[②]我们用下图展示复归。

---

① 这句话中的两处引文参见帕坦伽利：《<瑜伽经>直译精解》，王志成译注，四川人民出版社，2019年，第33—34页。

② 有关对照数论的演化图来看瑜伽派的修行次第，参见斯瓦米·巴伽南达《瑜伽与冥想的秘密》，朱彩红译，四川人民出版社，2021年，第116页。

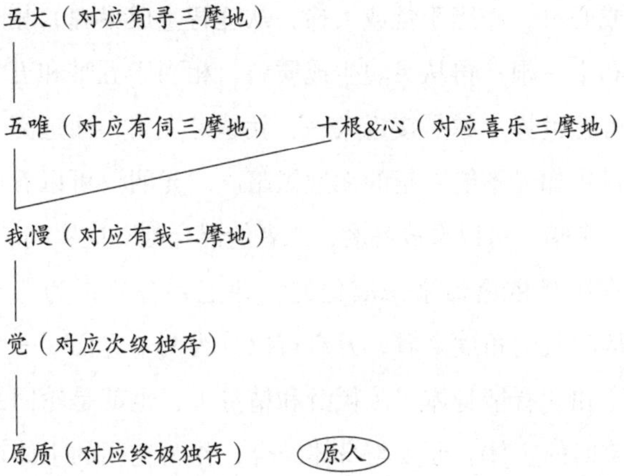

由上述内容可知，复归是通过修心来完成的。反过来，原质的演化又是什么样的“生”？我们在第三颂的补注中谈到，数论的演化论是一种“流溢说”，即本演化出变异时，本还在其位，因而二十五谛是并存的，数论的宇宙论是缘起论和并存观的交织。进一步说，由于原质与原人的结合，原质三德的比例失衡，开始了演化。就三德与演化而言，木村泰贤总结道：“上位者，喜德为胜；下位者，忧、暗之德较胜”，意思是越接近本因，萨埵性越强，越远离本因，罗阇性和答磨性越强，这和古希腊哲学家普罗提诺的流溢说有相似之处。在普罗提诺的体系中，太一相当于原质和原人的结合，是第一本体。从太一生成理智或心灵，相当于觉或大谛；从理智生成灵魂，相当于我慢和十一根；再从灵魂生成质料，相当于五唯和五大，构成可感世界。越是接近太一，就越是光明，而远离太一的质料犹如光不能穿越的无边黑暗。“光明”可以看成萨埵，“黑暗”可以看成答磨，二者的混合则对应罗阇。

本颂是依诸谛来谈演化的，即把万有分析为二十四谛。从解脱的角度来看，万有可以分为两个方面——“器世间”和“有情身体”（粗身和精身），也就是轮回的舞台和轮回的主体。原人与身体结合，作为轮回的主体在三道的舞台上或享受经验，或走向解脱。这是本书后半部分的内容。

交代了演化的总纲之后，作者接下来依次解释诸谛及其关系。

2. 觉

第二十三颂

अध्यवसायो बुद्धिर्धर्मो ज्ञानं विराग ऐश्वर्यम् ।

सात्त्विकमेतद्रूपं तामसमस्माद्विपर्यस्तम् ।। २३ ।।

adhyavasāyo buddhirdharmo jñānaṃ virāga aiśvaryam ।

sāttvikametadrūpaṃ tāmasamasmād viparyastam ।। 23 ।।

buddhiḥ，大谛（觉、菩提）；adhyavasāyaḥ，是决断或意志；dharmaḥ，正法；jñānaṃ，智慧；virāgaḥ，离欲，不动心；aiśvaryam，威严，力量；etad rūpam，构成其形式；sāttvikam，萨埵相，当萨埵充盈时；asmāt，与此；viparyastam，相反；tāmasam，答磨相，当答磨充盈时

觉是决断或意志。萨埵相的觉显现为正法、智慧、离欲和力量，答磨相的觉与此相反。

“觉是决断”，这个同位语意在表明作用（function）和作用者（functionary）并无分别。众所周知，世上的作用者都是首先认真考虑事态，然后认为自己有权做这件事，并决定应该去做，接着就着手去做。“应该做某事”的决断来自觉，觉由于接近原人的有知官能而获得了知。决断力是觉的特殊作用，觉本身无异于这种作用。就觉的定义应把觉和所有相似与相异之物区分开来而言，这便是觉的定义。

定义了觉之后，作者接下来陈述觉的特性，即“萨埵相的觉……答磨相的觉……”，因为对这些特性的认识引导我们获得分辨智。“正法”既是世俗繁荣的原因，又是至善的原因。通过祭祀、慈悲等积累的功德导向世俗繁荣，通过修习瑜伽八支等积累的功德导向至善。“智慧”在于知晓原人和三德的分别。“离欲”就是没有对感官享受的激情。

离欲有四个阶段：（1）努力阶段（yatamāna samjñā），（2）分辨阶段（vyatireka samjñā），（3）一根阶段（ekeṅdriya samjñā），（4）控制阶段（vaśīkāra samjñā）。激情等情绪包含诸多不净，它们居于心中，心是有记忆力的官能；诸根被这些情绪驱动，趋向客体。燃烧（净化）以激情等形式呈现的不净，以使诸根不趋向客体——这种初步努力即为第一阶段“努力阶段”。当我们做出这种燃烧（净化）的努力，就会发现有些激情得到净化或升华，而有些激情正处于净化过程中。在这个阶段，先后关系产生了。决断已然净化的情绪和正处于（通过分辨）净化过程中的情绪，是离欲的第二阶段，称为“分辨阶段”。当诸根不再活跃，已然净化的情绪仅以渴望的形式留在心中，这是第三阶段，称为“一根阶段”。接下来，止息对所有感官享受对象和超感享受对象的渴望，哪怕它们唾手可得，此即第四阶段，称为“控制阶段”，被帕坦伽利（Patañjali）描述如下，“称为vaśīkāra samjñā的离欲属于这样的人：他已经摆脱了对可见的享受对象和被启示的享受对象之渴望。”（《瑜伽经》1.15）离欲是觉的特性。

力量也是觉的特性，由此获得诸如变小（aṇimā）等神通。变小就是变得极微，甚至能够进入像石头一样致密的东西。变轻（laghimā）是可以漂浮，能够沿着太阳的光线进入太阳界。变大（mahimā）是扩大，由此可以变得非常巨大。瞬移（prāpti）是触到极远之物的能力，可用指尖碰触月亮。随心所欲（prākāmya）是愿望的任意达成，可以潜入土中，再从水中浮出。掌握（vaśītvam）是可以掌握诸元素及其产物，并且不被他者掌握。统治（īśitvam）是可以统治诸元素及其产物的生成、吸收和分布。意志不谬（yatra kāmāvasāyitvam）是让诸元素遵循此人的意志所规定的进程。凡人的决断遵循已被规定的进程，而瑜伽士的决断规定事件的进程。“正法、智慧、离欲和力量”是萨埵相的觉之特性。答磨相的觉之特性与此相反，即非法、非智、爱欲和软弱。

作者接下来定义我慢。

【补注】

本颂解释原质与原人结合之后的第一演化产物或变异——觉（音译菩提），该变异也称为大（玛哈特）。为什么它有不同的名称？木村在考察了数论的“大”之思想渊源后认为，大“是将《奥义书》中的‘大我’除去‘我’字，当作金胎神之名称。数论否定大我与创世神，却保存其‘大’字，当作觉的代用语”。他的意思是，“大”不是数论的独创概念，而是有着古老的渊源。始于《梨俱吠陀》，完成于《梵书》时代的金胎创造说认为，由原水产生金胎神，由金胎神创造宇宙。《摩诃婆罗多》常将金胎神称为“大我”。木村分析道，数论摄取原水作为物质之大原理的非变异（即本因），吸收大我（金胎）作为物质之原理的第一演化产物，当作觉之异名。简言之，数论把原质第一变异称为“大”，其背景为吠陀传统的创世理论，因为数论的演化论也是一种宇宙生成的理论。

不过，在数论体系中，“觉”似乎是比“大”更有实质意义的名称，因为结合本书后面的偈颂，我们可以看出“觉”是从解脱论的角度来谈的，而我们反复谈到解脱论才是数论的出发点和落脚点。本颂对觉的解释和后面关于轮回之因的理论（第四十三至四十五颂）相呼应。觉在此被解释为决断或意志，实际上觉有两重含义，其一是意志，其二是智性，因为觉是原质与原人结合之后的第一演化产物，借了原人的“有知”，故而有智性。

本颂还说，觉有两个相，其一是萨埵相，也就是萨埵的比例胜过罗阇和答磨，占据了主导地位。萨埵相的觉显现为正法、智慧、离欲和力量，可以参见弥室罗在注释中的解释。《金七十论》中的解释略有不同，正法被解释为禁制和劝制，但它们的含义和《瑜伽经》中的说法颠倒了过来，劝制指“不杀，不盗，实语，梵行，无谄曲”，禁制指“无嗔恚，恭敬师尊，内外清净，减损饮食，不放逸”。智慧被认为有两种，外智指《吠陀》，内智指认识原质与原人的分别。离欲也被认为有两种，外离欲指弃绝诸财物，内离欲指认识原质与原人的分别之后的弃绝，也就是获得内智之后的离欲。力量指八大神通或悉地，这在《瑜伽经》第三篇《力量篇》里也有所提及。这四者是萨埵相的觉显现出来的样子，与此相反的是答磨相的觉之显现，即非法、非智、爱欲和屈从。我们在后面讨论数论人生观的部分还会涉及这些内容。

解释了觉之后，作者接下来解释原质的第二变异“我慢”。

3. 我慢

第二十四颂

अभिमानोऽहंकारः तस्माद् द्विविधः प्रवर्तते सर्गः ।

एकादशकश्च गणः तन्मात्रपञ्चकश्चैव ।। २४ ।।

abhimāno'haṃkāraḥ tasmād dvividhaḥ pravartate sargaḥ ।

ekādaśakaśca gaṇaḥ tanmātrapañcakaścaiva ।। 24 ।।

ahaṃkāraḥ abhimānaḥ，我慢是自我意识；tasmāt，由那；pravartate，生出；dvividhaḥ sargaḥ eva，双重演化；ekādaśakaḥ gaṇaḥ，十一根系列；ca，和；tanmātra pañcakaḥ，五唯；ca，和

我慢是自我意识。由我慢演化出双重产物，即十一根系列和五唯。

我慢是自我意识（self-assertion）。自我意识所包含的

自我中心（ego centricity，以私我为中心）可在一些念头中观察到，这些念头经深思熟虑，并以如下形式呈现："我有权这样""我确实能够胜任""这些感官对象只是服务于我的利益""除了我，没人有权这样做""我就这样"等。它们是我慢的独特作用，依此，觉做出决断"我应该做这件事"等。本颂谈到了我慢的不同产物："由我慢演化出双重产物"。这里的双重产物为：由感官构成的十一根系列，以及五唯。本颂中的eva有强调作用，强调的是我慢演化出了这两个系列的产物。

驳：好吧。既然我慢和其余演化产物具有相同的本质，那么从我慢这一原因如何演化出了两种具有矛盾性质的产物——无知者（五唯）和照明者（诸根）？

下一颂回答这个问题。

【补注】

本颂解释原质与原人结合之后的第二演化产物"我慢"。我慢是自我意识，《金七十论》称为"我所执"，也就是"我声、我触、我色、我味、我香、我福德可爱"。由我慢演化出了两种产物，其一是十一根，其二是五唯。何以如此？下一颂会给出解释。

我慢和前颂的觉或大一样，也不是数论的独特发明，而是在作为数论体系之基础的吠陀传统中有其思想渊源或前史，数论吸收前人的成果并加以改造，为己所用，才有了本颂对我慢的陈述。据说在金胎神话中，神于创造世界之际，生起“我今欲繁殖”的意志，才有了创造，也就是说，神是用意志（觉）、我慢和沉思（苦行）创造世界的。数论用演化论取代了创世论，觉和我慢不是源于神，而是出自本因，而且数论认为我慢是觉的演化产物。

从我们当前的思想世界出发，这里似乎有一个问题，被木村泰贤在《梵我思辨》中反复提及：觉和我慢都属于精神要素，“数论派在组织教理时，将心理发生的顺序与世界发生的顺序相混”[①]，“觉和我慢通常被当作是个人的心理机关之一，在缘起观中，其下产生客观世界要素之五唯与五大。数论若是将世界视为心之表象，则认为由心理机关产生世界也无妨，但显然是认为此乃客观的共通性，故其存在难点”[②]。他的意思是，觉和我慢是心理机关，五唯与五大是客观世界的要素。在数论的宇宙演化理论中，客观世界的要素如何出自心理机关？这个问题之所以会产生，是因为我们在当前的思想世界中把心理机关和客观世界的要素作为两个范畴划分开来，而且这两个要素被认为是不可混同的。但数论的演化论恰恰出现了这种“混同”，所以对我们而言构成了问题，我们甚至可能会

① 《梵我思辨》，第70页。

② 《梵我思辨》，第115页。

追问，数论的演化论到底是唯物主义的还是唯心主义的。然而实际上，我们应该明白，唯物和唯心这两个范畴的划分在数论那里是不存在的，因而对于数论哲学，唯物和唯心是一对无效范畴。数论的思想世界对我们而言显得较为混沌，觉和我慢既是心理机关，也是客观世界的要素，按照木村的看法，“会通此难点的唯一之道，应是依两重之立场观察及解释觉与我慢之地位。亦即依并立的关系视此为个人的，依缘起的关系而视为宇宙的。”[①]换言之，并非只有个体的心理才有觉和我慢，二者也是非心理的普遍要素。或许，我们可以扩展我们的认知，修正我们的范畴，以便更好地理解数论的思想世界。

我慢是觉的演化产物，十一根和五唯是我慢的演化产物，这使我们追问：觉如何演化出我慢，我慢又如何演化出十一根和五唯？答案见下一颂。

① 《梵我思辨》，第115页。

第二十五颂

सात्त्विक एकादशकः प्रवर्तते वैकृतादहङ्कारात् ।

भूतादेस्तन्मात्रः स तामसस्तैजसादुभयम् ।। २५ ।।

sāttvika ekādaśakaḥ pravavtate vaikṛtādahaṅkārāt ।

bhūtādestanmātraḥ sa tāmasastaijasādubhayam ।। 25 ।।

vaikṛtād ahaṅkārāt，由转变我慢生出；ekādaśakaḥ，十一根系列；sāttvikaḥ，萨埵相之物；pravartate，演化；tanmātraḥ，五唯；bhūtādeḥ，由大初我慢（生出）；sa tāmasaḥ，它们属于答磨相；taijasād，由炎炽我慢；ubhayam，二者（十一根和五唯）都生出了

由转变我慢演化出萨埵相的十一根系列。由大初我慢演化出五唯系列，它们属于答磨相。由炎炽我慢演化出二者。

萨埵具有轻快与照明的特性，由萨埵相的“转变我慢”演化出十一根系列。由答磨相的“大初我慢”演化出五唯系列，何以如此？因为五唯系列属于答磨相。同一个

我慢演化出不同类型的产物，依据的是三德中的这种或那种是占据主导还是受到抑制。①

驳：如果这些产物仅是由萨埵和答磨的活动演化出来的，那么，不为任何有益目的服务的罗阇又有什么用?

答："由炎炽我慢演化出二者"，也就是说，由罗阇相的我慢演化出十一根系列和五唯系列。我们不能仅仅因为罗阇并不专门生出任何独立的产物，就说罗阇不为任何有益目的服务，相反，罗阇为萨埵和答磨提供了能量。萨埵和答磨完全是惰性的，就其本身而论无法履行任何功能，罗阇激发萨埵和答磨进行各自的活动，由此成为萨埵相的我慢和答磨相的我慢演化出各自系列产物的工具。

为了说明萨埵相的十一根系列，作者在下一颂解释十个外根。

【补注】

本颂说明我慢的演化。依据三德比例的不同，我慢有三种状态：第一种是萨埵占据主导地位，称为"转变我慢"；第二种是答磨占据主导地位，称为"大初我慢"；第三种是罗阇占据主导地位，称为"炎炽我慢"。这三个

① 当萨埵占据主导，我慢被称为转变（Vaikṛta），当答磨占据主导，我慢被称为大初（Bhūtādi），当罗阇占据主导，我慢则被称为炎炽（Taijasa）。

概念的名称听上去有点怪，为什么是转变、大初和炎炽？这是根据含义而来的译名，类似乔荼波陀的《圣教论》把“唯一”（大梵）的三种形式称为周遍、炎光和有慧。[①]这些概念来自《奥义书》，我们觉得怪是因为不清楚它们在《奥义书》的话语体系中的位置和关联。不过，我们无须在此追究这个问题，只需明白这三个“古怪”译名在数论中的所指即可，这对于理解本书的内容足矣。

原质二十四谛皆有三德，但在整个演化图中，只有我慢因为三德比例的不同而生出两组不同的演化产物。

萨埵相的转变我慢生出萨埵相的十一根系列，答磨相的大初我慢生出答磨相的五唯系列。罗阇相的炎炽我慢之作用在于为前两种形式的我慢提供演化的动能，否则，前两种我慢就无法进行演化活动，故而本颂说“由炎炽我慢演化出二者”。在数论中，原人不动，原质变易，变易的动力因在三德，而在三德中，又是罗阇为萨埵和答磨提供动能。

下一颂列举萨埵相的我慢演化出的十一根中的十根。

---

① 参见乔荼波陀：《圣教论》，巫白慧译释，商务印书馆，2002年，第21页。

4. 知根与作根

第二十六颂

बुद्धीन्द्रियाणि चक्षुः श्रोत्रघ्राणरसनत्वगाख्यानि।

वाक्पाणिपादपायूपस्थाः कर्मेन्द्रियाण्याहुः ।। २६ ।।

buddhīndriyāṇi cakṣuḥ śrotraghrāṇarasanatvagākhyāni ।

vākpāṇipādapāyūpasthāḥ karmendriyāṇyāhuḥ ।। 26 ।।

buddhi indriyāṇi，知根，认知官能（是）；ākhyāni，称为；cakṣuḥ，眼；śrotram，耳；ghrāṇa，鼻；Rasanā，舌；tvak，（和）皮，皮肤；karmendriyāṇi āhuḥ，（以下）称为作根，行动官能；vāk，口，言语；pāṇi，手；pāda，足；pāyu，排泄器官；upasthaḥ，生殖器官

知根（认知官能）是眼、耳、鼻、舌、皮。作根（行动官能）是口、手、足、排泄器官、生殖器官。

根要以萨埵相的我慢作为基础，也就是作为构成要件。根有两种：知根（认知官能）和作根（行动官能）。这些官能统称为根（iṇdriyas），因为它们充当原人的指针。[①]它们的名字分别是眼等，其中，用来感知颜色的官能或工具是眼，用来感知声音的是耳，用来感知气味的是鼻，用来感知味道的是舌，用来感知触碰的是皮。口等官能的作用稍后在第二十八颂讨论。

接下来说明第十一根。

【补注】

十根分为两大类：知根和作根。知根是眼、耳、鼻、舌、皮，分别能取色、声、香、味、触，因而称为知根。作根是口、手、足、生殖器官、排泄器官。十根也被称为外作具，这是相对于心、我慢和觉而言的，这三者称为内作具，见第二十九颂的解释。

需要注意的是，十根不等于解剖学上作为粗身器官的眼睛等。十根中的眼指的是看的官能，口指的是言语官能。实际上，在我们的日常话语中，“眼”通常指的也是官能。比如，“我近视眼，看不清黑板上的字”，这里的

---

① Indrasya idam iti iṇdriyam：称为iṇdriya是因为它使人想起Iṇdra（因陀罗），意指至上灵体——原人。所以，根是让人想起原人的东西。诸根只为了原人的目的而运作。

眼指的当然不单单是作为器官的眼睛，而是包括眼睛、视神经和相应脑区的活动在内的整个视觉官能。数论的十根和我们现在的认知也不同，这一点将在第二十八颂的补注中说明。

列举了十根之后，作者接下来说明第十一根——心。

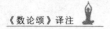

5. 心根

第二十七颂

उभयात्मकमत्र मनः संकल्पकमिन्द्रियं च साधर्म्यात् ।

गुणपरिणामविशेषान्नानात्वं बाह्यभेदाश्च ।। २७ ।।

ubhayātmakamatra manaḥ saṃkalpakamindriyaḥ sādharmyāt ।

guṇapariṇāmaviśeṣat nānātvaṃ bāhyabhedāśca ।। 27 ।।

atra，在这些根中；manaḥ ubhayātmakam，心具有两类根的性质；saṃkalpakam，它是起思虑作用的；ca sādharmyāt，因为共同特性；Iṇdriyam，它（也）是一根；nānātvam，它的多样性；bāhya bhedāḥ ca，以及外在差异性；guṇa-pariṇāma-viśeṣat，是因为三德的特定变化

在诸根中，心具有两类根（知根和作根）的性质。它是思虑之谛，也被称为根，因为它具有诸根的共同特性。

它的多样性和外在差异性归因于三德的特定变化。

在十一根中，“心具有两类根的性质”，也就是说，心既是知根，也是作根，因为知根和作根只在心与它们配合时，才能对它们的客体起作用。换言之，只有当心和根协同运作并接收印象时，认知或行动才是可能的。接下来，作者陈述心的具体定义：“它是思虑之谛”，即心以思虑的形式出现。例如，当某个客体被某个知根模糊地理解为“这是某物”时，就产生了这样的疑问：“它是这个还是那个？”这时，心通过识别被模糊理解之物的特性来正确地认知“它是这个而非那个”。有个古老的文本对心作了如下描述：

最初，一个人仅以模糊的方式把一个客体理解为某物；然后，智者认识到它属于某个种类，并拥有某些具体特性。

还有（另一作者说）：最初，一个人对他面前的事物有一种简单而含混的理解，诸如对一个男孩、一个哑巴抱有的念头。随后，该事物被认知为具有某些特性，并属于某个种类等。对这一切的认知也被视为感知。

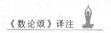

这种以思虑官能为特征的作用属于心，正是该作用把

心和其他相似之物与相异之物区分开来。

驳：即便如此，但同样有着各自作用的大谛和我慢没有被划分为根，所以，心也不应被划分为根，因为它也有着自己的独特作用。

答：本颂说心“也被称为根，因为它具有诸根的共同特性”。这里的同质性在于以萨埵相的我慢为原因。在此，“根”不应在“作为因陀罗（原人）之特征”的意义上去理解，因为大谛和我慢也有这一特征，照这样也应被划分为根。所以，“作为原人的指针”只应被理解为出自“根”的语源，而非出自其作用。

问：十一根系列如何从一个萨埵相的我慢中生出？

答：“它的多样性和外在差异性归因于三德的特定变化。”产物的多样性归因于不可见的辅助力量的多样性，该力量带来了对色、声、香、味、触这些客体的经验。不可见的力量的多样性也是三德的变化。这里加上了“外在差异性”这一说法，其目的是为了例证，也就是说，心的多样性就像心的种种外在形式一样，都归因于三德的不同变化。

解释了十一根的性质之后，作者接下来说明前十根的具体作用。

【补注】

本颂的经文对心根进行了较为详细的解释，主要涉及四个问题：心根和十根的关系，心根的作用，心为何被划分为根，心根是如何演化出来的。

第一，心根和十根的关系。本颂说“心具有两类根的性质”。这句话的意思是，心既可以充当知根，又可以充当作根。如何充当？十根必须和心根“相应”或合作时，才能发挥作用。就是说，心根没有与眼根和耳根合作，故而眼根和耳根不能发挥作用。“心不在焉”说的也是心根没有与十根相应所导致的无法有效认知或行动的状况。所以，心根和十根的关系是合作关系。

第二，你可能会纳闷，十根各异，一个心根如何与十根合作？这就涉及第二个问题，心根的作用。本颂说“它是思虑之谛”，《金七十论》的译法是“能分别为心”，还举了个例子：“譬如有人，闻某处有财食，即作心言：我当往彼应得美食以及利养。如此分别是心根别事。”在这个例子中，心根的思虑表现为两个方面，首先是与耳根合作，听闻某处有财食，其次是与觉和我慢合作，做出具体的决定“我当往……应得……”。可见，心根的思虑表现为上通下达，在下与十根合作，在上与觉和我慢合作，而觉和我慢背后的有知之谛是原人。

第三，你可能再次纳闷，既然觉和我慢不算是根，为什么心被划分为根？按照《金七十论》的分析，有两个原因：首先，从来源上看，心和十根一样，都是从萨埵相的我慢演化出来的；其次，从作用上看，心与十根共同运作，合起来才能发挥各自的作用，十根离开了心根会导致“视而不见、听而不闻”，心根离开了相应的根也无法产生相应的思虑，比如天生目盲的人，其心根不能进行“见”的思虑。这便是心被划分为根的两个原因。

第四，心根是如何演化出来的。实际上，这也是在追问十一根是如何演化出来的，因为心根与十根来源相同。本颂说“归因于三德的特定变化”，结合第二十五颂说的“由转变我慢演化出萨埵相的十一根系列”，我们可以得出，心根是由萨埵占据主导的三德和我慢直接演化出来的。我们又知，原质的演化需要和原人结合，所以要间接地加上原人，并加上觉和我慢。《金七十论》有个准确的表述：“三德在我慢中，随我意故转作十一根”，大意似乎是，原人的有知与觉和我慢结合，生成“我意”，“我意”支配着萨埵相的我慢演化出十一根。为什么根的数目是十一，而非其他？《金七十论》的解释是“十一外尘各各不同，若生一根不能遍取，是故转生十一根，各各取诸尘”，意思是对象或客体（尘）的种类为“十一”，所以演化出的根之数目也是“十一”，这样才能根尘相配。

这种解释看上去是合乎逻辑的，但数论并没有另外说明“十一尘”，而只是说了作为客体的五唯和五大。当然，五唯和五大是从宇宙演化的角度或为“存在”计数的角度说的，并不是从根之客体的角度说的，尽管这两个角度涉及的内容有重叠。从逻辑上说，《金七十论》的解释是说得通的。

数论对“心”的解释并不复杂，但在《瑜伽经》中，“心”是个复杂而关键的概念。《瑜伽经》第二颂说“瑜伽是控制心的意识波动”，瑜伽派的整个理论建构与实修体系都是围绕着心的活动而展开的。在瑜伽派中，“心”得到了复杂而全面的阐发，认识并控制心的活动成为解脱的门路。不过，我们依然可以从对心的解释中看出，数论哲学乃是瑜伽修习的理论基础——瑜伽派认为心由末那、我慢和觉（菩提）构成，而我们刚才也说，在数论哲学中，心根上通下达，在上与觉和我慢合作，在下与诸根合作（这个部分相当于“末那”），因而从作用上看，心的确可以说是由末那、我慢和觉构成的。不同的是，数论哲学只从演化上把心作为第十一根，也未详细谈论控制心的活动与解脱的关系。数论谈解脱，重在谈论精身的活动。

解释了心根之后，作者接下来说明十根的作用。

6. 十根的作用

第二十八颂

रूपादिषु पञ्चानाम् आलोचनमात्रमिष्यते वृत्तिः।

वचनादानविहरणोत्सर्गानन्दाश्च पञ्चानाम् ।। २८ ।।

rūpādiṣu pañcānām ālocanamātramiṣyate vṛttiḥ ।

vacanādānaviharaṇotsargānandāśca pañcānām ।। 28 ।।

pañcānām，五知根的作用；rūpādiṣu，与色等有关；ālocanamātram iṣyate，被认为仅是感知；pañcānām vṛttiḥ，另五根的作用；vacana，（被认为是）言语ādāna，操作；viharaṇa，移动；utsarga，排泄；ca，和；ānandāḥ，快感

与色等有关的五知根的作用被认为仅是感知。言语、执拿、移动、排泄、快感是五作根的作用。

五知根的作用据说仅是感知，感知即对客体的简单理

解。言语、执拿、移动、排泄、快感是五作根的作用。位于喉咙、上颚等处的官能是口，其作用是言语。其余诸根的作用是清楚明白的。

接下来说明三个内作具（内部官能）的作用。

【补注】

本颂说明十根的作用。五知根为眼、耳、鼻、舌、皮，其对象为色、声、香、味、触。在此，知根的作用“被认为仅是感知”，按照弥室罗的解释，“感知”指的是“对客体的简单理解”。这种简单理解仅仅涉及简单的初步认知，比如“看到前面有人走来”，“闻到一阵香气”，似乎相当于《瑜伽经》所说的构成心的三要素之一——“末那”的作用，即主要是记录经由五知根的通道进入的印象或信息，这其实已经是心根与五知根合作的结果。现代心理学区分了感觉和知觉，感觉指经由五知根进入的物理信号，知觉指大脑对这些物理信号的加工，涉及知觉组织和知觉解释两个方面。按照数论哲学的解释，五知根的作用并不仅仅是“感觉”，似乎还加上了部分简单的知觉组织和知觉解释，否则我们就无法得出“前面有人走来”这样的初步认知。当然，我们再次强调，即便是这样的初步认知也需要心根的配合。若要获得进一步的认知，比如那人是谁、大概想干什么、跟我有什么关系等，则需要心根上通我慢和觉。所以，实际上，诸根和心根的作用界限，是很难完全清晰地划定的，因为十一根原本就是协同运作，并且我们在日常生活中获得的往往已是它们协同运作的结果。

《金七十论》说，“知根能照境，作根能执用”。前面解释了五知根的作用，接下来解释五作根的作用。五作根为口、手、足、排泄器官、生殖器官，其作用分别为“言语、执拿、移动、排泄、快感”。《金七十论》把作根中的口也译为舌，我们在此分别译为作根中的“口”和知根中的“舌”，以便区分开来。关于生殖器官的作用，本颂的说法是“快感”，《金七十论》的说法是“戏乐及生子”，似乎更加全面。

我们在第二十六颂的补注中谈到十根并非今日解剖学上的概念，心根亦是如此。为什么这么说呢？如果眼只是解剖学上的眼睛，那就没有照见色境的作用，同样，如果手只是解剖学上的手，那就没有执拿的作用。否则的话，被挖出的眼和被砍下的手，依然能起看见和执拿的作用。我们在理解的时候需要注意，根指的是官能或作具，而不仅仅是粗身的器官。我们在第二十六颂的补注中还谈到十一根的作用按照今日的理解，似乎是器官、神经系统和大脑活动的协同作用，所以十一根看似属于粗身。但是按照数论的解释，十一根虽然和粗身有关，实则属于精身，这一点会在后面的相应偈颂中谈及。

解释了十根（外作具）和心根之后，作者接下来说明三个内作具，以及作具的共同作用。

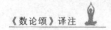

7. 作具

第二十九颂

वालक्षण्यं वृत्तित्रयस्य सैषा भवत्यसामान्या ।

सामान्यकरणवृत्तिः प्राणाद्या वायवः पञ्च ।। २९ ।।

svālakṣaṇyaṃ vṛttirtrayasya saiṣā bhavatyasāmānyā ǀ

sāmānyakaraṇavṛttiḥ prāṇādhyā vāyavaḥ pañca ǀǀ 29 ǀǀ

trayasya，三内作具的；svālakṣaṇyaṃ，它们各自的特性；vṛttiḥ，是它们各自的作用；sā eṣā，这些作用；asāmānyā bhavati，是每一个独有的；sāmānya-karaṇa-vṛttiḥ，作具的共同作用；prāṇādhyāḥ-vāyavaḥ-pañca，是命根气等五气

三内作具各自的特性就是各自的作用，这些作用是它们独有的。作具的共同作用是命根气等五气。

Svālakṣaṇyaṃ一词指的是具有自身特性的东西，它们是大谛（觉）、我慢和心。它们各自的特性也是它们的本质。这些特性充当每个内作具的识别标志，也代表每个内作具的作用：决断是觉的作用，自我意识是我慢的作用，思虑是心的作用。

作用有：共同作用和特殊作用。本颂说的“它们独有的”指特殊作用。生命之气有五种，始于命根气（prāṇa），它们构成三内作具的共同作用。五气是三内作具的生命所在，因为五气存在，三内作具也存在，五气缺失，三内作具也不复存在。在五气中，命根气位于鼻尖、心脏、肚脐、脚和拇指；下行气（apāna）位于颈部、背部、脚、肛门、生殖器官和身体两侧；平行气（samāna）位于心脏、肚脐和所有关节处；上行气（udāna）位于心脏、喉咙、上颚、头部和眉心；遍行气（vyāna）位于皮肤。此即五种生命之气。

作者接下来说明四作具（三个内作具和外作具）的作用次序，它们既有相继作用，也有同步作用。

【补注】

本颂交代两个问题：（1）三内作具的特殊作用；（2）作具的共同作用。

三内作具（内部官能）是觉、我慢、心，其中的心也被称为根。这里的“内作具”是相对于作为“外作具”的十根而言的，内外关系的依据可以参照演化顺序，接近本因的在内，反之则在外。类似地，《瑜伽经》中的八支瑜伽也有内外关系，从禁制到制感的五支称为“外支”，专注、冥想和三摩地则称为“内支”。

“三内作具各自的特性就是各自的作用”，意思是：觉的特性是决断或意志，其作用也是如此；我慢的特性是自我意识，其作用也是自我意识；心的特性是思虑，其作用也是思虑。这些作用是“它们独有的”，亦即它们的特殊作用。

谈论特殊作用，就意味着也有共同作用或普遍作用。在这里，弥室罗的理解和《金七十论》的理解有所不同。按照弥室罗的理解，命根气等五气是三个内作具的共同作用，他在第三十二颂的注释中也谈到了这一点：“觉、我慢、心通过以五气的形式呈现的作用执（保持）客体”。但按照《金七十论》的理解，五气是十三作具（三内作具和十根）的共同作用。单纯从本书的经文来看，我们无法分辨谁的解释才是正确的。五气和作具的关系似乎并不明确，在弥室罗的注释中，五气既是作具的共同作用，又是作具的生命所在，因为作具和五气共存。

在整个《数论颂》中，五气只在本颂出现，在其余偈颂中并未被谈及。这说明自在黑在创作《数论颂》时，自奥义书中发展出来的五气说已为人们广泛熟悉和接受。五气也被称为普拉那，在印度思想中代表生命能量，因而弥室罗说五气是作具的生命所在。然而，在《数论颂》的思想体系中，我们似乎没有办法找到五气的准确位置，这就意味着无法明确“生命”的含义。基于前面说的弥室罗的解释和《金七十论》的解释之差异，生命究竟是三内作具的共同作用，还是十三作具的共同作用，结合本书后半部分的偈颂，似乎《金七十论》的解释更容易理解，因为十三作具的共同作用可能意味着精身，把精身看作轮回的生命，这种关联更容易建立。至于三内作具的共同作用，则没有像精身这样的对应物，只是表现为“执客体”的作用，因而弥室罗的说法相对比较令人费解。此外，生命意味着活力与动能，而三德中的罗阇也代表活力与动能，那么普拉那和罗阇的关系是什么？《数论颂》没有解释这个问题。

五气是命根气、下行气、上行气、遍行气、平行气，它们分布在人体的特定部位，弥室罗在注释中说明了五气的分布。五气也和人的精神特质有关，比如《金七十论》说，下行气若多，则“令人怯弱”；上行气若多，则“令人自高”；遍行气若多，“令人离他不得安乐”；平行气若多，“令人悭惜觅财觅伴”。

说明了三内作具的特殊作用和作具的普遍作用之后，作者接下来说明作具的作用次序。

第三十颂

युगपच्चतुष्टयस्य तु वृत्तिः क्रमशश्च तस्य निर्दिष्टा ।

दृष्टे तथाप्यदृष्टे त्रयस्य तत्पूर्विका वृत्तिः ॥ ३० ॥

yugapaccatuṣṭayasya tu vṛttiḥ kramaśaśca tasya nirdiṣṭā ।

dṛṣṭe tathāpyadṛṣṭe trayasya tatpūrvikā vṛttiḥ ॥ 30 ॥

dṛṣṭe，关于可感事物；catuṣṭayasya tu，四作具的；yugapat vṛttiḥ，作用是同步的；tasya krama-śaśca，也是相继的；nirdiṣṭā，据说是；tathā api adṛṣṭe，以及关于不可感事物；trayasya vṛttiḥ，三内作具的作用；tat pūrvikā，以那为先

关于可感事物，四作具的作用据说既是同步的，也是相继的。关于不可感事物（以及可感事物），三内作具的作用以那为先。

“关于可感事物，四作具的作用据说既是同步的”，比如：当一个人在黑暗中借助闪电的光芒看见一只老虎站在面前时，四作具的作用——（眼的）观察、（心的）思

虑、（我慢的）自我意识和（觉的）决断——同步发生，于是那人立刻逃跑。还有“相继的”作用，比如：一个人在昏暗的光线下模糊地看见了什么，然后，他集中心思，看清那是一个凶残的强盗，并已拉弓搭箭瞄准了自己，接着，他的我慢让他意识到强盗正在靠近他，最后，他的意志（觉）做出决定，他应该逃跑。然而，关于不可感事物，心、觉和我慢三个内作具则在没有外作具帮助的情况下运作，本颂指出“三内作具的作用以那为先”，也就是说，三内作具的同步作用和相继作用都以对某个客体的感知为基础。确实，来自比量、圣言量和记忆的认知以现量的认知为基础，而非以别的知识为基础。①

不可感事物与可感事物的情况差不多。②

驳：无论是四作具还是三内作具，它们的作用不可能单单依赖于它们自身。否则，如果作具是持存的，那么它们的作用也将是持存的；如果作具仅是短暂的，那么它们的作用也将是偶然的，而那会导致各种作用的混乱，因为没有什么可以调节作具。

对此的解答见下一颂。

---

① 也就是说，如果以前没有被诸根感知到，就无从被认知。所以，我们对于以前从未感知到的东西不可能有推理、见证或记忆。

② 三内作具的作用只在如下情况中才是可能的：已经存在着关于某个外物的现量认知。

【补注】

本颂中的“四作具”指的是三内作具加外根，诸如觉、我慢、心加上眼根。

关于可感事物（意味着四作具共同起作用），四作具的作用可能是同步的，也可能是相继的，我们可以参见弥室罗在本颂注释中给出的例子。

关于不可感事物（意味着三内作具脱离外作具而起作用），三内作具的作用以外作具的作用为先，此处的“先”指的是逻辑顺序。本颂的内容和第四、五、六颂关于数论认识论的内容——现量是比量和圣言量的基础——相呼应，“以那为先”指的是以先前而非当下的现量认知为基础。比如，一位小说家正在进行创作，他的觉、我慢、心正在快速运作，笔下浮现出一个栩栩如生的场景。在这个例子中，小说家描写的场景并非他当下亲眼所见、亲耳所闻，而是根据先前的眼见耳闻加工而成，这便是“以那为先”。

实际上，关于可感事物，尽管四作具共同起着作用，但外作具依然是基础，因为觉、我慢、心的作用在逻辑上需要以外作具的作用为先。当然，在四作具相继作用的情况中，“先”指的不仅是逻辑顺序，也是时间顺序。

总而言之，四作具的作用次序分为两种情况。（1）

关于可感事物，四作具共同起作用。这种共同作用又分为两种情况：同步作用和相继作用。无论是同步作用还是相继作用，三内作具的作用在逻辑上以外作具的作用为基础。（2）关于不可感事物，三内作具脱离外作具而起作用，但以外作具先前的作用为基础。

知道了作具的作用次序之后，我们可以进一步追问：这些作具的作用既然是有序的，那么它们背后有没有一个指挥者？下一颂回答这个问题。

第三十一颂

वां स्वां प्रतिपद्यन्ते परस्पराकूतहेतुकां वृत्तिम् ।

पुरुषार्थ एव हेतुर्न केनचित्कार्यते करणम् ।। ३१ ।।

svāṃ svāṃ pratipadyante parasparākūtahetukāṃ vṛttim ।

puruṣārtha eva heturna kenacit kāryate karaṇam ।। 31 ।।

svāṃ svāṃ vṛttim，关于它们各自的作用；pratipadyaṇte，它们进入；paraspara-ākūta-hetukāṃ，被彼此的冲动激起；puruṣārtha eva hetuḥ，原人的目的是唯一动机；na kenacit，不因其他任何事物；karaṇam kāryate，一个作具活动

作具被彼此的冲动激起而发挥各自的作用。原人的目的是作具活动的唯一动机。作具不因其他任何事物而活动。

我们必须把诸作具都纳入本颂，作为讨论对象。

当一群人预先确定了各自的角色，挥舞着刀剑棍棒，专注于制伏一个共同的敌人时，他们的行动一定是建立在知晓彼此冲动的基础上，而且在行动时，舞剑者只用剑而

不用棍，挥棍者只用棍而不用剑。同样，每一作具只是因为其他作具的冲动而发挥作用，该冲动是诸作具发挥作用的原因，所以，诸作具的作用不可能出现混乱（因为该冲动充当了调节的动力）。

驳：然而，舞剑者等是有知的存在者，所以，我们完全可以说，他们是在理解彼此冲动的基础上行动的。但是，诸作具是无知的，就其本身而论，它们绝不能激起他者的活动。因此，诸作具只能被一个控制者激起活动，该控制者知晓诸作具的性质、能力和作用。

答：本颂说“原人的目的是作具活动的唯一动机。作具不因其他任何事物而活动”。作具的唯一动机是达成原人的目的——带来享乐经验和原人的解脱。因此，没有必要假设一个知晓诸作具的性质、能力和作用的有智慧的控制者。这一点将在第五十七颂的“正如无知的牛奶分泌出来是为了滋养小牛”中进一步阐明。

本颂已经说明作具不因其他任何事物而活动，下一颂明确十三作具。

【补注】

本颂说明诸作具的活动为什么是有序的，而不是混乱的，以及作具活动的动机。

“作具被彼此的冲动激起而发挥各自的作用”，这句话的意思是，作具发挥作用是因为存在着某种“冲动”，激起了作具，于是，作具按照各自的特性发挥各自的作用。对此，《金七十论》举了个例子：有个婆罗门听闻某处有传授吠陀知识的师父，于是决定去追随（觉的作用）；我慢知悉觉的冲动，他便说我要学到那个师父的学问（我慢的作用）；接着，心知悉我慢的冲动，开始思虑我该先学什么，再学什么，直到学完吠陀的知识（心的作用）；根知悉心的冲动，“眼能看路，耳闻他语，手持澡灌，足能蹈路，各各作事”（十根的作用）。在这个例子中，我们看到，该婆罗门的各个作具被彼此的冲动激起，相继发挥各自的作用，直到达成共同的目标——追随师父学习吠陀知识。在具体情境中，作具的作用不是混乱的，而是自然而然有序的，因为某个作具发挥作用需要被其他作具的冲动激起，这在逻辑上就像多米诺骨牌一样有序。所以，激起作具的冲动本身可以充当调节作具活动的动力。

弥室罗在本颂的注释中提出了一个问题：作具是无知的，却能被彼此的冲动激起而有序地发挥作用，这种有序性的背后是不是有一个主动的、有智慧的“控制者”？这个问题和我们前面涉及的数论的宇宙论有关。数论的宇宙论属于缘起论，而非创世论，这是我们分析过的。在此，如果承认一个主动的、有智慧的控制者，并且“该控制者知晓诸作具的性质、能力和作用”，操纵着诸作具的活动并保证其有序性，那么，我们无异于承认了一个造物主，这和前面的宇宙论是矛盾的。所以，在数论中，诸作具的活动之有序性，并非源于一个控制者，而是类似于一种自动起效的“嵌入式内部程序”。对此，弥室罗引用了第五十七颂的“正如无知的牛奶分泌出来是为了滋养小牛”作为例证，《金七十论》也说，“为长养犊子，无知牛生乳”，意思是，在牛犊出生后，母牛自动分泌牛奶养育牛犊，等到牛犊可以依靠自己吃草长大，母牛便会自动停止分泌。牛奶被分泌与否，并不取决于一个控制者，而是一种内部“程序”，依据一定的条件自动运作，又依据一定的条件自动停止运作。同理，诸作具的有序活动背后不存在一个控制者，就像原质的有序演化背后也不存在一个控制者。

不过，虽然没有控制者，但作具的活动不是盲目的，而是有动机的。本颂说，“原人的目的是作具活动的唯一动机。作具不因其他任何事物而活动。”结合后面的偈颂，我们知道原人的目的有两个：经验和解脱。所以，作具的活动仅仅是为了原人的经验和解脱，而不是为了作具自身，也不是为了其他的谛。

从第二十六颂直到本颂，我们一直从局部说明作具及其活动和作用，接下来，作者从总体上说明十三作具的作用和对象。

第三十二颂

करणं त्रयोदशविधम् तदाहरणधारणप्रकाशकरम् ।
कार्यं च तस्य दशधाऽहार्यं धार्य्यं प्रकाश्यं च ।। ३२ ।।

karaṇaṃ trayodaśavidham tadāharaṇadhāraṇaprakāśakaram ।
kāryaṃ ca tasya daśadhāhāryaṃ dhāryaṃ prakāśyaṃ ।।
32 ।।

karaṇaṃ，作具；trayodaśavidham，有十三；tad āharaṇa，它（的活动是）取（抓住）；dhāraṇa，执（保持）；prakāśakaram，照（显露）；tasya kāryam ca，和它的客体；daśadhā，有十；āhāryaṃ，所取（被抓住者）；dhāryaṃ，所执（被保持者）；prakāśyaṃ ca，和所照（被显露者）

作具有十三，它们的作用是取、执、照。它们的客体有十，即所取、所执、所照。

根有十一，加上觉和我慢这两个作具，共有十三个作具。一个作具是一个特殊的活动者，该活动者除非能起作用，否则无以存在。所以，本颂紧接着陈述了作具的作用："它们的作用是取、执、照"。口等作根起到取（抓住）的作用，也就是说，它们通过作用于客体而渗入并理解客体；觉、我慢、心通过以五气的形式呈现的作用执（保持）客体；知根照（显露）客体。

取、执、照的作用必定有其客体，所以，本颂对客体进行了命名和分类："它们的客体有十，即所取、所执、所照。"十三作具的客体数目有十，以"所取、所执、所照"的形式呈现。"取"就是"渗入"（pervade），意味着作根分别渗入言语、执拿、移动、排泄、快感。因为"取"分为天道的和非天道的，所以作根的"取"数目有十。同样，三内作具以五气的形式呈现的作用"执"的客体，是五大（土、水、火、风、空）的集合体，而五大是五唯（色、声、香、味、触）的集合体。五唯中的每一元素都有天道的和非天道的，因而数目有十；所以，"所执"的数目也有十。同样，知根也渗入各自的客体——色、声、香、味、触。因为它们有天道的和非天道的，数目有十，所以"所照"的数目也有十。

对十三作具的进一步划分见下一颂。

【补注】

本颂对作具的数目、作用和客体进行总体说明。

“作具有十三”，意思是作具的数目共有十三个。三内作具（觉、我慢、心）加十根（五知根和五作根），合起来共有十三个作具。其中，心既是内作具，也是根，因而有十一根，心为内根，五知根和五作根为外根。前面的偈颂解释过十三作具各自的特性和作用，本颂总述十三作具的作用：“它们的作用是取、执、照”。关于这些作用的主体，弥室罗的解释和《金七十论》的解释有所不同。弥室罗认为，取的主体是五作根，执的主体是三内作具，照的主体是五知根；而《金七十论》认为，取的主体是三内作具，执的主体是五作根，照的主体是五知根。可见，二者的争议在“取”和“执”的主体上。取的意思是抓住，那么，抓住客体的是三内作具还是五作根，相应地，保持（执）客体的是五作根还是三内作具？好像很难判断哪个才是正解，因为二者都有道理。我们可以说是觉的决断、我慢的自我意识和心的思虑因为让客体成为“我的客体”而抓住了客体，也可以说是五作根因为直接作用于客体而抓住了客体。类似地，我们可以说是三内作具在五作根抓住客体的基础上保持客体，反之亦然。

为什么会出现二者皆可的状况？我们都知道，逻辑上“取”先于“执”，因而这里的分歧似乎在于角度的不同：如果从三内作具在诸作具中的地位相当于长官，五作根的地位相当于随从的角度来看，取客体的是三内作具，执客体的是五作根，此为《金七十论》的观点；如果从数论认识论的角度来看，现量才是基础，因而取客体的是五作根，执客体的是三内作具，此为弥室罗的观点。

基于十三作具的作用总体上分为取、执、照，它们的客体也相应地分为“所取、所执、所照”。本颂说“它们的客体有十”，意思是所取、所执、所照的数目分别有十种。“十”这个数字是怎么来的？这和数论对整个宇宙的划分有关。在数论哲学中，宇宙分为三道：天道、人道、兽道。人道和兽道的所取、所执、所照相同，而天道的所取、所执、所照不同于人道和兽道。比如，天道的五唯不同于尘世的五唯，因而五知根的所照（色、声、香、味、触）就有十种。由于五唯不同，生出的五大也不同，从而由五大构成的客观世界也不同。人和兽共享一个尘世，天神则生活在天道，所以弥室罗在注释中说“分为天道的和非天道的”。

从总体上说明了十三作具及其作用和客体之后，作者接下来交代作具起作用的时效。

第三十三颂

अन्तःकरणं त्रिविधं दशधा बाह्यम् त्रयस्य विषयाख्यम् ।

साम्प्रतकालं बाह्यं त्रिकालमाभ्यन्तरं करणम् ।। ३३ ।।

antaḥkaraṇaṃ trividhaṃ daśadhā bāhyam trayasya viṣayākhyam ।

sāmpratakālaṃ bāhyaṃ trikālamābhyantaraṃ karaṇam ।। 33 ।।

antaḥkaraṇaṃ trividhaṃ，内作具有三；daśadhā bāhyam，外作具有十；trayasya viṣayākhyam，（它们）被称为三（内作具）的客体；bāhyaṃ，外作具；sāmpratakālaṃ，在现时起作用；ābhyantaraṃ karaṇam，内作具；trikālam，在三时（起作用）

内作具有三。外作具有十，被称为三内作具的客体。外作具在现时起作用，内作具在三时起作用。

内作具有三个，即觉（菩提）、我慢、心（末那）。它们被称为内作具，是因为它们位于身体内部。外作具有十个，它们被称为三内作具的客体，是因为它们充当通道，内作具正是通过它们来理解、自我认同和决断客体。在此，觉等作具理解客体，作根作用于客体。接着，本颂指出外作具和内作具的具体区别为："外作具在现时起作用，内作具在三时起作用。""现时"一词也表示紧接在前和紧跟在后的时间，所以言语也是现时的客体。内作具在所有时间点运作，例如：（1）下过雨，因为河水涨满了（表示过去）；（2）山上着火了，因为有烟（表示现在）；（3）要下雨了，因为我们看见蚂蚁在搬家（表示将来）。在此，内作具依据事件来理解、自我觉察和决断三时（过去、现在、未来）发生的状况。

根据胜论派的观点，时间不可分割，就其本身而论并不支持过去、现在、将来的常规划分，三时的常规划分归因于偶然条件。然而，数论派的导师们认为，过去、现在、将来的偶然划分可以被视为过去、现在、将来的常规概念之基础。所以，不需要假定另一个称为"时间"的实体来介入。

接下来，作者讨论在现时活动的外作具之客体。

【补注】

首先，为什么觉、我慢、心、五知根、五作根被称为"作具"？《金七十论》解释道，"能成就我意方便故，是故说名具”，大意是，它们为原人所用，充当达成原人之目的的工具，故而称为“作具”。作具的数目有十三，分为两类：内作具和外作具。为什么觉、我慢、心是内作具？《金七十论》的解释为，“不取外尘故，是故立名内”，意思是觉、我慢、心并不直接以外物为客体，故而称为内作具。五知根和五作根为什么称为外作具？同理，《金七十论》解释道，“能取外尘故，故名为外具”，意思是十根直接以外物为客体，故而称为外作具。我们在第二十九颂的补注中提到，作具的内外关系之依据可以参照演化的先后顺序，接近本因的在内，远离本因的在外。在此，我们进一步说明，十根直接接触外部客体，故而在外，觉、我慢、心不直接接触外部客体，故而在内。所以，内作具和外作具的关系为，外作具充当内作具理解外部客体的通道，或者说，外作具活动的结果充当内作具活动的客体，类似于工人把采来的玉石提供给雕刻师制作玉雕。《金七十论》把内外作具的关系比喻为主仆关系，“譬如其主使役下人，如是三具能使十具亦复如是”，意思是，三内作具为主人，十根为下人，供主人差遣；本颂的说法是“外作具……被称为内作具的客体”；马因卡尔译本的说法则是“外作具使得客体为三内作具所知”。综合这三种解释，我们看到，内外作具的关系可以从两个角度来说：从认识论的角度总体而言，内作具的活动以外作具的作用为基础，因而外作具先于内作具；从地位上来说，内作具为主，外作具为仆，因而内作具先于外作具。我们在第二十九颂的补注中谈到过这一点。

关于十三作具起作用的时效，本颂说，“外作具在现时起作用，内作具在三时起作用”。众所周知，眼睛只能看到此刻的景象，耳朵只能听到此刻的声音，手只能摸到此刻的物体；眼睛看不到过去和未来的景象，鼻子闻不到过去和未来的气味，双脚走不进过去和未来的房间。十根只取当下的对象，所以说外作具只在现时起作用。“三时”指过去、现在、未来。觉可以决断三时的事件，我慢可以把三时的客体据为己有，心能想象未来、思考现在、回忆过去。三内作具的活动没有时效限制。由此我们可以得出，事物在我们思想中的延续性归因于三内作具的作用，比如，我的儿子从婴儿到成人是同一个人，这归因于内作具的回忆、认同和决断，否则，单单依靠外作具，一个婴儿和一个成年人之间的延续性是无法得到确立的，就像陌生人很难看出某人婴儿期的照片和成年期的照片是同一个人。

接下来，作者依据诸谛具体说明十三作具的客体。

第三十四颂

बुद्धीन्द्रियाणि तेषां पञ्च विशेषाविशेषविषयाणि ।

वाग्भवति शब्दविषया शेषाणि तु पञ्चविषयाणि ।। ३४ ।।

buddhīndriyāṇi teṣāṃ pañca viśeṣāviśeṣaviṣyāṇi ।

vāgbhavati śabdaviṣayā seṣāṇi tu pañcaviṣayāṇi ।। 34 ।।

teṣāṃ，其中；pañca buddhi iṇdriyāṇi，五知根；viśeṣa-aviśeṣa-viṣayāṇi，以粗糙事物（有差别者）和精微事物（无差别者）为客体；vāk，口；śabda-viṣayā-bhavati，以声为客体；seṣāṇi tu，但其余（作根）；pañcaviṣayāṇi，以五唯为客体

其中，五知根以粗糙事物和精微事物为客体。口以声为客体，其余四作根以五唯为客体。

在十个外作具（十根）中，五知根以有差别者和无差别者为客体。“有差别者”指粗糙形式的色、声、香、味、触，它们以平静、扰动、暗痴的形式出现，以土、水、火、风、空的形式存在。“无差别者”指精微形式的

色、声、香、味、触，以五唯（tanmātras）的形式存在。Tanmātra一词中的小品词mātra用来排除诸元素的粗糙形式。只有知根以粗糙事物和精微事物为客体。比如，伟大的圣人和苦行者既能感知精微的声元素，又能感知粗糙形式的声音，但像我们这样的普通人只能感知粗糙形式的声音。同样，苦行者的皮肤可以感知粗糙形式的触和精微形式的触，而我们的皮肤只能感知粗糙的触觉客体。苦行者的眼睛等知根可以感知粗糙形式的色和精微形式的色等，而我们的知根只能感知粗糙客体。

在五作根中，口以声为客体，因为口是粗糙形式的声音之原因。然而，口不能制造五唯中的声，声是我慢的演化产物，口也是我慢的演化产物（即口和五唯中的声都是我慢的直接演化产物）。其余四作根，即手、足、排泄器官和生殖器官，以可由它们操纵的事物为客体，诸如罐子等，因为这些客体具有色、声、香、味、触的性质。①

在十三作具中，有些是主要作具，有些是从属作具，理由见下一颂。

① 足踩在土上，土的特性是色声香味触这五唯。排泄器官分离出五唯存在于其中的土，生殖器官则制造出五唯存在于其中的分泌物。

【补注】

第三十二颂根据十三作具的作用，从总体上把它们的客体分为所取、所执、所照，本颂则依据诸谛具体说明外作具或十根的客体。

五知根的客体是粗糙事物（有差别者）和精微事物（无差别者）。根据弥室罗的解释，粗糙事物指五大——土、水、火、风、空，它们是五唯的粗糙表达形式，精微事物指五唯——色、生、香、味、触。为什么本颂不直接说五大和五唯，而是要用有差别者（粗糙事物）和无差别者（精微事物）这种说法呢？可能是考虑到五唯和五大的关系要到后面的偈颂中才会具体说明，故而此处没有直接使用五大和五唯的概念。不过，并非所有人的五知根都能直接感知五大和五唯，只有知根特殊的人，比如圣人和苦行者，才既能感知五大，又能感知五唯，而像你我这样的普通人，只能感知五大及其和合而成的粗糙对象。《金七十论》的说法有所不同，是从三道的角度来看的。它说，有差别者有三德，是人道中的客体，为人的知根所感知；无差别者以萨埵为主导，是天道中的客体，为天人的知根所感知。所以，人道中有乐忧痴，天道中唯有乐，而无忧痴。

五作根的客体分为两类：（1）口仅仅以声为客体；

（2）其余四作根皆以五唯为客体。弥室罗在注释中澄清道，粗糙形式的声音是口制造的，但精微形式的声和口一样，都是我慢的演化产物。“其余四作根以五唯为客体”，这里的五唯意思不清晰，应该理解为和五知根那里的情况一样，包括五唯和五大，因为五大本来就是五唯的产物，二者的关系将在第三十八颂阐明。

说明了十根的具体客体之后，作者接下来交代作具的地位。

第三十五颂

सान्तःकरणा बुद्धिः सर्वं विषयमवगाहते यस्मात् ।

तस्मात् त्रिविधं करणं द्वारि द्वाराणि शेषाणि ।। ३५ ।।

sāntaḥkaraṇā buddhiḥ sarvaṃ viṣayamavagāhate yasmāt ।

tasmāt trividhaṃ karaṇaṃ dvāri dvārāṇi śeṣāṇi ।। 35 ।।

yasmāt，因为；buddhiḥ，觉或意志；sāntaḥ-karaṇāḥ，连同其他内作具；sarvaṃ viṣayam avagāhate，理解所有客体；tasmāt，因而；trividhaṃ，这三个；karaṇaṃ dvāri，作具是门卫；śeṣāṇi，其余的；dvārāṇi，是门

因为觉等内作具理解所有客体，所以三内作具像门主，其余作具像门。

“门主”是主要作具。外作具是“门”，即仅为工具。外作具只是从属作具，因为觉、我慢和心决定外作具展示的所有客体。所以，外作具像门，而觉等内作具像门主。

觉的首要性不仅相对于外作具而言，而且是相对于其余两个门主——我慢和心这两个内作具而言的。这一点在

下一颂得到陈述。

【补注】

本颂把三内作具比喻为“门主”，把外作具比喻为“门”，用来说明内作具和外作具的主次地位。为什么内作具处于主导地位？这要看作具是如何活动的。第三十三颂说“内作具在三时起作用”，本颂说“觉等内作具理解所有客体”，对此，《金七十论》解释道：“觉与内具共，能取一切尘者，觉与我慢及心根恒相应故，说觉与内具共，能取三世间尘及三世尘，故说能取一切尘。”这里的意思是，三内作具总是形成一个稳定的组合（“恒相应”），能够理解三道和三时的客体。如何理解？当三内作具与某个根结合，这个根就开始活动，相应的客体进入被认知的过程，比如《金七十论》说，“若觉等三具相应在眼根，是眼根能照色”，即当三内作具与眼根结合，我们就能看见。在“看见”的过程中，眼根的作用只是感知，并把感知到的内容呈递给三内作具，并由它们展开进一步的认知。

再者，十根为什么处于从属地位？根据《金七十论》的解释，“余根悉是门者，谓五知五作根开闭随三故，若三在眼，眼门则开，能取前境，余门则闭，不能知尘，以随他故。”这里的意思是，十根是否活动，取决于三内作具，它们与哪个根结合或合作，哪个根才能开始活动，如果它们不与根结合，根就不在活动状态，不会发挥作用。所以，本颂把十根比作门，门的开关（根的活动与否），取决于门主有没有把钥匙插入门锁（有没有与根结合）。对此，《金七十论》说："门非实具，如是十根与三具相应能取一切三世间尘。"结合我们的生活经验，这很容易理解，比如在睡眠中，三内作具不与十根中的任何一根结合，所以我们没有对外界的认知。我们有时候视而不见，听而不闻，是因为三内作具没有和眼根或耳根结合，这就是心不在焉。从这些例子可以看出，"门非实具"，如果根是实具，那么有眼就能看见一切，有耳就能听见一切，不需要三内作具的参与，人在睡着时也能认知一切，但我们都知道这是不符合事实的。

可见，在地位上，三内作具确实是主导，十根是从属，听命于三内作具。再者，在三内作具中，觉处于首要地位。十三作具的活动服务于原人的目的，这是接下来要说明的内容。

第三十六颂

एते प्रदीपकल्पाः परस्परविलक्षणा गुणविशेषाः ।

कृत्स्नं पुरुषस्यार्थं प्रकाश्य बुद्धौ प्रयच्छति ।। ३६ ।।

ete pradīpakalpāḥ parasparavilakṣaṇā guṇaviśeṣāḥ ।

kṛtsnaṃ puruṣasyārthaṃ prakāśya buddhau prayacchati ।। 36 ।।

ete，这些（十外作具、心、我慢）；pradīpa-kalpāḥ，犹如灯；paraspara vilakṣaṇāḥ，各有特色；guṇaviśeṣāḥ，是三德的不同变化；kṛtsnaṃ prakāśya，照亮一切；puruṣasyārthaṃ，为了原人的目的；buddhau prayacchati，把（所有客体）交给觉

这些（外作具、心、我慢）各有特色，是三德的不同变化，犹如一盏灯，照亮所有客体，并为了原人的目的（即为了向原人展示客体）而把所有客体交给觉。

村长从各家收税，再把税上交给区长，区长再把税上交给大臣，而大臣把税献给国王。同样，在此，外作具感知客体之后，把客体交给心，心思虑客体之后，把客体交

给我慢，我慢进行个人认定之后，把客体交给觉，觉类似于作具的首脑。这就是本颂何以说“这些……照亮所有客体，并为了原人的目的而把所有客体交给觉”。

外作具、心和我慢是三德的不同变化。它们虽然性质不同，却一致导向原人的目的——带来享乐经验和解脱。这就像灯芯、油和火虽然各不相同，却能结合为灯，照亮形状、颜色等。本颂的陈述“这些是三德的不同变化”就是这个意思。

驳：为什么是其余作具把各自的印象交给觉，而不是觉把它的印象交给“像门主”的我慢或心？这个问题在下一颂回答。

【补注】

本颂有三层含义。

第一，“这些（外作具、心、我慢）各有特色，是三德的不同变化”，意思是由于三德的比例不同，这些作具各不相同。套用《金七十论》的陈述，“耳根取声不取色，眼则取色不取声，乃至鼻但取香不取味，如是五知根……作根亦如是，舌但说言语，不能作余事。”三内作具和十根一样，也有各自的特色，心只作思虑，我慢只作自我认同，觉只作决断。在认知和经验的过程中，诸作具各司其职。

第二，虽然诸作具各有特色，各司其职，但它们结合起来，“犹如一盏灯，照亮所有客体”。灯的比喻在第十三颂出现过，为的是说明萨埵、罗阇、答磨虽然各有特色，但它们的运作是为了同一目的。此处的情况类似，为的是说明诸作具的活动虽然各不相同，但指向的是同一目的。具体而言，十根中的某一根或某几根与三内作具合作，让客体通过根的通道（门）进入心；心对根呈递的客体作思虑，然后把被思虑过的客体交给我慢；我慢对心上交的客体作自我认同，然后把该客体呈递给觉，由觉做决断。这个处理客体的过程被比喻为一盏灯，把客体照亮，也就是对客体进行认知或经验。弥室罗打了个比方，村长（心）把从各家（十根）收来的税（客体）上交给区长（我慢），区长把税上交给大臣（觉）。在十三作具中，觉是最高首脑。

第三，觉只是“大臣”，“国王”则是原人，就像大臣要把税献给国王，觉把自己决断过的客体展示给原人，这就是本颂说的“为了原人的目的”。此为本颂的最后一层含义，也就是客体最终由觉交给原人，为的是原人的经验和解脱。

接下来的问题是，觉把客体交给原人，这如何让原人获得经验和解脱呢？下一颂给出了回答。

第三十七颂

सर्वं प्रत्युपभोगं यस्मात्पुरुषस्य साधयति बुद्धिः ।

सैव च विशिनष्टि पुनः प्रधानपुरुषान्तरं सूक्ष्मम् ।। ३७ ।।

sarvaṃ pratyupabhogaṃ yasmātpuruṣasya sādhayati buddhiḥ ।

saiva ca viśinaṣṭi punaḥ pradhānapuruṣāntaraṃ sūkṣmam ।। 37 ।।

yasmāt，因为；buddhiḥ，正是觉；puruṣasya upa-bhogam，为了原人的经验；sarvam prati-sādhayati，达成对所有客体的；sa eva ca punaḥ，只有那；sūkṣmam，精微的；pradhāna-puruṣāntaraṃ，原人和本因的差别；viśinaṣṭi，区分

因为正是觉达成原人对所有客体的经验，也正是那区分本因和原人的精微差别。

诸作具活动的唯一动机是为了原人的目的服务，所以，只有直接达成该目的的作具才是首要作具。在诸作具中，唯有觉能够直接做到这一点，因而，唯有觉被视为首

要作具，就像大臣被认为高于其他所有官员，因为他是国王的直接代理人，而村长等官员和大臣相比就不那么重要。唯有觉才能达成原人对所有客体的经验，方法为觉装作（pretend）原人本身，因为它接近原人，从而反射了原人之光。经验在于对苦乐感受的体验，这种感受发生在觉中，而觉看似采取了原人的形式，由此，觉让原人经历了这些体验。正如对事物的感知、思虑和自我意识以各自的形式被呈递给觉，同样，觉在自身的决断活动中认同于诸根的作用，这就像村长们和大臣合为一体。以这种方式，觉为原人达成对一切事物（色、声、香、味、触）的经验。

驳：如果是觉为原人达成对所有客体的经验，那就不可能有解脱。

答：对此，本颂说“也正是那区分本因和原人的差别”，意思是觉区分原人和本因的差别。在此，“区分差别”（aṇtaram viśinaṣṭhi）一词的用法类似于“烹饪煮饭”（odanap ā kam pacati）。[1]由此表明，解脱是原人的目的。

驳：既然原人和本因的差别只是被觉区分出来的，那就应该是短暂的，所以，由区分那种差别带来的解脱也必定是短暂的。

---

① 这里的要点是：viśinaṣṭi一词被解释为“区分差别”。因而，aṇtaram一词似乎是多余的。Odanapākam的例子被用来指出aṇtaram一词在此的用法不是多余的，而是有助于强调该句的意思。

答：对此，本颂说“本因和原人的精微差别”。这里说的差别是精微的，即难以感知。“本因易变，我不同于那”——此种差别是永恒的，但由于缺乏分辨，觉只是制造了“没有差别”的认知，而没有制造你说的那种短暂差别。

说明了诸作具之后，作者接下来描述有差别者（粗糙客体）和无差别者（精微客体）。

【补注】

前颂说明了我们获取认知和经验的流程，本颂说明该流程的最终归属：觉把客体展示给原人，为的是让原人获得经验和解脱。

接下来的问题是，觉是如何让原人获得经验和解脱的。弥室罗在注释中的说明似乎不够清晰。首先我们要知道，这个问题实际上是个悖论性的说法，因为原人本来就是“纯粹的目击者。他独存，中立，观照，不动”（第十九颂），谈不上经验、解脱、束缚之类的，即这三个词并不适用于原人。那么数论为什么要谈原人的经验和解脱？这个问题我们放到后面有关精身的部分来讨论。

根据本颂，原人的目的有两个：一是经验，二是解脱（独存），其中解脱是最终目的。我们知道，原人有知，觉等原质的演化产物本质上无知。但演化本身是因为原质和原人的结合而开始的，由于这种结合，原人把自己的意识之光投射或映照在无知的原质上，就像路灯把光芒投射在黑夜中的湖面上，照亮了部分湖面。正如湖水是活动的，原质也是活动的，觉相当于湖面，其展现的客体相当于涟漪，是被原人直接照亮的部分。我们看夜晚路灯照着的湖面，就能看到涟漪，同理，原人把意识之光投射到活动的觉展示的客体上，从而享受到经验。

解脱又是如何发生的？本颂说，“正是那区分本因和原人的精微差别”，此处的“那”指的是觉。这句话告诉我们，解脱是由分辨本因和原人的精微差别而导致的。本因和原人的差别之所以“精微”，是因为普通人无法直接认知，套用《金七十论》的说法，“此别异者，未修圣行人不能见故，故说为精微。”这种精微差别只有觉才能令原人见到，故而《金七十论》说：“此别异中门者，于十三中唯觉令我见。”那么，本因和原人的差别是什么？第十一颂说，“显现者由三德构成，不相离，客观存在，共有，无知，能生，本因亦然。原人与二者相反”。《金七十论》从另一个角度说：“谓见我与本因异，三德异，觉异，我慢异，十一根异，五唯异，五大异，身异。”原人在觉中见到原质和原人自身的差别之后，待到“过去的冲动留下的冲力”耗尽（见第六十七颂），原质便停止了活动，原人也全然回归自身，达到独存（见第六十八颂），类似电影散场，荧屏上的画面消失，观众退席。

在数论哲学中，解脱的方法是认识原质和原人的差别，所有的修习方法最终都要落实到此处。对此，《金七十论》说“若知二十五，随处随道住，编发髻剃头，平等的解脱”，意思是只要认识二十五谛（即认识原质和原人的差别），无论属于什么修行门派，修的是什么法门，都能平等得解脱。所以我们说，数论代表的是智慧瑜伽的道路。

关于觉对原质和原人的区分以及随之而来的解脱，《瑜伽经》分两步作了更加清晰的阐述。第一步是次级独存，即通过控制心意波动获得分辨智，一方面烧尽痛苦，另一方面让原人见到自身和觉的差别，与觉断开，从此不再卷入原质。不过，尽管原人不再卷入原质，但二者依然共存。此时，就要用最高不执放下分辨智，并修习心意波动和潜在印迹的止息。由此，与演化相反的复归过程开启，原人与原质永久分离，原人达到终极独存或本具的解脱。①

以上说明了萨埵相的转变我慢演化出的十一根，以及这十一根加上我慢和觉组成的十三作具。接下来说明答磨相的大初我慢演化出的五唯和五大。

① 此处的说明参见斯瓦米·巴伽南达著：《瑜伽与冥想的秘密》，朱彩红译，四川人民出版社，2021年，第116页。

8. 五唯与五大

第三十八颂

तन्मात्राण्यविशेषास्तेभ्यो भूतानि पञ्च पञ्चभ्यः ।

एते स्मृता विशेषाः शान्ता घोराश्च मूढाश्च ।। ३८ ।।

tanmātrāṇy aviśeṣās tebhyo bhūtāni pañca pañcabhyāḥ ।

ete smṛatā viśeṣāḥ śāntā ghorākca mūḍhākṣa ।। 38 ।।

tanmātrāṇi aviśeṣāḥ，五唯是无差别者；tebhyo pañcabhyāḥ，由这五个（五唯）；pañca bhūtāni，生出五大；ete viśeṣāḥ smṛtāḥ，这些被称为有差别者；śāntāḥ，平静；ghorāḥ，扰动；mūḍhāḥ ca，和暗痴

五唯是无差别者。由五唯生出五大，被称为有差别者，因为它们是平静的、扰动的、暗痴的。

五唯即色、声、香、味、触，它们是精微的形式。

Tanmātra中的mātra表示这五个基本元素没有比如平静等有差别的具体特征，而只有具体特征才让它们适合被经验（为快乐、痛苦等）。

说明了无差别者之后，作者谈论了有差别者的产生方式："由五唯生出五大"，即由色、声、香、味、触这五唯分别生出五大——火、空、土、水、风。

驳：就算五大是由五唯产生的，但五大的有差别特征是如何产生的呢?

答："（五大）被称为有差别者"，为什么呢？因为它们具有"平静、扰动和暗痴"的性质。本颂中的第一个ca表示理由，第二个ca表示累加（即事物具有平静、扰动和暗痴这三个特征）。在五大中，有的属于萨埵相，是平静、快乐、愉悦和轻快的；有的属于罗阇相，是扰动、悲伤、不稳定的；有的属于答磨相，是暗痴、沮丧、怠惰的。五大是经验客体，它们互不相同，被说成是有差别的、粗糙的。但互不相同的五唯不是我们的经验客体，因而被说成是无差别的、精微的。

下一颂对有差别的客体做出进一步划分。

【补注】

数论的宇宙演化顺序为：原质与原人结合，原质三德失去平衡，开始了演化过程；原质的第一演化产物（变异）为觉（大、玛哈特、菩提）；觉产生我慢；萨埵相的我慢产生十一根，答磨相的我慢产生五唯；五唯产生五大。本颂说明五唯和五大。

五唯是五种精微元素：色、声、香、味、触。本颂说“五唯是无差别者”，这是什么意思？关于此，弥室罗的注释似乎没有《金七十论》的注释那么清晰。《金七十论》说，五唯“细微寂静，以喜乐为相，此即诸天尘，无有差别，天无忧痴故”，意思是五唯属萨埵相，是三道中的天道之客体，没有罗阇相和答磨相，所以称为“无差别者”。这里说的“天无忧痴”，也就是没有罗阇相和答磨相，指的是没有罗阇占据主导和答磨占据主导的状态，而非没有罗阇和答磨，因为三德“相互主导、支撑、生起与合作”，彼此不相离。

对于我们来说，五大才是经验客体。五大是五唯的演化产物。至于五唯如何演化出五大，有两种理论，我们在第二十二颂的补注中用图解释过，此处就不重复说明了。本颂说，五大“被称为有差别者，因为它们是平静的、扰动的、暗痴的”，即因为它们有萨埵相、罗阇相和答磨相。五大是三道中的人道的客体。《金七十论》以“空”为例说明了“有差别的空”该如何理解：“如大富人入内密室受五欲乐，或上高楼，远观空大，由空受乐，故空寂静（此为空的萨埵相）。或在高楼，空中冷风所触，空则生苦（此为空的罗阇相）。或复有人行在旷路，唯见有空，不见聚落，无所止泊，则生暗痴（此为空的答磨相）。”其余四大亦复如是。

从第二十二颂开始谈论原质的第一演化产物直至本颂的五唯和五大，数论的整个宇宙演化论已经完整地呈现出来。我们可以把这个部分视为数论哲学的世界观。数论哲学的世界观是为人生论服务的，这是我们反复强调过的内容。接下来，作者展开数论的人生论。

三 人生观

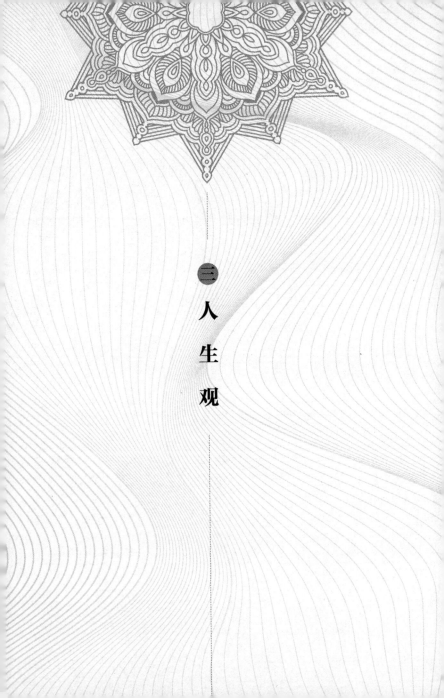

1. 精身

第三十九颂

सूक्ष्माः मातापितृजाः सह प्रभूतैः त्रिधा विशेषाः स्युः ।

सूक्ष्मास्तेषाम् नियता मातावितृजा निवर्तन्ते ।। ३९ ।।

sūkṣmā mātāpitṛjāḥ saha prabhūtaiḥ tridhā viśeṣāḥ syuḥ ।

sūkṣmāsteṣām niyatā mātāpitṛjā nivartante ।। 39 ।।

sūkṣmāḥ，精身；mātāpitṛjāḥ，父母所生身；saha prabhūtaiḥ，以及五大；tridhā viśeṣāḥ syuḥ，是三类有差别者；teṣām，其中；sūkṣmāḥ niyatāḥ，精身是常住的；mātā-pitṛjāḥ，父母所生身；nivartaṇte，是易灭的

精身、父母所生身和五大是三类有差别者。其中，精身常住，父母所生身易灭。

本颂谈论了三类有差别者。

第一，精身的存在被假定（说“假定”是因为精身不可感知）。为了可被感知，必须具备一些外在的条件或辨识标记，以便与他者区分开来。在此，辨识标记指的是导致乐、苦、幻的特性，这些在五唯中是缺失的，但在五大中是具备的。[①]

第二，父母所生身由六鞘构成。在六鞘中，毛发、血、肉来自母亲，筋、骨、髓来自父亲。此六者即为身体的六鞘。

第三，prabhūtāni指五大。精身、父母所生身和五大构成有差别者。所以，精身是第一类有差别者，父母所生身是第二类，五大是第三类。诸如陶罐等客体则囊括在五大这类有差别者当中。精身和父母所生身的区别被解释为“其中，精身常住，父母所生身易灭”，意思是，在有差别者之中，凡是精微的，就是常住的，凡是由父母所生的，就是易灭的，即可以化作液体（土葬）、灰烬（火葬）或腐败物（放任不管）。

接下来，精身得到分类。

① 虽然五唯和五大都是质料，但它们有着显著的差异。五唯缺乏可辨识的标记，因而是无差别的或不可识别的；而五大是有差别的或可识别的，因为它们具有苦、乐等性质，从而适合我们去经验。这是自上而下的演化。

【补注】

本颂开始向我们展现数论的人生观，先从精身开始讲起。

前颂谈论了无差别者（五唯）和有差别者（五大），本颂沿袭“有差别者”这一概念，谈论了三类有差别者：精身，父母所生身，五大。此三者被称为有差别者，是因为它们都有萨埵相、罗阇相和答磨相，而不像五唯这种无差别者那样只有萨埵相。

谈到身体，我们可能认为人只有一个身体，动物也是如此。我们的身体概念就是生物学上的身体——血肉之身，这大致对应本颂中的“父母所生身”，也叫粗身。弥室罗在注释中说，粗身由六个部分构成，其中，毛发、血、肉来自母亲，筋、骨、髓来自父亲，因而被称为“父母所生身”。《金七十论》的说法略有不同，“粗身有六依，血、肉、筋三种从母生，白、毛、骨三种从父生”。木村泰贤指出，对于组成粗身的物质，《金七十论》和《数论经》看法有别，前者说是“五大所生”，后者说是“五大所生，或是除去空大的四大所生，又或只是土大所生”[①]。他推测起初是五大说，而后受正理派等影响，改成了土大说。

印度哲学对身体的看法比我们现代人的观念复杂得

① 《梵我思辨》，第121页。

多！关于身体，在印度哲学中可以找到不同的说法，诸如粗身、精身、因果身的三身理论，粗身鞘、能量鞘、心意鞘、智性鞘、喜乐鞘的五身理论，本书则谈到了精身和父母所生身，此二身皆属原质，为原人受用。

精身不可见，但数论哲学假定它是存在的。关于粗身和精身的关系，《金七十论》说，先有精身，精身“生入胎中，赤白和合增益精身，是母六种饮食味，浸润资养增益粗身，是母子饮食路二处相应故得资益，犹如树根有容水路故浸润增长，如是饮食味随其行路浸益粗身亦复如是”，意思是，精身进入母胎，并从母体吸收营养滋长粗身。精身在内，粗身在外。“精身中手、足、头、面、腹、背、形、量人相具足”，又从父母获得粗身的血、肉、筋、白、毛、骨，并以母体长养的粗身资益精身，这是胎儿期的状况。即将出生及出生之后，“以外五大为其住处……一生空大为无碍处，二生地大为时著处，三生水大为清净处，四生火大为销食处，五生风大能令动散”，五大是原质为了精身和粗身而生出的“依止处”或者活动场所，借用《金七十论》的比喻，就像王子造宫殿，安排好睡觉、吃饭、会客等的空间。如此一来，原人便可依托精身和粗身享受这个世界。精身、粗身和五大即为三类有差别者，诸如瓦罐之类的客体被认为属于五大。

精身和粗身的区别在于，“精身常住，父母所生身易灭”。我们都知道粗身易灭，人皆有生有死。弥室罗说，粗身可化作液体、灰烬和腐败物，复归五大。但死亡只是粗身复归五大，精身依然存在。那么，人死后精身会怎样？《金七十论》解释道，粗身退没之后，如果精身与非法相应，则受四生（一四足，二有翅，三胸行，四傍形），即进入兽道；如果精身与法相应，也受四生（一梵，二天，三世主，四人道），即进入人道和天道。如此轮转八处，直到“智厌若起，便离此身者解脱”，换言之，直到区分原人与原质的差别，原人最终达到独存。我们在后面的偈颂中会详细阐述这些内容，在此先有个大概的印象。

精身是什么？何时产生？如何能够轮回？下一颂回答这些问题。

第四十颂

पूर्वोत्पन्नमसक्तं नियतं महदादि सूक्ष्मपर्यन्तम् ।
संसरति निरुपभोगं भावैरधिवासितं लिङ्गम् ।। ४० ।।

pūrvotpannamasaktaṃ niyataṃ mahadādi sūkṣmaparyantam ।
saṃsarati nirupabhogaṃ bhāvairadhivāsitaṃ liṅgam ।। 40 ।।

liṅgam，有相（有标记）的精身；pūrvotpannaṃ，在演化之初产生；asaktaṃ，不受阻碍；niyataṃ，常住；mahatādi-sūkṣmaparyaṅtam，由大到五唯的诸谛构成；saṃsarati，轮转；nirupabhogam，无经验；bhāvaiḥ-adhivāsitam，有习气，被习气染着

有相的精身在原初产生，不受阻碍，常住，由大到五唯的诸谛构成，轮转，无经验，有习气。

“在原初产生”意味着在演化之初，精身由本因演化出来，每一个原人都有一个精身。“不受阻碍”是因为畅行无阻，就其本身而论，精身甚至可以穿过大山。“常

住”是因为从宇宙演化之初直到最终消融，精身一直存在。精身“由大到五唯的诸谛构成”，就是说，精身是大（觉）、我慢、十一根和五唯的和合之物或聚集物。精身是有差别者，因为它有诸根，而诸根是平静、扰动、暗痴的。

驳：既然精身是原人的经验领域，那又为何需要前面谈到的由六鞘构成的可感知的粗身呢？

答：精身“轮转”，也就是精身从一个粗身轮转到另一个粗身，亦即精身一个接一个地放弃和重新占据由六鞘构成的粗身。何以如此？因为精身“无经验”。如果没有粗身，精身就无法获取任何经验，这便是精身为何要轮转。

驳：轮转是由正法与非法导致的，而精身没有正法与非法，那它是如何实现轮转的？

答：因为精身“有习气”。习气（dispositions）指正法和非法、智慧和非智、离欲和爱欲、力量和软弱。觉具有这一切，而精身与觉关联，所以，精身也被习气染着。这就像一匹布由于接触了白兰花而染上了此花的甜香。有习气的精身是轮转的，也就是说，习气的染着是轮转的原因。

问：为什么精身不像本因那样，在宇宙消融期间继续存在？

答：因为精身是有相（有标记）的。有相者是会消融的，意思是精身融入其原因。（精身是产物，是诸谛的和合之物，所以，精身在宇宙消融之时要融入其原因。）

驳：即便如此，但为什么不是觉本身在我慢和诸根的伴随下轮转呢，为什么需要假定精身的轮转，我们又没证据？

对这个问题的回答见下一颂。

【补注】

本颂说明了精身的产生、构成和特性。

数论继承了印度的循环时间观，宇宙有生成期和消融期，相互交替，就像人的一呼一吸。在宇宙生成期，原人与原质结合，原质开始了演化；在宇宙消融期，演化产物复归原质，唯有本因和原人存在。精身在宇宙生成期原质开始演化的时候产生，这便是本颂说的“精身在原初产生”的含义。理论上，这里的“原初”并非只有一个，而是每个宇宙生成期的“原初”。弥室罗在注释中说精身的数目也是多，每一个原人都有一个精身。在宇宙消融期，精身复归本因，因而理论上那时是没有精身的，这意味着没有轮回。那么原人是不是独存的？如果是，那又何必费心追求解脱，何不等待宇宙消融之时自然解脱呢？这确实是数论哲学面临的一个问题，宇宙的消融似乎暗含着原人的独存，与解脱论似乎是不兼容的。实际上，数论哲学有若干重要而难以解决的理论问题，这些问题应该如何看待，我们在后面统一分析，此处暂且保留。

精身由十八谛即：十三作具和五唯构成。十三作具是精身的心理构造，五唯则是精身的物质基础。木村泰贤在《梵我思辩》中用下图来说明：

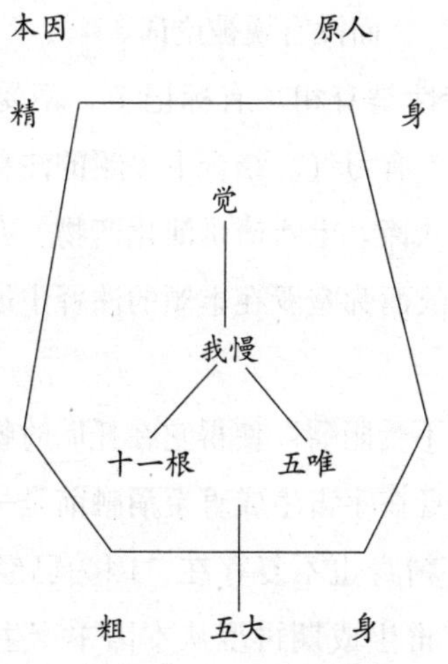

原质的这十八谛如何发展成了精身？五大又如何构成了粗身？换言之，原质如何发展成为众生？我们并不知道，数论也无法说明。木村说，《数论颂》和《数论经》“并没有言及其第一次的经过，亦即原质发展成有情的顺序。此因第一次的说明实际上是不可能的。故从第二次的，即托胎于父母开始说明。首先有一精身依其所造业决定当来所得运命。父母和合时，山岩城壁不能屏障而直趣托胎。经一定时期，粗身完成，此名父母所生身”[①]。他的意思是，原质如何产生精身和粗身（众生），数论体系对此无法从源头上说起，而只能从精身已经产生并依据业来托胎开始说起。所以，弥室罗在前颂的注释中说精身的存在被“假定”，而没有说被论证。

精身的特性是有相（有标记），不受阻碍，常住，轮转，无经验，有习气。结合下一颂的注释，有相指的是构成精身的十八谛。十八谛是演化产物，在宇宙消融期间会融入本因，故而弥室罗在本颂的注释中说“有相者会消融”。

精身的“不受阻碍”使得它在托胎时畅行无阻。“常住”指的是精身在宇宙生成直至消融前是一直存在的，宇宙消融之后，精身也不复存在，因为已经复归本因，要等下一次的宇宙生成期再度从本因中产生。“轮转”指的是精身的轮回，即精身经由生死从一个粗身轮转到另一个粗身。为什么精身是轮转的？因为粗身易灭，而且精身“无经验”，需要借助粗身来得到经验。根据印度人的看法，轮转是因善业（正法）和恶业（非法）。精身没有善业和恶业，但按照弥室罗的注释，似乎业的种子储存在习

① 《梵我思辨》，第121页。

气中，习气属于觉，而觉是精身的一部分，所以精身也就有了习气，其轮转依靠“有习气”来实现。但在逻辑上，“有习气”难道不是意味着有正法和非法吗？习气是如何产生的？有三种方式，我们在后面的相应偈颂中谈论。值得注意的是，在《瑜伽经》中，习气和业种是两个不同的概念，但二者统称为“潜在印迹”，其中，习气和轮回无关，只有业种才和轮回有关。这和本书的看法不同。

这里有个问题，既然习气属于觉，而轮回依靠“有习气”来实现，那么为什么要假定一个精身作为轮回的主体？为什么不是觉在轮回，或者十三作具在轮回？这个问题在下一颂得到解释。

第四十一颂

चित्रं यथश्रयमृते स्थाण्वादिभ्यो विना यथा छाया ।

तद्वद्विना विशेषैर्न तिष्ठति निराश्रयं लिङ्गम् ।। ४१ ।।

citraṃ yathaśrayamṛte sthāṇvādibhyo vinā yathā chāyā ।

tadvadvinā viśeṣairna tiṣṭhati nirāśrayaṃ liṅgam ।। 41 ।।

yathā citram，如同一幅画；āśrayamṛte，无所依（就无以呈现）；yathā chāyā，甚至如同一个影子；sthāṇvādibhyo vinā，没有柱子等（就无以存在）；tadvat，同样；liṅgam na tiṣṭhati，相（标记）无以存在；viśeṣaiḥ vinā，无精身；nirāśrayam，无所依

如同无所依的画无以呈现，如同无柱的影子无以存在，同样，如果无精身、无所依，相无以存在。

本颂中的“相”指觉等（即觉、我慢、心、十根、五唯），因为它们让事物被认知。如果没有基础，相无以存在。这里假定了如下推理：“在死亡和再生的中间阶段，觉等十八谛以精身为依托，因为十三作具和五唯搭配，就

像十三作具在粗身中和五唯搭配一样。” 关于“如果无精身”，经典上有出处：“那时，阎摩用武力从苏特凡的体内取出拇指般大小的原人。”（《摩诃婆罗多》）在此，“拇指般大小的原人”意味着如下事实：这里的原人指的是精身，因为不可能取出原人，就其本身而论，这里说的原人只是代表精身。引文中的“原人”一词指“粗身中的眠者”。解释了精身的存在之后，作者接下来陈述精身轮转的理由和方式。

【补注】

本颂说明轮回的主体为什么是精身，而非觉或十三作具。

根据弥室罗在注释中的说法，我们可以从两个方面来解释假定精身存在的必要性。（1）在死亡和再生的中间阶段，要有精身作为轮回的主体，否则，觉等十八谛（觉、我慢、心、十根、五唯）于此世的组合方式在死后五大散去，粗身不复存在的情况下，也会散去。那样的话，就无所谓轮回，因为众生的诞生都是诸谛随机的、任意的组合。（2）要有一个精身来保证累世的存在之间的连续性，就像有一个粗身来保证衣柜里的不同衣服属于同一个主人，如此，原人才能有连续的经验，并在最终走向解脱。

所以，精身是“相”的依托或基础。参照弥室罗的注释，这里的“相”指从觉到五唯的十八谛。精身利用十八谛组成了一个单位，和原人相配，所以前颂说精身在宇宙演化之初产生，每一个原人都有一个精身。

说明了精身是轮回的主体之后，作者接下来解释什么是轮回。

第四十二颂

पुरुषार्थहेतुकमिदं निमित्तनैमित्तिक प्रसङ्गेन ।

प्रकृतेर्विभुत्व योगान्नटवद् व्यवतिष्ठते लिङ्गम् ।। ४२ ।।

puruṣārthahetukamidaṃ nimittanaimittika prasaṅgena ।

prakṛtervibhutva yogān naṭavad vyavatiṣṭhate liṅgam ।। 42 ।।

idam liṅgam，这精身；naṭavat，如同一个戏剧演员；vyavatiṣṭhate，以不同的角色现身；puruṣārthahetukam，以原人的目的为动机；nimitta-naimittika-prasaṅgena，借助因果关联；prakṛteḥ vibhutva yogāt，通过原质无所不包的力量

被原人的目的所驱动，精身如同一个戏剧演员，以不同的角色出场，借助因果关联，通过原质无所不包的力量（而表演着）。

精身的形成是为了原人的目的。精身轮转的有效因（nimittam）是正法与非法等，果（naimittikam）的表现形式则是占用由六鞘构成的各种粗身，这些粗身依据正法

与非法等的力量而诞生。所以，通过正法与非法等，各种粗身产生了。精身就像一个戏剧演员，以各种角色出场。一个演员在戏中可扮演持斧罗摩的角色，或阿阇世王的角色，同样，精身也占用粗身，充当神或人，动物或树。

问：精身从哪里获得了这么大的力量？

答："通过原质无所不包的力量。"《往世书》说："演化由于原质无所不包的力量而着实精彩。"

既然精身借助因果关联而活动，作者接下来便对因果进行分类。

【补注】

第三十六颂说十根、心、我慢"为了原人的目的而把客体交给觉"，本颂进一步说精身"被原人的目的所驱动"而轮转。原人的目的指的是经验和解脱，解脱为其终极目的。再者，十三作具和五唯共同构成精身。把这两颂结合起来，意思是精身的产生与活动，都是为了原人的经验和解脱。

精身如何活动？本颂说"精身如同一个戏剧演员，以不同的角色出场"。"不同的角色"指精身在每一世所占用的粗身之生活。这个粗身的形式可以有所不同，套用弥室罗的说法，"充当人或神，动物或树"，后面的偈颂会谈到粗身在三道的生活。接下来的问题是，"不同的角色”是怎么来的？本颂说“借助因果关联”，弥室罗在注释中告诉我们，粗身是正法与非法等原因造成的结果，依据正法与非法等的力量而诞生。正法与非法等如何造成不同的结果？第四十四颂具体谈论这个问题。

我们看到，“不同的角色”是同一个精身的演出。这台无与伦比的大戏是怎么唱起来的？本颂说，“通过原质无所不包的力量”。所以，在轮回中，操持的是原质。原质就像母亲，提供了轮回与解脱所需的种种。《金七十论》说，原质“譬如国王于自国中随意能作，原质亦如是，能作天、人、兽等……精身……或入象马等胎转为象马等身，或入人天等胎转为人天身”。

简而言之，本颂告诉我们，为了原人的经验和解脱，原质发挥无所不包的力量，让原人与精身结合，并让精身依据正法与非法等获得不同的粗身，过着不同的累世生活。这便是轮回，生生死死便是轮回的过程。接下来，作者解释轮回和因果的关联。

2. 习气（八分说）

第四十三颂

सांसिद्धिकाश्च भावाः प्राकृतिका वैकृताश्च धर्माद्याः ।

दृष्टाः करणाश्रयिणः कार्याश्रयिणश्च कललाद्याः ।। ४३ ।।

sāṃsiddhikāśca bhāvāḥ prākṛtikā vaikṛtāśca dharmādyāḥ ।

dṛṣṭāḥ karaṇāśrayiṇaḥ kāryāśrayiṇaśca kalalādyāḥ ।। 43 ।।

dharmādyāḥ bhāvāḥ，诸如正法等习气；sāṃsiddhikāḥ，是先天的；prākṛtikāḥ ca，是原质的；vaikṛtikāḥ ca，和偶然的或后天的；karaṇāśrayiṇaḥ dṛṣṭāḥ，它们被看到存在于觉中；kalalādyāḥ ca，和卵子等；kāryāśrayiṇaḥ，存在于果中

正法等习气有先天的、原质的和后天的。它们被看到存在于觉中，卵子（女性生殖细胞）等存在于身体中。

本颂中的vaikṛtaḥ是vaikṛtikāḥ（“后天的”），指作

为结果。“原质的”习气指习气源于原质。[①]“先天的”习气指与生俱来的习气，它们通过既有的方法产生，例如，据称在创造之初，圣人迦毗罗（Kapila）就出现了，他具有正法、智慧、离欲和力量四种习气。后天的习气不是与生俱来的，而是通过个人努力得来的，诸如蚁垤（Vālmīki）等圣人所具有的正法就是后天的。非法、非智、爱欲和软弱之类的习气也是后天的。[②]

习气在哪里？本颂回答道：“它们被看到存在于觉中”。Karaṇa指觉谛。Kāryam指身体。因而，存在于身体中的习气存在于觉中。卵子、胎（budbuda）（受孕一晚之后的胚胎称为卵子，受孕五晚之后的胚胎则称为胎）、肉、肌肉和肝等器官的和合之物是粗身在子宫里的形态，童年、青年、老年等则是粗身在离开子宫之后的各种形态。

问：我们知道了一般而言的因和果，但具体原因的具体结果是什么？

对此的回答见下一颂。

---

① 从原质高度净化的形式中产生了永远年轻的身体，比如梵天的四个儿子娑那歌、娑难陀那、娑那多那、娑难鸠摩罗的身体。

② 所以，共有八种习气，其中四种属萨埵相，另外相反的四种属答磨相。这八种习气是导致精身特定轮回的直接原因。它们通过结合各自的果来运作，引起血和精液在子宫里的初次混合，直至胚胎在子宫里发育成熟。

【补注】

前颂说，精身依据正法与非法等获得不同的粗身，实现生死轮转。本颂说明正法与非法等轮转之因。“正法与非法等”在此被称为“习气”（bhāva，熏习）。需要注意的是，《瑜伽经》中也有“习气”（vasāna）一词，指潜在印迹的一部分，另一部分则是业种，其复数形式为潜在业力。在《瑜伽经》中，轮回和习气无关，只和业种有关。可见，本书中的习气和《瑜伽经》中的习气是不同的概念。

本颂依据来源把习气分为三种——“先天的、原质的和后天的”，《金七十论》中分别称之为“因善成、自性成和变异得”。“先天的”指天生具备，据说创世之初就已出现的迦毗罗仙人天生具备正法、智慧、离欲和力量。按照马因卡尔的注释本，“原质的”指构成精身的原质素材本身就具有的习气。比如，《金七十论》这样描述梵天的四个儿子：“此四子已具足具事有身，十六岁时四有自然成”。这类似于把一颗玫瑰的幼苗种下，到时候自然而然会开出玫瑰，而不是开出百合。“后天的”指通过个人努力而习得的，这是普通人的情况，也是本书的讨论所针对的情况。

这三种习气储存在哪里？《瑜伽经》中说的习气储存在心意中，业种储存在哪里则不得而知。本颂表明，依据天眼圣人所见，数论说的习气储存在觉中，正如第二十三颂所言，“萨埵相的觉显现为正法、智慧、离欲和力量，答磨相的觉与此相反”。所以，确切地说，正法、智慧、离欲和力量储存在萨埵相的觉中，非法、非智、爱欲和软弱储存在答磨相的觉中。

弥室罗在前颂的注释中说：“精身轮转的有效因是正法与非法等，果的表现形式则是占用由六鞘构成的各种粗身，这些粗身依据正法与非法等的力量而诞生。所以，通过正法与非法等，各种粗身产生了。”可见，习气在轮回中带来的结果是精身占用三道的各种粗身，粗身是依据习气的力量而诞生的。关于粗身的诞生，本颂说“卵子等存在于身体中”。弥室罗在注释中把粗身分为两种形态，一是在子宫里的形态，二是出生后的形态。《金七十论》的解释比较详细，粗身被分为八种身：迦罗啰、阿浮陀、闭尸、伽那、婴孩、童子、少壮、衰老。其中的前四种是音译的名词，对应粗身在子宫里的形态。进而，《金七十论》说，这八种身由四食味而得增长：一者因母六味增长四身，二者因乳味故增长婴孩身，三者因乳哺增长童子身，四者因饮食味增后二身。这或许可以算作数论的生理学内容。

我们已经知道，精身依据习气占用不同的粗身，在三道中生死轮转。那么，具体而言，习气如何决定精身的去向？接下来的两颂回答这个问题。

第四十四颂

धर्मेण गमनमूर्ध्वं गमनमधस्ताद्भवत्यधर्मेण ।

ज्ञानेन चापवर्गो विपर्य्ययादिष्यते बन्धः ।। ४४ ।।

dharmeṇa gamanamūrdhvaṃ gamanamadhastād bhavatyadharmeṇa ।

jñānena cāpavargo viparyayādiṣyate bandhaḥ ।। 44 ।।

dharmeṇa，通过正法；ūrdhva-gamanaṃ，向上；adharmeṇa，通过非法；adhastād gamanam bhavati，向下；jñānena ca，和通过智慧；apavargaḥ，得解脱；viparyayāt，通过（智慧的）反面；baṅdhaḥ iṣyate，受束缚

通过正法向上，通过非法向下；通过智慧得解脱，通过智慧的反面（非智）受束缚。

通过正法，可上升至天界和更高的光界等。通过非

法，可进入bhūtala等地下界。[1]原质向原人提供经验，直至生起分辨智。当分辨智生起，原质便不再事奉原人，此时的原人已经达成了所有经验，获得了分辨智。这就是我们为什么说，原质的运作仅仅持续到分辨智生起为止。“通过智慧的反面”意味着错误的知识（非智）导致束缚。束缚有三种：（1）原质方面的束缚；（2）演化方面的束缚；（3）个人方面的束缚。原质方面的束缚涉及的是那些错把原质当成原人，崇拜和冥想原质而非原人的人，此为起因于原质的束缚。《往世书》谈到了死后融入原质的人说：“冥想未显者的人还要生活一百万年。”演化方面的束缚归于那些仅仅冥想诸元素、诸根、我慢和觉等演化产物，并把演化产物等同于原人的人。针对他们，有如下说法：

那些冥想诸根的人还要在此生活十个曼凡达拉期

---

① 梵天（Brahmā），生主（Prajāpati），苏摩神（Soma），天帝（Indra），乾达婆（Gandharvas），夜叉（Yakṣas），罗刹（Rākṣasas）和毕舍遮（Piśācas）的诸界向上，而兽、爬虫、鸟、树等的世界向下。向上的七层逐层上升，分别为：物质界（Bhūḥ），粗钝心界（Bhuvaḥ），精细心界（Svaḥ），超心界（Mahaḥ），升华界（Janaḥ），光明界（Tapas），真界（Satya）。向下的七层逐层下降，分别为Atala，Vitala，Sutala，Rasātala，Talātala，Mahātala和Pātāla。

（manvantaras）[1]，那些冥想诸元素的人还要生活一百个曼凡达拉期，那些冥想我慢的人还要生活一千个曼凡达拉期，那些冥想觉的人还要生活一万个曼凡达拉期，才能了无挂碍。”“那些受到演化方面的束缚的人是videhās。”

个人方面的束缚起因于履行祭祀，比如Iṣṭāpūrta。那些对原人无知，仅仅为了个人利欲而从事慈善工作的人，受到个人方面的束缚。

【补注】

本颂和下一颂谈论的是在轮回中，何种具体的因造就何种具体的果。前面说过，轮回的有效因是习气，共有八种：正法、智慧、离欲、力量、非法、非智、爱欲、软弱。前四种是萨埵相的觉之表现，后四种是答磨相的觉之表现。本颂解释正法和非法、智慧和非智的结果。

“通过正法向上”，这里的“正法”依据第二十三颂的注释和补注，指禁制和劝制，或指通往世俗繁荣和至善的行为方式，“向上”指遵循正法者在再生时，其精身

---

① 一个曼凡达拉期是一个摩奴时代，相当于人类的432万年，或梵天的1/14天，梵天的一天相当于14个曼凡达拉期。据说，6个曼凡达拉期已经过去，我们现在生活在第7个曼凡达拉期，还剩下7个尚未到来。

向上，出生在人道以及天道的八处。天道有哪八处？弥室罗的说法和《金七十论》略有不同，后者说“一梵，二世主，三天，四乾达婆，五夜叉，六罗刹，七阎摩罗，八鬼神”。这是从印度古老的宇宙论中继承而来的内容。

“通过非法向下”，这里的“非法”是正法的反面，“向下”指行非法者在再生时，其精身向下，出生在兽道的五处。依照《金七十论》的说法，兽道的五处为“一四足，二飞行，三胸行，四傍形，五不行”，我们会在后面的相应偈颂中加以解释。

“通过智慧得解脱”，这里的“智慧”依据第二十三颂的注释和补注，指知晓原人和原质的分别，即弥室罗在本颂注释中说的“分辨智生起”。此时，原质开始停止活动，原人开始舍弃精身，走向解脱。《瑜伽经》对此的解释更为精细复杂，我们在前面谈到过。分辨智显然是内智，而非《吠陀》之类的外智。

“通过智慧的反面（非智）受束缚”，关于这里的“非智”，《金七十论》举例说，“如人执言，我可怜，我可爱。我可受者，由慢故计我，是名非智”。“束缚”被分为三种：原质方面的束缚、演化方面的束缚、个人方面的束缚。原质方面的束缚指的是错把原质当成原人，这样的人死后融入原质，未得最终的解脱。演化方面的束缚指的是把原质的演化产物（从觉到五大的二十三谛）当成原人，从而未得分辨智，无法解脱。个人方面的束缚诸如为了个人死后进入天道而履行祭祀等，这里可以看出数论的解脱理想不同于《吠陀》中死后进入天界的理想。按照本颂的解释，进入天道是正法的结果，而数论追求的是智慧的结果——解脱或独存。《金七十论》说，因非智而受缚者生在人、天、兽三道。我们会在后面的偈颂中进一步解释本段内容。

下一颂接着谈论另外四对因果。我们将会看到，除了智慧通往解脱，其余皆通往不同种类的束缚。

第四十五颂

वैराग्यात्प्रकृतिलयः संसारो भवति राजसाद्रगात् ।

ऐश्वर्यादविघातो विपर्ययात्तद्विपर्यासः ।। ४५ ।।

vairāgyāt prakṛtilayaḥ saṃsāro bhavati rājasādragāt ।

aiśvaryādavighāto viparyayāt tadviparyāsaḥ ।। 45 ।।

vairāgyāt，由离欲（而无对原人的认识）；prakṛtilayaḥ，融入原质；rājasāt rāgāt，由罗阇相的爱欲；saṃsāro bhavati，导致轮转；aiśvaryāt，由力量；avighātaḥ，导致无障碍；viparyayāt，由反面（即软弱）；tad viparyāsaḥ，导致与那相反状况

由离欲导致融入原质，由罗阇的爱欲导致轮转；由力量导致无障碍，由其反面导致相反状况。

那些摆脱了爱欲，但对原人的真实本性无知的人融入原质。在此，“原质”包括整个演化者与演化产物（本与变异）的系列，即原质、大、我慢、诸根、诸元素。那些冥想原质的人把它们当成原人，并融入它们。那样的人有

一天会再度出生。

“由罗阇的爱欲导致轮转”，在此，“罗阇的”暗示了轮转（轮回）的痛苦特征，因为罗阇是痛苦之源。“由力量导致无障碍”，指的是一个拥有力量的人可以随心所欲。“由其反面”指力量的缺乏，因而在满足欲望的过程中会到处碰到障碍。

为了总述并且分述觉的八种习气，以便突出渴望解脱之人所要采纳和抛弃的内容，作者首先总述这些习气。

【补注】

“由离欲导致融入原质”，这里的“离欲”指的是弃绝但没有获得分辨智，也就是弥室罗说的“对原人的真实本性无知”。第二十三颂的注释谈论了四个阶段的离欲，我们不在此重述。离欲而无智慧的人死后“融入原质”，关于此处的“原质”，弥室罗的注释似乎和《金七十论》的说法有所不同，前者似乎认为包括原质的整个演化系列，后者则认为包括本因、觉、我慢和五唯这八谛。但根据弥室罗在第四十八颂中的注释，“融入原质”中的“原质”指的就是《金七十论》所说的八谛。关于离欲，《金七十论》举了个例子：有个婆罗门出家学道，能制十一根，远离诸根的对象，依循正法，达到离欲，但无分辨智，因而无解脱，死时融入八谛，后轮转时，又出生在三道，获得粗身。这个例子告诉我们，单有离欲不足以使人解脱，唯有智慧导向解脱。《瑜伽经》把修习和不执（离欲）比作鸟之双翼，最终，唯有获得分辨智之后利用最高不执弃绝般若波动的潜在印迹，才能达到终极独存。由离欲导致融入原质被《金七十论》归入原质方面的束缚。

“由罗阇的爱欲导致轮转”，对此，《金七十论》举例说，有人心中盘算道，我现在履行布施、祭祀等，来世应该投身于天道享乐。这被归入个人方面的束缚。这样的人死后进入轮回。在此，“罗阇的”一词有点令人困惑，因为前面说爱欲是答磨相的觉之特性。弥室罗认为，在“爱欲”一词前面加上“罗阇的”，为的是暗示爱欲所导致的轮转之痛苦特征，这似乎并不是一种令人满意的解释。

“由力量导致无障碍”，这里的“力量”指悉地或神通，第二十三颂的注释中有详细的解释；“无障碍”指能够随心所欲地做想做的事，因为有神通。《金七十论》把这种情况归入演化方面的束缚，因为力量与萨埵相的觉这一演化产物相应。

“由其反面导致相反状况”，指由软弱导致障碍，此亦被《金七十论》归入演化方面的束缚，因为与答磨相的觉这一演化产物相应。

所以，因和果的对应如下：

因	果
正法	向上生于天道八界
非法	向下生于兽道五界
智慧	解脱
非智	束缚（原质方面的束缚，演化方面的束缚，个人方面的束缚）
离欲	融入原质（原质方面的束缚）
爱欲	生死轮回（个人方面的束缚）
力量	无障碍（演化方面的束缚）
软弱	障碍（演化方面的束缚）

3. 迷悟（五十分说）

第四十六颂

एष प्रत्ययसर्गो विपर्ययाशक्तितुष्टिसिद्धाख्यः ।

गुणवैषम्यविमर्दात्तस्य च भेदास्तु पञ्चाशत् ।। ४६ ।।

eṣa pratyayasargo viparyayāśaktituṣṭisiddhākhyaḥ ।

guṇavaiṣamyavimardāttasya ca bhedāstu pañcaśat ।। 46 ।।

eṣaḥ，这；pratyayasargaḥ，是觉的产物；ākhyaḥ，被称为；viparyayā，无知；aśakti，无能，缺陷；tuṣṭiḥ，欢喜，自满；siddhi，（和）成就，完善；guṇa-vaiṣamya-vimardāt，由于三德的不平衡而导致的相互抑制；tasya ca bhedāḥ tu，这（觉的创造）的不同形式；pañcāśat，成为五十

这是觉的产物，称为无知、无能、欢喜和成就。由于三德的不平衡而导致的相互抑制，这有五十种不同形式。

用来认识某物的工具即为pratyaya，指觉。继那之后的演化就是“觉的产物”。“无知”即无明，它是觉的特性。“无能”是因为诸根没有能力，也是觉的特性。同样，“欢喜”和“成就”也是觉的特性，我们稍后加以解释。其中，无知、无能和欢喜包含除了智慧之外的七种习气，智慧则仅仅包含在成就中。接着，本颂分述上面的四种特性“有五十种不同形式”。这些形式是怎么来的？“由于三德的不平衡而导致的相互抑制。”这种不平衡可能在于其中一德在力量上胜过其余二德，可能在于其中二德分别和剩下的一德相结合，可能在于其中一德比其余二德要弱，还可能在于其中二德结合之后比剩下的一德要弱。不平衡的不同程度，比如其中一德的力量胜过其余二德等，是根据特定情况的要求呈现出来的。不平衡导向三德的相互抑制，或者其中一德主导其余二德等，由此，出现了五十种不同的形式。①

【补注】

第四十四、四十五颂的因和果合起来共有十六项，都

① 第四十四、四十五颂给出了八种有效原因，其中四种是由于萨埵占据主导地位，剩下的四种则是由于答磨占据主导地位。再加上这八种原因分别对应的结果，我们共有十六种原因和结果。详见第四十五颂补注中的表格。

是“觉的产物”，《金七十论》称之为觉的“十六生”，即十六产物。你也可以理解成这里的“觉的产物”指的是八种果。本颂把这些觉的产物另称为“无知、无能、欢喜和成就”，并在接下来的偈颂中展开讨论。为什么要冠以这四个名称，并详尽地分析呢？

我们反复强调，数论的世界观是为人生观服务的，整个原质的活动是为了原人的经验和最终解脱。本书先交代数论的本体论和方法论，然后讲述原质的演化过程，接着解释精身和轮回，为的不是建构一个宏大的理论体系，而是引导现实生活中的人由迷入悟，离苦得解脱。十六生是从精身的轮回所依据的因果关联的角度做出的分析，而把十六生进而分为无知、无能、欢喜和成就，则是从诊断现实、导向觉悟的角度做出的解释。因而，本颂直到第五十一颂构成数论有关修习的重要内容。

关于无知、无能、欢喜和成就的含义，《金七十论》举了个例子来说明，我们在此复述大意。从前，有个婆罗门带着四个弟子去拜见国王，随后启程回家，天还未亮，他们就已踏上了归途。走着走着，一个弟子突然有点紧张地说：师父，前面路上有东西，不知是木桩还是强盗。这个弟子的状况是“无知”，《金七十论》译作“疑”。听了第一个弟子的话，师父对第二个弟子说：你去看看，到底是人还是木桩。这个弟子胆小，只敢远远地看，不敢走近确认，但天太黑了，怎么也看不清。于是，他不得不告诉师父：师父，我不敢走近，因而无法确定。这第二个弟子的状况是“无能”。师父对第三个弟子说：你去看看，到底是人还是木桩。不料这个弟子听了师父的话，却回答说：师父，何必费心去看，天马上就要亮了，路上行人很快就会多起来，我们跟着他们走便是了。这第三个弟子的状况是“欢喜”，他尚未认清是人还是木桩，就已生起了欢喜之心，认为问题不存在。无奈，师父只能让第四个弟子去看。这个弟子遵从师命，而且眼神很好。他看见有藤缠绕此物，藤上栖息着一些鸟儿，他还往前用手摸了摸，确认是个木桩。然后，他回去告诉师父，此物是个木桩。这第四个弟子的状况是“成就”。由此，十六生从迷悟的角度可以分为无知、无能、欢喜和成就四种状况。

本颂进而说，“由于三德的不平衡而导致的相互抑制，这有五十种不同形式”，意思是，由于三德比例的不同，觉产生了五十种形式的无知、无能、欢喜和成就。接下来的偈颂说明这五十种不同的形式。

第四十七颂

पञ्चविपर्ययभेदाः भवन्त्यशक्तिश्च करणवैकल्यात् ।

अष्टाविंशतिभेदास्तुष्टिर्नवधाष्टधा सिद्धिः ।। ४७ ।।

pañca viparyayabhedaḥ bhavantyaśaktiśca karaṇavaikalyāt ।

aṣṭāviṃśatibhedāstuṣṭirnavadhāṣṭadhā siddhiḥ ।। 47 ।।

pañca，五；viparyaya bhedaḥ bhavaṇti，（是）无知的种类；karaṇa vaikalyāt ca，和由诸根的缺陷；aśaktiḥ ca，和无能；aṣṭāviṃśati bhedāḥ，有二十八种。tuṣṭiḥ，欢喜；navadhā，有九种；siddhiḥ āṣṭadhā，成就有八种

无知有五种，由诸根的缺陷导致的无能有二十八种，欢喜有九种，成就有八种。

无知有五种形式：无明（avidyā）、我见（aśmitā）、执着（rāga）、厌恶（dveṣa）和贪生（abhiniveśa），它们分别称为暗（tamas）、痴（moha）、大痴（mahā-moha）、重暗（tāmiśra）和盲暗（aṇdhatāmiśra）。我见、执着、厌恶和贪生是无知的产物，因而具有无知的性质，

或者说，当一个客体由于无明而被错误地理解，那么我见等就具有了无知的性质。正是出于这个原因，神圣的筏蹉衍那（Vārṣagaṇya）宣称，无知有五种。（前颂说觉有五十种不同的形式。）

接下来对五种无知做进一步划分。

【补注】

前颂说觉有五十种不同的形式，本颂说无知有五种，无能有二十八种，欢喜有九种，成就有八种，合起来共五十种。

在此，无知分为无明、我见、执着、厌恶、贪生，即后五者统称无知；《瑜伽经》2.3说“这些痛苦是无明、我见、执着、厌恶、贪生”。由此可见，《瑜伽经》中的痛苦或烦恼相当于此处的“无知”，而痛苦则被本书分为依内苦、依外苦和依天苦，在开篇就予以交代。在《瑜伽经》里，克利亚瑜伽被用来减少痛苦，八支瑜伽被用来控制波动，二者合起来可导向三摩地，直至将痛苦烧尽；本书也在第一颂就说“由三苦导致的烦恼，产生了探究离苦之法的渴望”，并由此展开整个论述。在五种无知中，无明是基础。

关于五种形式的无知，还有对应的名称：

无明	我见	执着	厌恶	贪生
暗	痴	大痴	重暗	盲暗

这五种无知可以做出进一步的划分，详见下一颂。

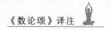

第四十八颂

भेदस्तमसोऽष्टविधो मोहस्य च दशविधो महामोहः ।

तामिस्रोऽष्टादशधा तथा भवत्यन्धतामिस्रः ।। ४८ ।।

bhedastamaso'ṣṭavidho mohasya ca daśavidho mahāmohaḥ ।

tāmiso'ṣṭādaśadhā tathā bhavatyandhatāmisraḥ ।। 48 ।।

tamasaḥ，错误的知识，暗（无明）；aṣṭa vidhaḥ bhedaḥ，有八种；mohasya ca，痴（我见）也是；mahā mohaḥ，大痴（执着）；daśavidhaḥ，有十种；tāmisraḥ，重暗（厌恶）是；aṣṭādaśadhā，有十八种；tathā bhavati，也是；aṅdhatāmisraḥ，盲暗（贪生）

暗有八种，痴也是，大痴有十种，重暗有十八种，盲暗也是。

无明分为八种。无明在于把原人的概念叠置在非原人之上，此处的"非原人"包括未显者（本因）、大、我慢和五唯（共八种）。这被称为"暗"。由于错误认同的客体有八种，因而本颂说暗有八种。

痴（我见）也有八种，在此，小品词ca的作用是把“八种”和“痴”也连接起来。获得了八种超常力量的诸神认为自己是不朽的，并认为自己的神秘力量（比如缩小等）是永久的，这便是由我见所导致的痴。由于痴和八大神秘力量有关，因而本颂说痴也有八种。

大痴（执着）有十种。大痴就是执着于色、声、香、味、触这些感官对象（即诸根的对象），它们分为尘世的和天道的，共有十种。由于大痴以这十种感官对象为客体，因而被说成有十种。

重暗（厌恶）有十八种。十种感官对象本身是令人愉悦的，然而，八种超常力量本身并不令人愉悦，而是用来获取令人愉悦和渴望的感官对象之工具。这些感官对象相互抑制，于是，作为用来获取令人愉悦的感官对象之工具的八种神秘力量被激怒。八种神秘力量与十种感官对象合起来共有十八种，由于这些成了厌恶的对象，因而本颂说重暗或厌恶有十八种。

盲暗即为贪生，它具有令人盲目的性质。本颂中的tathā也适用于盲暗，表示盲暗有十八种。诸神获得了八种神秘力量之后，忙于快乐地享受十种感官对象——尘世的和天道的色、声、香、味、触。他们活在对罗刹的持续恐惧之中，认为罗刹会来夺走这八种超常力量，让他们失去享受十种感官对象的工具。这种恐惧被称为贪生或盲暗，它以上述十八种为客体，因而本颂说盲暗有十八种。这五种形式的无知只不过是幻想，它们的细分合起来有六十二种。

说明了五种形式的无知之后，作者接下来说明二十八种无能。

【补注】

前颂说无知有五种，本颂对它们进行了细分，得出六十二种无知，即八种暗、八种痴、十种大痴、十八种重暗、十八种盲暗。这些数目是依据客体的数目得出的。弥室罗在注释中对它们有详细的说明，我们在此进行概括。

八种暗指无明的客体有八种，本因、大、我慢及五唯。把这八谛当作原人本身，这就是无明或暗。这样的人似乎对应第四十五颂中的"由离欲导致融入原质"，他们受到原质方面的束缚，未得解脱。

八种痴指我见的客体有八种，即八大超常力量或悉地。获得悉地之人若执着悉地，认为它们带来自我的不朽，就不得解脱。这似乎对应第四十五颂中的"由力量导致无障碍"，受到的是演化方面的束缚。

十种大痴指执着十种客体：五唯在天道和尘世的十种形式。《金七十论》评论道，这十种客体让三道的存在者产生依附，“谓离此外别无胜尘”，不求解脱。这似乎对应第四十五颂中的“由罗阇的爱欲导致轮转”，这样的存在者受到的是个人方面的束缚。

十八种重暗指因如下十八种客体而产生的厌恶：五唯在天道和尘世的十种形式，以及八大悉地。《金七十论》的解释是，当这十八种客体即将丧失时，拥有者会认为“我今贫穷自在诸尘（即十八种客体）并皆失尽”，由此产生十八种厌恶，这些厌恶即为重暗。

十八种盲暗的客体也是五唯的十种形式和八大悉地。参照《金七十论》的注释，盲暗和重暗的不同之处似乎在于，重暗是因为活着的时候对于丧失十八种客体的境况（“贫穷”）产生厌恶，盲暗是因为恐惧自身死亡而不能继续享用十八种客体，所以盲暗是贪生的别名，重暗是厌恶的别名。

以上是六十二种无知，接下来解释无能的细分。

第四十九颂

एकादशेन्द्रियवधाः सह बुद्धिवधैरशक्तिरुद्दिष्टा ।

सप्तदशवधा बुद्धेर्विपर्ययात्तुष्टिसिद्धीनाम् ।। ४९ ।।

ekādaśendriyavadhāḥ saha buddhivadhairaśaktiruddiṣṭā ।

saptadaśavadhā buddherviparyayāt tuṣṭisiddhīnām ।। 49 ।।

ekādaśa iṅdriyavadhāḥ，十一根的损坏；buddhi vadhaiḥ saha，和觉的损坏；aśaktiḥ uddiṣṭā，被视为无能；buddheḥ vadhāḥ，觉的损坏；saptadaśa，有十七种；tuṣṭi siddhīnām viparyayāt，归因于欢喜和成就的反面

十一根的损坏和觉的损坏被视为无能。觉的损坏有十七种，归因于欢喜和成就的反面。

本颂谈论十一根的损坏是把它们作为觉的损坏的原因，而不是作为独立形式的无能本身。十一根的十一种无能为：

Bādhiryam Kuṣṭhitā ‘ṅdhatvaṃ Jadatā ‘jighratā tathā

Mūkatā Kauṇyapaṅgutve Klaibyodāvartta maṅdatāḥ

Bādhiryam指聋，是耳的无能；kuṣṭhitā指麻痹，是皮的无能；aṅdhatvaṃ指盲，是眼的无能；jadatā指失味，是舌的无能；ajighratā指失嗅，是鼻的无能；mūkatā指哑，是口的无能；kauṇya指手残，是手的无能；paṅgutva指跛，是足的无能；klaibyam指阳痿，是生殖器官的无能；udāvarttaḥ指肠麻痹或秘结，是排泄器官的无能；maṅdatā指愚钝，是心的无能。这是十一根的十一种无能。觉的官能缺陷是由诸根的损坏所导致的。因为十一根有十一种无能，所以觉被认为有十一种无能。十一根的无能被等同于觉的无能是由于因果无差别论。

由十一根的损坏说明了觉的无能之后，本颂接着说明觉本身的自然损坏："和觉的损坏"。觉本身的自然损坏有多少种？本颂的回答是："觉的损坏有十七种"。为什么？"归因于欢喜和成就的反面。"欢喜有九种，所以由欢喜的反面导致的无能也有九种；成就有八种，所以由成就的反面导致的无能也有八种。下一颂列举九种欢喜。

【补注】

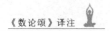

本颂谈论"无能"，这是由十一根和觉的损坏导致

的。按照弥室罗的注释，十一根的十一种损坏导致十一种无能。觉的无能有两类，第一类是由十一根的损坏导致的觉的官能缺陷，相应地也有十一种，弥室罗说这里的依据是“因果无差别论”。我们在第三十五、三十六颂看到，觉需要通过十一根和我慢把客体展示给原人，因为十一根的无能，所以觉的官能也受到相应的影响，导致了觉的无能。第二类觉的无能是觉的自然缺陷，本颂说这归因于欢喜和成就的反面。由于欢喜有九种，成就有八种，因而由它们的反面导致的觉的无能共有十七种，接下来的偈颂将会说明。总的来说，由十一根和觉的损坏导致的无能共有二十八种。

由十一根的损坏导致的十一种无能见下表：

耳	皮	眼	舌	鼻	口	手	足	生殖器官	排泄器官	心
聋	麻痹	盲	失味	失嗅	哑	残	跛	阳痿	秘结	愚钝或癫狂

这些损坏是如何成为无能，影响解脱的？《金七十论》以耳根的无能举例说：“不能所闻故，乃至不能得解脱，譬如聋人，能加一病，语善友言：我困苦当何所作？善友语言：当受数论智慧，指尽苦边，即得解脱。答言：我今不能受持数论智慧，不闻师语，既不闻说，慧何从生？”可见，根坏可导致学习智慧的障碍，从而影响解脱。

下一颂说明欢喜。

第五十颂

आध्यात्मिक्यश्चतस्रः प्रकृत्युपादानकाल भाग्याख्याः ।

बाह्या विषयोपरमात्पञ्च च नव तुष्टयोऽभिमताः ।। ५० ।।

ādhyātmikyaścatasraḥ prakṛtyupādānakāla bhāgyākhyāḥ ।

bāhyā viṣayoparamātpañca ca nava tuṣṭayo'bhimatāḥ ।। 50 ।।

nava tuṣṭayaḥ abhimatāḥ，九种欢喜被认为是；catasraḥ ādhyātmikāḥ，四种是依内的；ākhyāḥ，它们被称为；prakṛti，原质；upādāna，用具；kāla，时节；bhāgya，幸运；viṣaya uparamāt，归因于远离客体；bāhyāḥ pañca，依外的有五种

九种欢喜被认为是：（1）四种依内的，称为原质、用具、时节、幸运；（2）五种依外的，归因于远离客体。

某人相信存在着完全不同于本因的原人，但由于被误导，他没有尝试用听闻、洞察等修习去直接获得分辨智，而是满足于错误的意见。这样的人获得四种依内喜，说

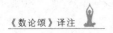

“依内”是因为它们的基础乃是不同于原质的原人。这四种依内喜是什么？本颂的回答是“称为原质、用具、时节和幸运”。称为“原质”的依内喜是弟子听闻如下内容而得到的欢喜：“分辨智仅仅是原质的一种变化，此种智慧是由原质本身带来的，因而无须诉诸冥想等修习。所以，我的孩子，维持现状即可。”这种欢喜叫作ambha。

第二种欢喜来自如下指示：“分辨智甚至无法通过原质的运作过程来获得，否则，人人时时都能获得智慧，因为原质对所有人都起作用。分辨智只能通过彻底弃绝来获得。所以，弃绝吧。长命者啊，哪里需要修习冥想？”念及此，出于懒惰，弟子仅仅满足于弃绝，而没有努力觉悟真理。这是第二种欢喜，称为“用具”，也称为salila。

第三种欢喜因如下指示而来：“即便诉诸弃绝之路，也只有等到时机成熟，才有可能得到解脱。所以，在时机成熟以前，无须忍受弃绝等麻烦。”这种自我欢喜称为“时节”，也称为oghas。

第四种欢喜源于如下指示：“分辨智不能通过原质或其他任何用具来获得，也不单单依赖于时间，而是只靠幸运。玛达拉斯（Madālasā）的孩子们虽然十分年幼，却通过母亲的教导获得了智慧，并由此得了解脱，靠的只是幸运。”源于这种指示的欢喜被称为“幸运”，也称为vṛṣṭiḥ。

接下来说明依外喜，共有五种，起因于远离五种感官对象。此五种欢喜属于那些修习不执，但满足于把非原人（本因、大、我慢、五唯）当作原人之人。由此而来的欢喜称为依外喜，因为他们缺乏有关原人的知识，故而他们的努力以对非原人的知识为基础。这些依外喜只有当在着不执时才会出现，而不执有五种，因为不执的原因有五个，所以依外喜也有五种。不执就是远离感官对象，也就是缺乏执着。对感官对象的五种远离（五种不执）源于认识到感官享受过程中的不足，包括求财、守财、挥霍、享乐以及杀生所涉及的暴力等麻烦。求财的手段有侍奉、听命于人等，它们给侍奉者带来痛苦，正如下面的偈颂所言：

念及在可怕而暴力的领导和傲慢而邪恶的雇主手下遭受辱骂的痛苦，哪个明智之士会甘愿侍奉他人？

别的求财手段也差不多。因为感官对象带来痛苦而远离它们，由此而来的欢喜称为pāra。

然后，历经痛苦求得财富之后，还要守护这些财富不被国王、盗贼、火灾、洪水等夺去，而那也意味着很大的痛苦和悲伤。考虑到这些情况而远离感官对象，由此而来的欢喜是第二种依外喜，称为supāram。

再者，总是想着好不容易得来的财富因享乐而挥霍掉，那也导向远离感官对象。由此而来的欢喜是第三种依外喜，称为pārāvāra。

“沉溺于享受色、声、香、味、触等感官对象，亦会增加对它们的渴望。假如享乐对象不可得，淫欲之徒就会悲伤。”念及此而远离感官对象，由此而来的欢喜是第四种依外喜，称为anuttamāṃbha。

由于认识到如下想法——“如果没有宰杀动物的过程就不可能享受感官对象”——所导致的暴力等问题而远离感官对象，由此而来的欢喜是第五种依外喜，称为uttamāṃbha。

这样，四种依内喜和五种依外喜合起来组成九种欢喜。

接下来说明主要成就和次要成就。

【补注】

本颂说欢喜有九种：四种依内喜，五种依外喜。前四种称为“依内喜”是因为“它们的基础乃是不同于原质的原人”，也就是说，持依内喜的人知道有不同于原质的原人存在，但却没用正确的修习去获得分辨智，而是满足于错误的意见，此为弥室罗的解释。《金七十论》的解释有所不同，曰“依内者，依觉、慢、心，生四种喜。”哪种解释更好？我们先来看看四种依内喜是什么，然后再作评判。

本颂说，“四种依内的，称为原质、用具、时节、幸运”，此为四种依内喜的名称。弥室罗对它们的解释十分清楚，无须重述，故而我们在此仅仅引述《金七十论》中的解释。《金七十论》以四个婆罗门出家为例说明了四种依内喜。

对为何出家这个问题，他们各有各的答案。

第一个婆罗门回答：我知道原质而非别的东西才是宇宙的真实原因，所以出家。这个人只知原质是本因，而不知恒常和无常、有知和无知、有德和无德、遍满和非遍满等，就生出欢喜。此人未得解脱，其欢喜由原质生出，故而称为“原质喜”。我们看到，按照这种解释，持原质喜的人似乎只知原质而不知原人，故而弥室罗对“依内”的解释似乎不太适用。

第二个婆罗门回答：我明白原质是宇宙之因，我也知道解脱需要用具，如果离开用具，就不能解脱，所以我需要用具（三杖、澡灌、袈裟、灰囊、天目珠、三缕缨身、诸咒术章句、吉祥草），得之可得解脱。此人的欢喜因用具而生，而不追求分辨智，类似于有人穿戴上修行者的行头，会一些仪式、咒语和陈词滥调，就自认为是觉悟的修行者。本颂告诉我们，这样的人并无实智，并未解脱。

第三个婆罗门回答：解脱不能依靠原质和用具，而要依靠不受。此人也因没有获得分辨智而未得解脱。这种状况被《金七十论》称为“时节喜”，但解释似乎不够明确。弥室罗把时节喜解释为认定时机成熟自然解脱，此前无须费心努力，就像大人常对孩子说“先别问这种问题，等你长大了自然就会明白”。这种解释似乎更加清楚明白。时节喜涉及我们前面提到过的一个问题：数论相信循环时间观，到劫灭时，原质的演化产物皆融入本因，唯有原人、本因以及平衡的三德留存，这意味着精身也已融入原质，原人在独存状态。你可能纳闷：既然如此，何必费心追求解脱，等到劫灭时自然解脱不就行了？这种想法也是一种时节喜。本书没有正面回答这个问题，但木村泰贤认为，劫的理论和数论的解脱论的确存在着一定的不兼容性。

第四个婆罗门回答：“原质、用具、时节何所能作？若离感得，我已知由感得故，故得解脱”。弥室罗举了玛达拉斯的孩子们因为幸得母亲的教导，自身没有付出多少努力就解脱的例子，来说明这种因幸运而来的欢喜。在现实生活中，人与人的确天生就不平等，有人出身豪门，有人天资聪颖，也有人买彩票中大奖。应该如何看待这种“幸运喜”？本颂告诉我们，这不是解脱，幸运之人仍在轮回之中，因而幸运也是无常。再者，幸运喜可能反倒妨碍人追求解脱，因为幸运之人容易执迷于现状。所以，从是否利于解脱的角度来看，有的幸运未必好，有的不幸也未必不好。

这就是四种依内喜：原质喜、用具喜、时节喜、幸运喜。从它们的含义来看，似乎《金七十论》对“依内”的解释更加接近实际情况。接下来说明五种依外喜。

弥室罗在注释中说，称为“依外”是因为把原质当作原人，并在此基础上追求解脱。《金七十论》对“依外喜”的看法则是“远离五尘故”。无论如何，依外喜是因为远离五种感官对象而生的欢喜。不过，依外喜的数量为五种不是因为感官对象有色、声、香、味、触五种，而是因为对于感官对象有五种不执，我们可以概括为对“求、守、失、用、害”的不执。《金七十论》以五个婆罗门出家来进行说明。

第一个婆罗门因为发现求财（财在此代表感官对象）太难而出家，并由此获得欢喜。这种情况很容易理解，在当今日益复杂的社会里，生存压力越来越大，虽然维持生计不算难，但活得快乐似乎比较难，而人并不满足于仅仅活着。不过，本颂告诉我们，因为艰难而弃绝，这不能带来分辨智，因而不能导向解脱。

第二个婆罗门说，我虽然有能力过上富足的生活，但守财很难，要防着各种各样的天灾人祸，那会让我很痛苦，所以我选择出家。此人也无真实智慧，故而未得解脱。

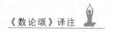

第三个婆罗门说，我有能力让生活富足，也有能力

守财，但我喜欢消费甚至挥霍，如此一来，财富自然会消失，到头来白忙一场，岂不令人痛苦？所以我要出家。此人依然没有真实智慧，故而没有解脱。

第四个婆罗门说，人的欲望是无止境的，更多的财富带来更多的享受，也激发更大的欲望，“五根无厌足，展转求胜故”，所以我觉得出家更好。这种认知也不是带来解脱的分辨智。

第五个婆罗门说，我已过上富足的生活，能守住财富，收入大于消费，而且我的财富足以满足我所有的欲望。但是，享受感官对象必然带来伤害，吃肉要杀生，种田要斩草伐木，连赚钱也要依靠剥削劳力或虚假广告，“乃至一切世间过失并由尘（感官对象）起”，想到这些，我决定出家。《金七十论》对他的评论是，“是人亦无解脱，由外厌故，不修实智故”。

这五种因为厌离感官对象而来的欢喜是基于不执，对此，本颂的态度很明确：单纯的不执或远离感官对象不能导向解脱，若要解脱，必须通过修习获得分辨智。正是因此，《瑜伽经》1.12说，“通过修习和不执可以控制它们（指意识波动）”，修习和不执被视为鸟之双翼，缺一不可。结合前面四种依内喜，这九种欢喜告诉我们：原质、用具、时节、幸运和不执于感官对象，都不能直接通向解脱，唯有依靠分辨智。不过，这些欢喜可以作为获得分辨智的预备。《金七十论》也说，这九种欢喜虽然不能令人得解脱，但能清净尘污，所以仙人以水来命名这九种欢喜："一湿润水，二深浅水，三流水，四湖水，五善入水，六善渡水，七善出水，八光明水，九胜清净水"。

解释了九种欢喜之后，作者接下来说明八种成就。

第五十一颂

ऊहः शब्दोऽध्ययनं दुःखविघातास्त्रयः सुहृत्प्राप्तिः ।

दानं च सिद्धयोऽष्टौ सिद्धेः पूर्वो ऽङ्कुशः त्रिविधः ।। ५१ ।।

ūhaḥ śabdo' dhyayanaṃ duḥkhavighātāstrayaḥ suhṛtpraptiḥ ।

dānaṃ ca siddhayo'ṣṭau siddheḥ pūrvo'ṅkuśaḥ trividhāḥ ।। 51 ।।

aṣṭau siddhayaḥ，成就有八种形式；（它们是）；ūhaḥ，思量；śabdaḥ，言教；adhyayanaṃ，读诵；trayaḥ，三种；duḥkha-vighātāḥ，离苦；suhṛt prāptiḥ，交友；dānaṃ ca，和布施，纯净；pūrvaḥ trividhaḥ，先前谈到的三者；siddheḥ aṅgkuśaḥ，是对成就的阻碍

思量，言教，读诵，离三苦，交友，纯净（或布施）是八种成就。先前谈到的三者是对成就的阻碍。

要阻止的痛苦有三种，因而阻止三苦的三种成就（“离三苦”）是主要成就，其余五种成就则是次要成

就，因为它们充当离三苦的手段。它们也是依据因和果来罗列的，例如，“读诵”只是“离三苦”的原因。前几种成就只是因，中间几种既是因也是果。第一类成就中的“读诵”在于跟随古鲁生活，并依据经典的训谕学习真我的学问，理解永恒者的真实本性。这也称为tāram，它的果是“言教”，意味着通过读诵言教而理解其含义。在此，另一情形中的因成了这里的果（在“另一情形”中，因是言教，果是理解含义）。这是第二种成就，称为sutāra。读诵和理解其含义都由声闻（sravaṇa）构成。

“思量”指推理或论证，它在于借助和经典融贯的推理（即不与经典的教导冲突或违背的推理）研究《阿笈摩》文本的含义。这里说的“研究”（parīkṣaṇa）在于通过驳斥所有的怀疑和异议来确立被拥护的观点。这个过程被经典的作者们称为辨明（manana）。此为第三种成就，称为tāratara。

甚至连以正确的思量开展研究得出的真理也缺乏信用，直到和自己的古鲁、弟子、同道讨论过，并获得他们的赞同。获得古鲁、弟子、同道这样的朋友称为“交友”。这是第四种成就，称为ramyaka。Dāna一词指由分辨智而来的“纯净”，该词源于词根daip，意思是净化。针对这种纯净，帕坦伽利描述如下：“无碍的分辨乃是离苦之法”（《瑜伽经》2.26）。《瑜伽经》引文中的“无碍”指纯净，它在于消除所有怀疑和反对意见，以及所有渴爱或欲望，从而在心中确立纯净的、直接的分辨智之流。如果没有长期不间断的勤勉修习所达到的完善，就不可能获得此种纯净，所以“纯净”一词也包括这种修习。此为第五种成就，称为sadāmudita。

主要成就（“离三苦”）有三种，被称为pramoda，mudita和modamana。所以，成就共有八种。

还有人以如下方式解释成就：（1）当一个人在没有他人指导的情况下，仅靠前世的修习独自觉悟真理，这种成就称为“思量”。（2）当一个人通过听闻他人解释数论哲学而获得知识，这种成就称为“言教”，因为它是通过言语的学习而获得的。（3）当跟随古鲁生活的弟子通过师徒对话学习数论文本及其含义，从而获得知识，这种成就的原因就是学习文本，被称为“读诵”。（4）当一个人通过接触已经获得知识的人而获得知识，这是以知识为特征的成就，称为“交友”。（5）最后是称为布施的成就，在此，布施是手段，因为当认识真理之人被礼物等取悦，他会传授真知。

上述解释适切与否，需要博学者来考量。我们的任务仅仅是阐明数论哲学的基本学说，因而我们不去找别人的错。

所以，由“欢喜和成就的反面”所引起的觉的损坏，从而导致的觉的无能，共有十七种。众所周知，在觉的演化产物（指主观演化）中，成就是人们最想追求的东西，而无知、无能和欢喜是应该被抛弃的，因为它们是阻碍成就的原因。这一点被本颂的如下陈述表明："先前谈到的三者是对成就的阻碍"。"先前谈到的三者"指的是无知、无能和欢喜。这三者是成就的绊脚石，因为它们阻碍成就，犹如刺棒遏制大象。所以，无知、无能和欢喜要被抛弃。

驳：据说，演化是为了原人的目的。原人的目的既可以通过主观演化（即出自觉的领域的演化）来达成，也可以通过客观演化（即出自五唯的领域的演化）来达成。那么，这两种演化的必要性在哪里？

对此的回答见下一颂。

【补注】

本颂谈论的八种成就[①]实际上是数论的修行方法，这使得本颂在地位上十分重要。然而，弥室罗在此处的注释和乔荼波陀、《金七十论》的注释不同。后两者的注释思

---

① 要注意区分此处的"成就"和十六生中的"力量"。力量指八大神通或悉地，成就指本颂中罗列的八种：思量、言教、读诵、离三苦、交友、纯净（或布施）。或许值得注意的是，在本书中，成就的梵文音译是"悉地"，因而很容易被误解为力量。

路是，“思量，言教，读诵，离三苦，交友，布施”这八种方法（其中的“离三苦”代表三种方法）分别引领人通往分辨智，进而得解脱，所以被称为八种成就。弥室罗则认为这八种成就之间也存在着因果关系和主次关系。关于主次关系，“离三苦”是主要成就，其余五种为次要成就，因为离三苦是目标，而其余五种是离三苦的手段。他这样理解是有明确的经文依据的，因为第一颂就指出本书的目的在于探究离苦之法。乔荼波陀和《金七十论》把本颂中的“离三苦”理解为契机，使人产生寻求智慧的愿望并付诸行动。关于八种成就的因果关系，弥室罗似乎认为读诵导致言教，言教导致思量，思量的结果需要通过交友来印证，等到印证之后，即可确立纯净无碍的分辨智，分辨智导向独存，使人最终离三苦。当然，弥室罗也提到了对于八种成就还有别的理解方法，也就是乔荼波陀和《金七十论》的理解思路。

鉴于《金七十论》对本颂的注释十分重要，我们接下来引述之。“思量”被解释为，“如一婆罗门出家学道，作是思维：何事为胜？何物真实？何物最后究竟？何所作为智慧得成显？故作是思量已即得智慧。”这里的“智慧”指的是分辨智，《金七十论》把它表述为两步，首先是认识二十五谛，即“本因异，觉异，我慢异，五唯异，十一根异，五大异，真我异，二十五真实义中起智慧”。

其次，由这种认识起六种观："一观五大过失，见失生厌即离五大，名思量位；二观十一根过失，见失生厌即离十一根，此名持位；三用此智慧观五唯过失，见失生厌即离五唯，名入如位；四观慢过失及八力量，见失生厌即离我慢等，为名至位；五观觉过失，见失生厌即得离觉，名缩位；六观本因过失，见失生厌即离本因，是位名独存。"我们看到，此六观依照演化的相反顺序完成复归，逐步把变异融入本，直至本因和原人分离，原人达到独存。《金七十论》说，该婆罗门因为如此思量，故而得解脱，这种成就因思量而得，所以称为"思量成"。我们用下表来展示六观。

观	位
五大过失，生厌离	思量位
十一根过失，生厌离	持位
五唯过失，生厌离	如位
我慢及八种力量过失，生厌离	至位
觉过失，生厌离	缩位
本因过失，生厌离	独存

为什么六观采用的是这样的次第？对此，木村泰贤作了简单的说明："要言之，首先以远离外界之执着为期，进而抑制担当与外界交涉之任的十一根，更远离内心之动

摇，最后全然脱离肉体之习气，进入纯粹的精神生活，此即六观之主要目的。”[①]弥室罗和乔荼波陀的注释本都没有提到六观，《数论经》也没有提到，但六观契合本书的教理，因而我们赞同木村的看法，把它作为数论派的代表修行法。

接下来，《金七十论》把“言教”解释为：“如一婆罗门闻他读诵声，谓本因异，觉异乃至真我异，闻此读诵声已觉知二十五谛，即入思量位离五大；入能位离十一根……入独存位离本因，是名解脱。”这里涉及的过程和思量差不多，不同的是“言教”因听闻引发思量，从而产生分辨智。这类似于我们耳熟能详的一个故事：禅宗六祖惠能在去客店卖柴之后，正要退出门外，见到一位客人在念“应无所住，而生其心”，心中豁然开悟。所以“言教”也被称为“声闻”。

“读诵”在《金七十论》中被详细地解释为八智分：“如一婆罗门往至师家，一欲乐听闻，二专心谛听，三摄受，四忆持，五知诸谛，六思量，七简择，八如实令入，是名八智分。由此智分得二十五义，入六行得解脱。”这里的意思是先找到数论导师，然后跟随导师专心读书，直至认识诸谛，并入六观得解脱。由于该过程分为八步，所以叫作八智分。

① 《梵我思辨》，第134页。

“离三苦”指为三苦所逼，生起解脱的愿望，然后找到导师修八智分，终得解脱。具体而言，“一离内苦，如一婆罗门为内苦所逼谓头痛等，往诣医所得治病已，由此内苦起于欲知，为欲求知灭此苦因往就师家，生八智分，得二十五义，入六行观，故得解脱。此成由内苦，如身苦、心苦亦如是。二离外苦，如一婆罗门，为外苦所逼，谓人、兽、翅乃至木石等之所困苦而不能忍生，求欲知灭苦之因往诣师家，修八智分，得二十五义，入六行观，故得解脱。此成由外苦得。三依天苦，如一婆罗门为天苦所逼，谓寒热雨等，其不能忍，诣师求八智分，得二十五义，入六行观，故得解脱。”

“交友”的成就“不由八智分得，但从善友得智慧，至智慧究竟则得解脱”。

关于“布施”，《金七十论》讲了个故事。有个婆罗门，不受他人欢迎，因而出家，但导师和同修们也讨厌他，不传授他智慧。他自知福薄，到偏僻的村子边上去住，想着那里不会有别的婆罗门安居。住下之后，因为他是村里唯一的婆罗门，因而得到了不少布施。不过他很慷慨，只留维持生计所需，把多余的布施分给了女人、牧人等，因而村民们都很敬重和爱戴他，并给了他出家的用具。后来恰逢盛会，他得到资助去参加，并找到了导师。到了导师家后，他“选择胜物以供养师，余物次第分与同学师友”，大家也都喜欢他，导师向他传授智慧，他由此智达到究竟智，得了解脱，此即由布施而来的成就。

综上所述，思量、言教、读诵、离三苦、交友、纯净（或布施）都是得到数论派肯定的修行方法，可导向解脱。不过，这八种成就最终全都汇集同一处——获得分辨智并由此得解脱，犹如八条河流汇入同一大海。《金七十论》说，关于这八种成就，曾有见者又立别名：一自度成，二善度成，三全度成，四喜度成，五重喜度成，六满喜度成，七爱成，八遍爱成。

第四十九颂说，“觉的损坏有十七种，归因于欢喜和成就的反面”。由此，与八种成就相反的状况，以及与九种欢喜相反的状况皆被归入觉的无能名下，此为十七种觉的无能，再加十一根的无能，组成二十八种无能。前面已经谈论了五种无知，九种欢喜和八种成就，加上二十八种无能，合成五十种“觉的产物”或主观演化。我们可以把无知、无能、欢喜、成就看作由迷入悟的四个阶段，对此，木村总结道：“无知可直译为反对，意指与悟相反的极重烦恼；无能非极重的烦恼，是指不能精进趋向解脱的状态；欢喜是指虽未进正道，但已逐渐向此方向的状态；成就是指正趋向解脱道的状态。从而五十分说也可以视为是凡夫证悟之前的经过。”[1]这四个阶段似乎囊括了由迷

① 《梵我思辨》，第131页。

入悟的种种样态，其中的最后一个阶段——成就才是值得追求的，其余三个阶段被说成“是对成就的阻碍”，使得“世间不得真实智”，所以必须舍弃无知、无能和欢喜，勤修八种成就。

从第四十三颂直到本颂，作者从两个角度描述了轮回。一是“八分说”，从习气的角度说明了轮回的动因：正法与非法决定轮回的去处是天道、人道还是兽道，智慧与非智决定得解脱还是受束缚，离欲与爱欲决定融入原质还是进入轮回，力量与软弱决定无障碍还是有障碍。二是“五十分说”，从迷悟的角度详细说明了由轮回到解脱的四个阶段：五种无知，二十八种无能，九种欢喜，八种成就。八分说告诉我们，解脱唯有依靠智慧，五十分说告诉我们，解脱唯有依靠八种成就通往的智慧。这些都是主观状态，突显主体的努力及其结果，它们是觉的产物，被弥室罗称为“主观演化”。

到目前为止，我们说明了轮回的主体是精身，轮回的原因是八种习气（八分说），轮回包括由迷入悟的四个阶段。这相当于交代了演员和剧本，但舞台是什么则尚未交代。下一颂开始解释轮回的舞台。

4. 双重演化

第五十二颂

न विना भावैर्लिङ्गं न लिङ्गेन भावनिर्वृत्तिः ।

लिङ्गाख्यो भावाख्यस्तस्माद्द्वेधा प्रवर्तते सर्गः ।। ५२ ।।

na vinā bhāvairliṅgaṃ na liṅgena bhāvanirvṛttiḥ ।

liṅgākhyo bhāvākhyastasmād dvedhā pravartate sargaḥ ।। 52 ।।

bhāvaiḥ vinā，如果没有习气；na liṅgam，就不可能有五唯的演化；liṅgena vinā，如果没有五唯的演化；bhāva nirvṛttiḥ na，就不会有习气的作用；tasmāt，所以；liṅgākhyaḥ，被称为有相的或客观的；bhāvākhyaḥ，被称为主观的；dvedhā sargaḥ，双重演化；pravartate，发生

如果没有（主观）习气，就没有五唯的（客观）演化；如果没有客观演化，就没有主观习气。所以，发生的

是双重演化，称为客观演化和主观演化。

本颂中的liṅgam（相）表示五唯的演化，bhāva（习气）指的是出自觉或意志的演化。这里的含义是，客观演化的出现乃是达成原人之目的的手段，而如果没有主观演化，客观演化是不可能的；同样，主观演化的出现也是为了达成原人之目的，而如果没有客观演化，主观演化也是不可能的。所以，“发生的是双重演化”。经验是原人之目的，但除非有五唯（色、声、香、味、触）作为经验客体，并有两个身体（粗身和精身）作为经验领域，经验才能产生。所以，假定存在着五唯的客观演化，这是十分适切的。如果没有诸根这些经验工具，就不可能有经验；如果没有正法等习气，就不可能有内作具的产生。如果没有这两种演化，就不可能有带来解脱的分辨智。由此，两种演化形式（即出自觉的主观演化和出自五唯的客观演化）得到证明。二者“相互依赖”的缺点不会影响此种双重演化论，因为演化是永恒的，类似于种子和发芽（意味着种子和发芽的永恒序列：就像种子发芽，发芽反过来繁殖种子，二者互为因果）。甚至在当前之劫（kalpa）的起始，主观演化和客观演化的产生也是归因于先前的劫中相应的主观演化和客观演化所留下的潜在印迹。因而，双重演化论完全是适切的，可被所有人接受。

主观演化已经得到解释，接下来说明客观演化或五唯的演化。

【补注】

本颂的核心是“双重演化论”。什么是双重演化？弥室罗称之为“客观演化”和“主观演化”，前者指的是五唯的演化（即“相”），包括精身和粗身这“二体相”，以及下一颂的三道，后者指的是觉演化出的八种习气（即“有”），包括正法与非法等，也进一步包括第四十六颂至五十一颂讨论的五十分说。

主观演化和客观演化的关系是“相互依赖”：“如果没有（主观）习气，就没有五唯的（客观）演化；如果没有客观演化，就没有主观习气。”弥室罗把这种关系比作种子与发芽：没有种子就没有发芽，没有发芽就不能结出种子，二者互相依赖。乔荼波陀把二者的关系解释为：如果没有觉演化出的习气就没有五唯演化出的精身和粗身，因为所有相续的身体都是由前生行为的业获得的；如果没有五唯演化出的精身和粗身，就不会有习气，因为习气要由精身和粗身的形成来获得。他的意思是，精身和粗身在轮回中的存在之必要性与样态由习气决定，而习气要由精身和粗身来承担（第四十颂“有相的精身……有习气”）；再者，二者相互依赖的设定在逻辑上也是成立的，因为生是无开端的。[①]实际上，第四十一颂也谈到了客观演化和主观演化的关系："如果无精身、无所依，相无以存在"。

演化的问题在本书中反复出现。我们发现，本书是从两个角度谈论演化的。一是从客观地分析整个存在之缘起和构成的角度解释了原质和原人的二元论，以及原质二十四谛的演化过程，我们可以把这个部分归入"世界观"名下。二是基于二十五谛的演化模型进行新的诠释，从轮回的角度把五唯的演化（精身和粗身、三道）作为客观演化，把觉的演化（习气）作为主观演化。如此一来，轮回的动因（习气）、轮回的主体（精身）、轮回的舞台（粗身和三道）、轮回的目的（原人的经验和解脱）便能得到说明，从而，轮回的理论得以确立。我们可以把这个部分归入"人生观"名下。

我们看到，在上述有关轮回的诸要素中，"三道"尚未得到解释。所以，接下来，作者开始说明三道。需要注意的是，数论谈论的是"三道轮回"，而不是我们熟悉的"六道轮回"。

① 参见姚卫群《古印度六派哲学经典》，商务印书馆，2005年，第167页。

5. 三道

第五十三颂

अष्टविकल्पो दैवस्तैर्यग्योनश्च पञ्चधा भवति ।

मानुषक श्चकविधः समासतो भौतिकः सर्गः ।। ५३ ।।

aṣṭavikalpo daivastairyagyonaśca pañcadhā bhavati ।

mānūṣakaścakavidhāḥ samāsato bhautikaḥ sargaḥ ।। 53 ।।

daivaḥ，天道的（演化）；aṣṭa vikalpaḥ，有八种；tairyagyonaḥ ca，由低级子宫所生的物种；pañcadhā bhavati，有五种；mānūṣakaḥ ca，以及人；eka vidhaḥ，只有一种；samāsataḥ，这，简而言之；bhautikaḥ sargaḥ，是形体演化（即众生的创造）

天道的演化有八种，兽道有五种，人道只有一种。简而言之，这就是（众生的）五唯的演化或形体演化。

天道的八种形式为：（1）梵天，（2）生主，（3）天帝，（4）祖灵，（5）乾达婆，（6）夜叉，（7）罗刹，（8）毕舍遮。

兽道的五种形式为：（1）牛，（2）鹿，（3）鸟，（4）爬虫，（5）不动之物。

人道只有一种，此处不考虑人的四个分支，即婆罗门等，因为所有人的身体构造都是一样的。

这就是简而言之的五唯的演化。诸如陶罐之类的客体虽然没有身体，但被归入了不动之物的范畴。

接下来描述三种五唯的演化，取决于智性程度的高低，分为在上的、在中的和在下的。

【补注】

我们在前颂的补注中说，轮回的舞台或场域是“三道”，本颂告诉我们三道是什么。三道包括天道、人道和兽道，其中，天道有八种形式，人道只有一种形式，兽道有五种形式。这种区分的根据之一似乎是形体差异，因为弥室罗在注释中说，“人道只有一种……因为所有人的身体构造都是一样的”。众生——包括“不动之物”陶罐——皆在三道之中存在，只有独存的原人才脱离了三道轮回。

关于三道的演化形式，《金七十论》的说法和弥室罗的说法略有差异。根据前者，天道的八种形式为梵天、生主、天帝、乾达婆、阿修罗、夜叉、罗刹、沙神；兽道的五种形式为足生、飞行生、胸行生、傍形生、不行生（不动之物）。

按照前颂的解释，众生的粗身和精身都被归入“五唯的演化”或“客观演化”名下。实际上，粗身由五大和合而成，精身由觉、我慢、十一根和五唯这十八谛构成，但我们都把它们归入五唯的演化。

解释了三道的形式之后，作者接下来解释三道的特性。

第五十四颂

ऊर्ध्वं स्त्त्वविशालस्तमोविशालश्च भूलतः सर्गः ।

मध्ये रजोविशालो ब्रह्मादिस्तम्बपर्यन्तः ।। ५४ ।।

ūrdhvaṃ sattvaviśālastamoviśālaśca mūlataḥ sargaḥ ।

madhye rajoviśālo brahmādistambaparyantaḥ ।। 54 ।।

ūrdhvaṃ，在上的（梵天界）等；sattva viśālaḥ，萨埵相的；mūlataḥ sargaḥ ca，和在下的界；tamoviśālaḥ，答磨相的；madhye，在中的；rajoviśālaḥ，罗阇相的；brahmādi，（这就是诸界的演化）始于梵天；stamba paryantaḥ，直到一片草叶

在上的区域呈萨埵相，在下的区域呈答磨相，在中的区域呈罗阇相。这就是从梵天直到一片草叶的诸界之演化。

天道延伸至真界〔即粗钝心界（Bhuvaḥ），精细心界（Svaḥ），超心界（Mahaḥ），升华界（Janaḥ），光明界（Tapas），真界（Satya）〕，由萨埵占据主导。地

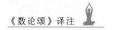

道包括从牛到不动之物的所有事物，由答磨占据主导，因为这些事物充满了幻。由七大洲和五大洋形成的物质界（Bhūrloka）构成中间区域，由罗阇占据主导，因为人们忙于公义之行和不义之行，还因为人道充满痛苦和悲伤。整个创造被概括为“从梵天直到一片草叶”。“草叶”（stamba）一词也包括树等。

解释了诸界的演化之后，作者接下来描述这种演化的痛苦性质，对此的认识带来不动心[1]，而不动心是解脱的手段。

【补注】

本颂解释了三道和三德的关系。三道被分为上、中、下，天道在上，人道居中，兽道为下。其中，天道呈萨埵相，即萨埵占据主导，但罗阇和答磨依然存在。天道的存在者感受不到苦和幻是因为第七颂说的“他物的抑制”（萨埵抑制罗阇和答磨）而不可感知。同理，人道呈罗阇相，萨埵和答磨被罗阇抑制，所以本书开篇第一颂就在谈

① 此处的“不动心”的英译和八种习气中的“离欲”的英译相同，都是dispassion。第四十五颂说离欲导致融入原质，并不通往解脱，但需要注意的是，“离欲”指的是单纯的弃绝而无智慧。至于此处弥室罗说的“不动心”，以及《瑜伽经》里与修习相提并论的“弃绝”，这两个词仅指放下欲望，并不含有“无智慧”之意。为了区分开来，我们使用不同的中文词语。——译者注

论三苦和离苦之法，“苦”乃是人道的基本特征。你可能会纳闷，身在人道的我们显然既能感受到苦，也能感受到乐与幻，为什么作者说人道呈罗阇相呢？这或许是印度古典哲学的一个普遍特征，我们所熟悉的佛教、瑜伽派和数论派都是以离苦为旨归，苦的存在乃是这些体系展开的起点，是不可抹煞、不可还原的基本事实。我们可以从这个意义上理解作者何以说人道呈罗阇相。类似地，兽道的五种存在者被认为主要生活在幻或蒙昧之中。

“从梵天到一片草叶”，众生无一例外归属于三道中的某处。所以，“三道轮回”囊括一切存在者。原人与粗身和精身结合，在三道中轮转，获得经验。虽然原人的经验有乐、苦与幻，但作者认为这些最终都是苦的，具体的解释见下一颂。

6. 原质与原人的关系

第五十五颂

तत्र जरामरणकृतं दुःखं प्राप्नोति चेतनः पुरुषः ।

लिङ्गस्याविनिवृत्तेस्तस्माद्दुःखं स्वभावेन ।। ५५ ।।

tatra jarāmaraṇakṛtaṃ duḥkhaṃ prāpnoti cetanaḥ puruṣaḥ ।

liṅgasyāvinivṛttes tasmād dukhaṃ svabhāvena ।। 55 ।।

tatra，在其中；jarāmaraṇa kṛtaṃ duḥkham，苦源于老和死；cetanaḥ puruṣaḥ prāpnoti，有知的原人经历；avinivṛtteḥ，（因为）不灭；liṅgasya，精身的；tasmāt，所以；svabhāvena duḥkham，苦在事物的本质中

在其中，有知的原人经历着由老和死导致的苦，因为精身不灭。所以，苦在事物的本质中。

本颂的"在其中"（tatra）一词指在身体等之中。虽

然随着气息而搏动的身体是各种形式的享乐之载体，但由老和死导致的接连不断的苦是遍在的。每一存在者，甚至包括一只昆虫，也有对死的恐惧和如此这般的希望——“愿我不死”，“愿我继续活着”，等等。苦带来恐惧，而死是苦的一个根源。

驳：但是，苦和乐属于原质，并且是觉的特性，那么它们是如何与有知的原人发生关联的呢?

答：原人的字面意思是“精身中的沉睡者”。精身与觉及其特性相连，因而原人也与觉及其特性相连。

驳：何以说与精身相连的苦属于有知的原人?

答：“因为精身不灭。”原人不知自己不同于身体，因而把精身的特性叠置在自己身上；或者说，“不灭”中的“不”可以理解为代表原人的苦之限度，如果那样，意思就是：直到精身消灭，原人才能摆脱痛苦。

接下来，作者驳斥关于演化之因的不同观点。

【补注】

本书开头谈到了三苦——依内苦，依外苦，依天苦，本颂则从另一个角度补充了老死苦。为什么要专门提出老死苦呢？这或许是因为，虽然前面两颂解释了轮回的舞台——三道或三世间，其中的天道呈萨埵相，所以那里的存在者总的来说感受到的是乐而非苦，然而，对于轮回中的原人而言，老死苦是普遍的，无论身在哪一道。对此，《金七十论》生动地描述道：“三世间中有苦是老所作，皮皱，发白脱落，气嗽扶杖，亲友所轻，如是等苦并由老故。死苦者，有人得八神通，或得五微尘，或得粗尘。是人临死为阎罗所录，此中受苦，名为死苦。”老死（和病）苦是轮回中的众生不可逃避的，我们知道，正是这一点对年少的乔达摩·悉达多构成了一个牢牢地抓住他的“事件”，让他内心无比痛苦，欲寻求出路，才有了后来的修行和大彻大悟。我们从理智上都知道人有老病死以及三苦，但这种认知或许并未渗入内心深处，故而它们对我们并不构成“事件”，我们实际上选择了视而不见，在有限的生命里把精力耗费在追逐别的无常事物上，等到大限将至才感到悔恨、焦虑与恐惧。也许只有生死才是头等大事，我们应该好好地思考，而不是消极地把头转开。这恰恰是过好无常生活、珍惜无常事物的基础。

苦属于原质，原人无三德，本具自由，无所谓苦乐。那么，为什么本颂说“有知的原人经历着由老和死导致的苦”？结合前面的内容，我们可以从以下几个方面来理解。（1）原质无知，故而原质感受不到苦，而原人有知，故而原人能受苦。（2）乐、苦与幻的经验是原人所要“追求”的，因为原人与原质结合的目的就是经验和解脱。（3）正如本颂所言，“因为精身不灭”，原人借助精身和粗身在三道轮回，经验着乐、苦与幻。虽然粗身在死时瓦解，但精身不因死亡而消灭，所以只要精身尚在，原人就能一直在三道轮回中获得经验。那么，如何消灭精身？数论哲学告诉我们，只有获得分辨智，认清原人和原质的分别，才能让原人和原质分离，让精身消灭。简而言之，苦本来属于原质（粗身和精身），但因为原人不知道自己与原质的分别，故而把原质的苦叠置在自己身上，从而受苦。这本质上是一种错误的认同。

还有一个问题，原人是如何与身体结合的？对此，我们可以参考第四十二颂的补注——原人如何与原质结合。在这里，我们引用木村泰贤的分析，作为一种补充理解。[①]木村说，对原人如何与身体结合这个问题的解答有种种，但免不了还是不彻底。他试图从两个角度进行分析。（1）就现实而言，众生具备认识的方面和活动的方面，可谓兼备原人和原质的特质。从这个角度来看，原人与身体的结合乃是现实的状况。（2）从理论上说，原人与身体正相反，无论如何都无法浑然合成一体。为此，数论试图以种种比喻勉强说明，其中最著名的是本书第四十二颂和五十九颂的演员与观众的比喻：原人被比喻为观众，身体被比喻为演员。如同戏剧的演出必须有观众与演员的结合，原人依托身体才能成为众生。还有一个常见的比喻

① 《梵我思辨》，第122—123页。

是盲人与跛子：原人有主观性的自我倾向而欲观看，身体有原质之倾向而被观看，两者结合，作用才齐全。《数论经》用了铁与磁石的比喻，铁与磁石是异质的东西，但二者之间存在着引力，原人与原质的关系亦是如此，也就是说，二者本来就有分别，结合之后仍有分别——主体与客体的分别，但这并不妨碍二者连绵不绝的相辅关系：身体造业，熏习精神，随着原人而轮回，但原人只能观看，丝毫不能施加作用。木村特别指出，观者的身份乃是原人能维持其纯净本性之所以。

上面讨论的是原人与身体的结合。即便我们认可这种结合，仍有一个问题需要解决：既然原人与身体结合之后仍然维持各自的本性，那么二者如何互通？木村提出，实际上，当原人获得“我受苦”“我老去”的经验时，岂非已涉及活动？本来无知的觉、我慢与十一根又如何表现有知的精神状态？看上去似乎是：当身体与原人结合并相互影响，无知的心理机关成为有知的，不动的原人也能活动。因而，我们不禁追问：当原人与身体结合，何以二者的本来性质不能持续，而是显现出“如同”对方的特性？对此，《数论经》借用了吠檀多派的“制限”说，认为是身体制限原人，恰如虚空受瓶子的制限而有了形状，又如在红花面前放置水晶，水晶也成了红色，同样，普遍的原人受身体制限而成了活动体。然而，木村反驳道，制限说在吠檀多派也是有问题的理论，何况数论主张原人为多，也承认制限的身体是实在的，所以要维持制限说比较困难。此外，识比丘提出了“投射说”或“映照说”，认为是原人的作用投射或映照于身体，身体的作用投射于原人，由此，尽管二者的关系只是“观看与被观看”，但却开通了二者的互通之道，彼此影响。依木村看来，这虽然是吠檀多派及商羯罗发展出来的教理，但就数论的教理而言，恐怕是最为妥当的解释。总而言之，原人如何与身体结合，是个谜，没有办法得到彻底的解决。

既然原人与身体如何结合的问题没有办法得到彻底的解决，而这个问题又是一个根本问题，那么，是否数论派的整个解释体系都是不成立的？这就涉及如何看待一个解释体系的局限性。实际上，所有的解释体系都有局限性，都有含糊之处或因无法证实而可以称为信念的部分，现代科学的理论体系亦是如此。我们或许不应该认为只有一个解释体系是完美的、穷尽一切的，才是值得关注或借鉴的。事实上，我们始终已然嵌入现实生活之中，我们的起点只能是解决现实的问题，比如本书就是为了解决三苦或轮回的问题。如果数论的体系能够引导我们离三苦、出轮回，那它就是有效的，因为数论的教理是拿来使用的工具，而不只是一套供学者赏玩的理论设定。换言之，所有的解释体系都是指向月亮的手指，而不是月亮本身。

说明了谁受苦（原人）和几时受苦（原人与身体结合时）之后，作者接下来具体说明原质活动的目的。

第五十六颂

इत्येषः प्रकृतिकृतो महदादिविशेषभूतपर्यन्तः ।

प्रतिपुरुषविमोक्षार्थं स्वार्थ इव परार्थ आरम्भः ।। ५६ ।।

ityeṣaḥ prakṛtikṛto mahadādiviśeṣabhūtaparyantaḥ ।

pratipuruṣavimokṣārthaṃ svārtha iva parārtha ārambhaḥ ।। 56 ।।

ityeṣaḥ，这种演化；mahadādi-viśeṣa-bhūta-paryantaḥ，始于大谛，直到有差别的五大；prakṛti kṛtaḥ，由原质（的变化）引起；ārambhaḥ，这种演化是；prati-puruṣa-vimokṣārthaṃ，为了每一个原人的解脱；parārthe，并且是为了另一个的缘故；svārthe iva，虽然看似为了她自身的利益

所以，由原质的变化引起的这种从大谛直到有差别的五大的演化是为了另一个的利益，尽管看似是为了原质自身的利益；演化的目的在于每个原人的解脱。

本颂中的ārambhaḥ指被引起，也就是说，从大谛直到土元素的演化是由原质本身引起的，而不像正理派认为的

那样由自在天引起，这种演化不像吠檀多派认为的那样源于梵的支撑，也不像无神论者认为的那样没有任何原因。如果演化没有原因，那么既不会有演化的完全缺失，也不会有持久的演化。我们也不能说演化出自梵（以梵为有效的质料因），因为纯意识（梵）不可能有变化。由原质引起的演化也不受制于自在天，因为不动的自在天不可能指挥原质，就像一个不动的木匠绝没有使用斧头等工具。

驳：如果说演化是由原质引起的，而原质是永远活动的，那么演化绝不会停止，所以无论什么时候都有演化，根本不会有解脱。

答：本颂说“演化的目的在于每个原人的解脱”，原质的活动是“为了另一个的利益，尽管看似是为了原质自身的利益”。这就像一个人渴望食物，于是开始烹饪，当食物做好，他也就停止了烹饪。同样，原质活动的唯一动机在于让每个原人得解脱，所以，对于已经得解脱的原人，原质也就停止了活动。这种为了另一个的利益而进行的活动看上去像是为了自身的利益而进行的活动。

驳：即便如此，但唯独有知的存在者才能为了自身的目的或他者的目的而活动，原质无法那样活动，因为它是无知的。所以，存在着一个有知的存在者，控制着原质。居于身体中的原人无法控制原质的活动，因为居于身体中的原人不了解原质的真实性质，所以必定存在着一个全知的控制者，控制着原质，而他就是自在天。

对此的回答见下一颂。

【补注】

第五十二颂谈到发生的是双重演化——客观演化和主观演化。我们可以把从第三十九颂到五十一颂的内容看作对主观演化的解释，向我们揭示了轮回的原因、主体和数论的修习之道；第五十三颂和五十四颂的内容则可以看作对客观演化的解释，为我们说明了轮回的舞台。实际上，主观演化和客观演化之间并没有截然的界限，作者对它们做出区分是为了更好地说明原质演化的目的——“为了另一个的利益”。本书第二十二颂到三十八颂讲的也是演化，那是为了说明数论的世界观，而主观演化和客观演化可以归入数论的人生观，因为它们指向的是原人的轮回与解脱，而不是为了说明万有的缘起。

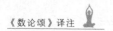

本颂首先告诉我们，原质的整个演化，即从觉或大直到五大，是由原质本身的变化引起的，演化的动力因在于原质三德比例的失衡。我们在前面说过，数论的演化论是一种缘起论，而不是一种设计论，所以演化的背后并没有诸如自在天、梵之类的控制者。简而言之，原质本身足以依靠自身完成演化。其次，本颂说原质演化的目的是为了原人（“另一个”）的利益，我们前面多次谈到原人的利益或目的在于经验和解脱。这可以解决弥室罗在本颂的注释中提出的一个问题：如果原质的演化是为了自身的利益，那么如何解释演化展开和终止的依据？由于原质的演化是为了原人的经验和解脱，因而原人的经验和解脱就是原质展开演化和终止演化的依据。原质的演化并非为了自身的利益，这也可以从原质的特性——无知来解释，无知之物在根本上是没有自身目的的。这又引发了一个问题：无知的原质如何能够“为了”原人的解脱而服务？因为“为了”似乎显示出某种有意识的动机和指向。这一点在下一颂得到解释。

第五十七颂

वत्सविवृद्धिनिमित्तं क्षीरस्य यथा प्रवृत्तिरज्ञस्य ।
पुरुषविमोक्षनिमित्तं तथा प्रवृत्तिः प्रधानस्य ।। ५७ ।।

vatsavivṛddhinimittaṃ kṣīrasya yathā pravṛttirajñasya ।
puruṣavimokṣnimittaṃ tathā pravṛttiḥ pradhānasya ।। 57 ।।

yathā pravṛttiḥ，正如……的流出；ajñasya kṣīrasya，无知的牛奶；vatsa-vivṛddhi-nimittam，是为了小牛的成长；tathā pradhānasya pravṛttiḥ，原质的活动也一样；puruṣa-vimokṣa -nimittam，为了原人的解脱

正如无知的牛奶分泌出来是为了滋养小牛，同样，原质的活动是为了原人的解脱。

我们看到，无知的存在物也是趋向一个明确的目标而活动的，比如“无知的牛奶分泌出来是为了滋养小牛”，同样，无知的原质从事活动是为了给原人带来解脱。但是，我们不能主张牛奶的分泌是在神的指挥下发生的；牛奶的分泌也不能作为一个例子，用来推翻一个一般命

题——无知之物的活动归因于有知的存在者的指挥，因为每一有知的存在者的活动要么出于自私，要么出于激情，而这两项都不适用于宇宙的演化。由此可知，宇宙的演化不可能归因于一个有知的行动者的活动。

圆满的神已然达成全部愿望，无欲无求，所以不可能出于任何自私的动机而创造这个世界。我们也不能说神出于激情而创造了这个世界，因为激情包含着缓解痛苦的欲望，但在宇宙产生之前，诸原人没有身体、诸根和客体，因而没有痛苦，那么，神要为了消除谁的痛苦而产生激情呢？如果我们说继演化而来的痛苦是激情的原因，则会导向一个互为依赖的无效立场：演化归因于激情，激情归因于演化。再者，如果演化是自在天的激情活动，那么我们只会希望自在天创造快乐的人，而不是五味杂陈的人。如果我们说经验的多样性归因于活动的多样性，那又有什么必要宣称全知全在的神指挥着活动呢？如果活动由神指挥，那么人的控制就丧失了，而那意味着人的活动不会引起任何变化，在此情况下不会对身体、诸根和客体产生任何影响——这一切的结果将是痛苦也不存在，由此，痛苦的消除也将变得毫不费力！原质是无知的，因而既无任何自私动机也无激情来迫使自己活动。原质只是为了另一个的缘故而存在，所以上面说的不一致之处不会产生。原质的活动只有唯一的动机——达成另一个的目的，所以母牛为了滋养小牛而分泌牛奶的例子是十分适切的。

前颂的陈述“看似是为了原质自身的利益”在下一颂得到解释。

【补注】

前颂说原质的演化是为了原人的目的，但原质无知，如何能够为了原人的经验和解脱而服务？原质活动的这种目的论是否意味着原质不可能是无知的？

一般情况下，我们会把目的论和设计论结合起来，比如有神论传统认为神出于某个目的而设计并创造了这个宇宙。然而，数论哲学的世界观是缘起论和目的论的结合，世界作为原质自身的演化是缘起的，但原质的活动并不随机或盲目，而是服务于一个明确的目的——“为了另一个的利益”。为了说明此种状况，本颂举了个例子：牛奶是无知的，但如果生了小牛，母牛的牛奶就会自动分泌出来养育小牛，等小牛长到可以自己吃草而无须依赖母牛的奶，牛奶就会自动停止分泌。同理，原质虽然无知，但可以为了原人的利益而活动，就像牛奶虽然无知，但可以为了滋养小牛而分泌。这里不存在也不需要神的控制，原质的活动自然能够指向原人的解脱。这虽然在逻辑上显得有点古怪，但却是符合经验事实的。我们看到，在我们的周围，万物生生不息，宇宙间的活动不是混乱无序，这并不归因于某个神的控制，而似乎是一种自发的、自然的秩序。数论哲学进一步说，这种秩序指向原人的解脱。下一颂强调原质活动的目的。

第五十八颂

औत्सुक्यनिवृत्त्यर्थं यथा क्रियासु प्रवर्तते लोकः ।

पुरुषस्य विमोक्षार्थं प्रवर्तते तद्वदव्यक्तम् ।। ५८ ।।

autsukyanivṛttyartham̩ yathā kriyāsu pravartate lokaḥ ।

puruṣasya vimokṣārtham̩ pravartati tadvadavyaktam ।। 58 ।।

yathā lokaḥ，正如人们；autsukyanivṛtyartham̩，为了满足欲望；kriyāsu pravartate，从事活动；tadvat，以同样的方式；avyaktam，未显者；puruṣasya-vimokṣārtham̩，为了原人的解脱；pravartate，活动

正如人们为了满足欲望而从事活动，未显者也为了原人的独存而活动。

Autsukya指欲望。一旦得到所欲对象，欲望就会止息。所欲对象是活动者的目的，因为活动的最终结果是得到所欲对象。这个类比向我们解释未显者也为了原人的独存而活动。

问：就算原人的独存这一目的是原质活动的动机，但

原质活动的停止是如何发生的?

对此的回答见下一颂。

【补注】

本颂可以和前颂结合起来理解，二者在形式上也比较接近，都是用类比来说明原质的活动。前颂侧重说明原质的活动并无外在的控制者，而是原质内部的自发活动。本颂侧重说明原质活动的最终目的在于原人的独存或解脱。这里也呼应第五十六颂的内容，“演化是为了另一个的利益，尽管看似是为了原质自身的利益；演化的目的在于每个原人的解脱”。可见，原质的活动根本不是为了自身，其展开和停止都是基于原人的独存。本颂谈论的是原质活动的展开，下一颂谈论原质活动的停止。

第五十九颂

रङ्गस्य दर्शयित्वा निवर्तते नर्तकी यथा नृत्यात् ।

पुरुषस्य तथात्मानं प्रकाश्य विनिवर्तते प्रकृतिः ।। ५९ ।।

raṅgasya darśayitvā nivartate nartakī yathā nṛtyāt ।

puruṣasya tathātmānaṃ prakāśya vinivartate prakṛtiḥ ।। 59 ।।

yathā nartakī，正如舞女；raṅgasya darśayitvā，向观众展现自身之后；nṛtyāt nivartate，停止舞蹈；tathā，同样；prakṛtiḥ，原质；puruṣasya ātmānam prakāśya，向原人展现自身；vinivartate，停止活动

正如舞女向观众展现自身之后就停止了舞蹈，同样，原质向原人展现自身之后就停止了活动。

Raṅga指台下的观众。“展现自身之后”指的是：已经展示了诸如声等各色变化完全不同于原人。

驳：就算原质的活动仅仅是为了原人的目的，但原质无疑可以期待原人的某些回报，因为原人受益于原质的活

动，这就像仆人期待满意的主人给予报偿。所以，不能说原质的活动完全是为了原人。

对此的回答见下一颂。

【补注】

本颂说明原质的活动为何以及何时停止：“原质向原人展现自身之后”。这里的“展现自身”指的是让原人在三道轮回的经验之后获得分辨智，认清原质的各种演化产物不同于原人，从而停止错误的认同，最终达成原人和原质的分离，而这意味着原人的解脱，以及原质的停止活动。

我们也可以从本颂看出原质活动的唯一目的在于原人的利益，就像舞女在台上跳舞的唯一目的在于娱乐观众，等到曲终，娱乐目的达成，舞女也就退去了。

第六十颂

नानाविधैरुपायैरुपकारिण्यनुपकारिणः पुंसः ।

गुणवत्यगुणस्य सतस्तस्यार्थमपार्थकं चरति ।। ६० ।।

nānāvidhair upāyair upakāriṇy anupakāriṇaḥ puṃsaḥ ।

guṇavaty aguṇasya satas tasyārtham apārthakaṃ carati ।। 60 ।।

nānāvidhaiḥ upāyaiḥ，以各种方式；upakāriṇi，仁慈的（原质）；guṇavati，有三德；sataḥ tasya arthaṃ，有知者的目的；carati，追求；apārthakaṃ，没有（自身的）利益；puṃsaḥ，原人；anupakāriṇaḥ，不给予回报者；aguṇasya，无三德者

仁慈的、有三德的原质以各种方式为原人带来利益，而无自身利益；原人无三德，也不回报。

正如有三德的仆人无私地达成主人的利益，而主人无三德，也不回报仆人的劳动，同样，慷慨又有三德的原质为原人带来利益，而原人无三德，也不做任何回报。由此

表明，原质的活动只是为了原人的缘故，而不是为了自身的缘故。

驳：即便如此，但是，舞女虽然在表演之后退下了舞台，可若观众强烈要求，她会再次登台。同样，原质也能再次活动，即使她已经在向原人展现自身之后终止了活动。

对此的回答见下一颂。

【补注】

本颂的字面意思很清楚，不需要进一步的解释。“以各种方式”在《金七十论》中被译成“以种种方便”，姚卫群参照乔荼波陀译本给出的注释是“以使自己转变为天道、兽道、人道中的形态的方式；以使自己转变为喜、忧、暗的方式；以使自己转变为以声等为表现形式的根之对象的方式……”[①]简而言之，原质为原人的经验和解脱提供舞台或场域，并提供身体和轮回的动因，供原人在其中生生世世地轮转。原人的角色则是“无三德，也不回报”的单纯的受益者。这就是数论哲学对原质和原人关系的设定，所以迷和悟皆是原质的作用，以致木村泰贤说：“原质是束缚之因，同时也是解脱之因……原人本无轮回

① 参见《古印度流派哲学经典》，姚卫群编译，第169页。

亦无解脱。”[①]

原质与原人的角色和关系，作者还会继续说明。下一颂谈论二者在解脱之后的关系——再无关系。

① 《梵我思辨》，第134页。

第六十一颂

प्रकृतेः सुकुमारतरं न किञ्चिदस्तीति मे मतिर्भवति ।
या दृष्टाऽस्मीति पुनर्न दर्शनमुपैति पुरुषस्य ।। ६१ ।।

prakṛteḥ sukumārataraṃ na kiñcidastīti me matirbhavati ।
yā dṛṣṭāsmīti punarna darśanamupaiti puruṣasya ।। 61 ।।

prakṛteḥ，从原质；sukumārataraṃ，更为谦恭；kiñcit na asti，没有别的什么；iti me matiḥ bhavati，依我看；yā，谁；dṛṣṭā asmi iti，念及我已被看见；punaḥ，再次；puruṣasya，原人的；darśanam na upaiti，不再进入视线

依我看，没有什么比原质更为谦恭，因为知晓“我已被看见”，就不再进入原人的视线。

在此，“谦恭”意指极其羞怯和敏锐的少女，她不能忍受自己暴露在陌生人的窥视中。一位出身高贵的少女甚至足不出户，低垂眼帘，如果因为某种疏忽导致其身形暴露在一个陌生人——原人面前，那么她会急忙躲藏起来，不再被看见。原质甚至比出身高贵的少女更为谦恭，一旦

被原人通过分辨而看见，就绝不会再度暴露自身。

驳：然而原人无三德，不会经历任何变化，那么它的解脱何以发生？词根muc有“离缚”之意，而“束缚”的同义词为“残留之业”，它们被痛苦的潜在印迹之习气所染着，但是，离缚在原人那里是不可能的，因为原人并不经历任何变化。所以，原人不可能有轮回，因为轮回只是死后再生的另一种说法，而原人不可能死后再生，因原人如如不动。由此，演化是为了原人的独存——这种断言只是空谈。

接下来，作者将针对上述疑问作相应的解答。

【补注】

原质和原人的结合是无始的，起因于原人想要经验，原质便相应地开始演化。在二者的结合中，原人借助原质演化出的精身和粗身在同样由原质演化出的三世间轮转，获得各种苦、乐与幻的经验，并忘了自身的真实本性。终于，在无数次轮回之后，原人开始明白“苦在事物的本质中”，从而开启了解脱之路。于是，原质又以促成原人解脱的方式而活动，直至最终生起分辨智，让原人看到自身和原质的分别，从而恢复其真实本性。此时，原质就完成了向原人“展现自身”的任务，停止了活动。这就是数论所编写的单个原人经验和解脱的剧本。

本颂强调，原质在知道“我已被看见”之后，就“不再进入原人的视线”。这是一种权宜的说法，实际上，“我已被看见”指的是分辨智生起，原人已然知晓自身和原质的分别，即原人看见了原质。这意味着在分辨智生起之前，原人并不知晓自身与原质的分别，因而可谓没有看见原质。正是这种“没有看见原质”维系着原质与原人的结合，而一旦“看见原质”，结合的魔咒就立刻被破除了。这显然是一个属于智慧之道的故事，类似于一个古老的神话故事：有个魔鬼，穷凶极恶，为非作歹，却没人能够打败他，直到最后，有个英雄说出魔鬼的名字，于是，魔鬼立刻死去。

原质从原人的视线中消失，也类似于神话故事中魔鬼的死去，意味着终结。所以，数论的终境被称为原人的“独存”。当然，原质的角色不是魔鬼，而是类似于本颂说的极为谦恭的“舞女”，或者更像斯瓦米·维韦卡南达说的“母亲”。为什么？因为魔鬼只会为了自身而害人，但原质恰恰相反，她“以各种方式为原人带来利益，而无自身利益”，即她的所有活动都在煞费苦心地为原人的最终解脱而服务，同时她根本没有自身的利益可言。这难道不像你所能想象的最伟大、最崇高、最无私的母亲吗？她托着原人在她演化出来的世界里轮转、上升，直到原人获得解脱。她一心一意地付出，只为了原人的解脱。

本颂的“舞女”比喻是为了表明原质一旦和原人分离，就绝不会再度和原人结合并发生演化。我们可能很难理解这个比喻，因为在我们生活的当代世界里，似乎没有那样的女子，而我们也不会认为自在黑描述的那种女子是谦恭美好的，毋宁说，我们更可能认为那种女子是无知并受到压抑甚或压制的。这是价值观念的变迁，我们不应去指责作者的比喻，而应抱着同情去理解和欣赏。

接下来，作者试图着手处理一个似是而非的问题，该问题涉及数论的“剧本”本身的某种矛盾或逻辑不融贯性。我们可以看到，数论的原典直接地谈论数论体系内在的问题，而不试图回避或把问题解释掉，或许这本身也是智慧的体现。

第六十二颂

तस्मात्र बध्यतेऽसौ न मुच्यते नापि संसरति कश्चित् ।

संसरति बध्यते मुच्यत् च नानाश्रया प्रकृतिः ।। ६२ ।।

tasmātra badhyate'sau na mucyate nāpi saṃsarati kaścit ।

saṃsarati badhyate mucyate ca nānāśrayā prakṛtiḥ ।। 62 ।।

tasmāt，所以；na badhyate，（原人）没有受缚；asau na mucyate，也从未解脱；na api kaścit saṃsarati，它从未轮回；nānāśrayā prakṛtiḥ，原质，各种演化的依托；saṃsarati，轮回；badhyate，受缚；ca mucyate，和解脱

所以，确实，原人从未受缚、从未解脱，也从未轮回。正是原质作为各种演化的依托在轮回、受缚和解脱。

原人从未受缚、从未轮回，也从未解脱。只有作为众生之依托的原质在受缚、轮回和解脱。束缚、轮回和解脱只是被归于原人，就像胜败被归于国王，尽管实际上胜败属于士兵。虽然实际参战的乃是士兵，但承受胜败结果的却是国王，因为国王是士兵的依托。同样，虽然实际上经

验和解脱属于原质，但因为缺乏这种分辨——原人完全不同于原质，经验和解脱被归于原人。由此，这里的学说得以辨明。

驳：很好，我们明白了束缚、轮回和解脱尽管实际上属于原质，却被归于原人。不过，这对原质又有何用？

对此的回答见下一颂。

【补注】

本颂明确地交代了一个似是而非的问题：原人无三德、不变、不动，只是纯然的观照，这样的灵体根本没有束缚、轮回和解脱可言。但为什么本书一直在谈原质的活动是为了原人的经验和解脱，仿佛原人有束缚、轮回和解脱似的？乔荼波陀说，那种谈论"源于对轮回之本质的无知"，"实际上只有原质在自我束缚和解脱"[①]。弥室罗对本颂的注释似乎更加明确："只有作为众生之依托的原质在受缚、轮回和解脱。束缚、轮回和解脱只是被归于原人，就像胜败被归于国王。"为什么它们可被"归于"原人？因为原人和原质结合，原人认同于原质，把属于原质的内容叠置在自己身上，就像国王认为士兵属于自己的王

① 参见*Sāmkhyakārikā of Iśvarakṛṣṇa with the Commentary of Gaudapāda*, T. G. Mainkar, Delhi: Chaukhamba Sanskrit Pratishthan, 2004年，第194页。

国，故而把他们的胜败归于自己。

所以，说原人有束缚、轮回和解脱，或者说原人有经验和解脱，从究竟的层面来看，是一种错误的说法。但是，从经验中人的层面来看，却是一种正确而有效的说法，一方面是因为经验中人们没有生起分辨智，不知原人和原质的分别，故而认同这种说法，另一方面是因为这种说法能够有效地引导人们把注意力和努力方向指向原人和原质的分离。

关于束缚，我们在第四十四和四十五颂中谈到了束缚的三种类型：原质方面的束缚、演化方面的束缚和个人方面的束缚。《金七十论》具体分析了原人为何没有这三种束缚。（1）原人没有原质方面的束缚："系缚者由有三德，原人无三德，故无原质缚"。（2）原人没有演化方面的束缚："无变异者，从觉乃至大，此变异属原质不属原人，是故原人无变异缚"。（3）原人没有个人方面的束缚："无有事故，原人非作者故，故不能作事，施等诸事皆属原质，故我非施缚。"既然原人没有束缚，也就没有轮回和解脱可言。所以，下一颂具体谈论原质的束缚和解脱。

第六十三颂

रुपैः सप्तभिरेव तु बध्नात्यात्मानमात्मना प्रकृतिः ।

सैव च पुरुषार्थं प्रति विमोचयत्येकरूपेण ।। ६३ ।।

rupaiḥ saptabhireva tu badhnātyātmānamātmānā prakṛtiḥ ।

saiva ca pūruṣārthaṃ prati vimocayatyekarūpeṇa ।। 63 ।।

prakṛtiḥ tu，原质；ātmanā saptabhiḥ rūpaiḥ eva，仅以她的七种形式；ātmānam badhnāti，束缚自身；saiva ca，再者，她自己；eka rūpeṇa，以一种形式；puruṣārthaṃ prati，为了原人的利益；vimocayati，带来解脱

原质以七种形式束缚自身，也正是原质以一种形式解脱自身，为的是原人的利益。

“以七种形式”就是以觉的七种除了“智慧”之外的习气，诸如正法等。为了“原人的利益”（经验和独存），原质“以一种形式解脱自身”，该形式就是真知（Tattva）或分辨智。此后，原质不再带来经验和解脱。

我们已经明白这个道理，然后呢？

【补注】

此处的“原质”按照《金七十论》的解释，指“五唯精身与十三作具相应”，我们也可以理解为指轮回的主体——精身；它“为三缚（即原质、演化和个人方面的束缚）所系，轮转三世间生”。本颂说“原质以七种形式束缚自身”，这里的“七种形式”指第四十三至四十五颂谈及的八种习气中的七种：正法、非法、非智、离欲、爱欲、力量、软弱。这七种形式导致各种各样的束缚和轮回样态。“原质以一种形式解脱自身”，这里的“一种形式”指八种习气中除了上面七种之外所剩下的一种——智慧，唯有智慧通往解脱。读者可以参照第四十五颂补注中的表格。

我们在前面有关“主观演化”的部分已经交代过轮回的主体、原因、场域以及数论的修行方式等，既然这一切都是为了原人的经验和最终的解脱，作者在接下来的偈颂中解释何为解脱。

7. 解脱

第六十四颂

एवं तत्त्वाभ्यासान्नास्मि न मे नाहमित्यपरिशेषम् ।
अविपर्ययाद्विशुद्धं केवलमुत्पद्यते ज्ञानम् ।। ६४ ।।

evaṃ tattvābhyāsān nāsmi na me nāhamityapariśeṣam ।
aviparyayād viśuddhaṃ kevalam utpadyate jñānam ।। 64 ।।

evam，由此，以上面教导的方式；tattvābhyāsāt，通过对二十五谛的修习；jñānam utpadyate，生起智慧；na asmi，非我；na me，非我所，没有什么是我的；na aham，无我；iti apariśeṣam，那是最终的；aviparyayāt，因缺乏错误和怀疑；viśuddhaṃ，纯净的；kevalam，究竟的

由此，通过修习真知生起如下智慧："非我"，"非我所"，"无我"；那是最终的、因无误而纯净的、究竟的（知识）。

“真知”（tattva）一词指关于二十五谛的正确知识。遵循前面描述的方法，长期认真而不间断地修习有关二十五谛的知识，就能直接认识原人和原质的分别。只有对某事物的不断修习才能带来对该事物的直接认识，同样，对真知的修习带来对二十五谛的直接认识，这就是该智慧何以被说成是“最终的”（因为它引领人认识诸谛）。关于该智慧为什么被说成是“纯净的”，本颂的回答是“因无误”。怀疑和错误是两种不净，因为该智慧摆脱了怀疑和错误，所以它被说成是“纯净的”。在理解确定或不确定的内容时产生的怀疑也是一种错误，因而，本颂用“无误”的说法来表明没有怀疑和错误。怀疑和错误的消除也归因于对诸谛的认识。

就算真知是通过前面谈到的修习方法产生的，然而，因为无始以来就有错误知识的潜在印迹，所以也有错误知识出现的可能性，而这实际上会导致无止境轮回的问题。为了回答这个问题，本颂说这种智慧是“究竟的”，也就是不掺杂错误的知识。尽管错误的潜在印迹是持久的，但可以通过真知的印迹完全消除，而真知在对诸事物之真实本性的直接经验中达到顶点，因为据说觉谛的本质始终是趋向真知。甚至连外道也认为：

对客体之真实性质的无误知识绝不会被错误的观念所

驳倒，因为觉谛的本质乃是趋向这样的无误知识。

知识的本质被说成是：“非我”“非我所”“无我”。这否定了文法学家们所定义的原人中的整个活动：“词根as（如asmi一词）以及词根bhu和kr，泛指活动（*Siddhānta Kaumudi*）”。因此，所有活动，不管是外在活动还是内在活动，比如决断、自我意识、观察、理解等，都不在原人中。“无我”的生起是因为原人中没有任何行动的冲动。在此，“我”代表行动者，因为凡是在“我知道”“我献祭”“我给予”等用法中，活跃的行动者都由“我”来代表；凡是缺乏行动之处，也缺乏行动者。所以，本颂的说法“无我”是正确的。由此产生的是“非我所”，因为只有行动者才能成为拥有者，而没有了行动者，“拥有”的概念也就自然消失了。

或者，我们也可以这样理解：“非我”指我是原人，而不是演化产物。由于非行动者具有“非演化产物”的特征，因而我们以“非我”来指称它。作为非行动者，拥有感也不存在，因而就有了“非我所”的表述。

驳：甚至在获得了这种真知之后，也许还有某种未知之物，而对此种未知之物的无知可导致束缚。

答：不，这种知识是“究竟的”，也就是说，在获得了有关诸谛的这种知识之后，没有剩下未知之物来束缚人。

问：上面谈到的这种真知会带来什么结果？

下一颂回答这个问题。

【补注】

“解脱”或“独存”在本书中被反复提到，本颂至第六十八颂阐述何为解脱，这也就是数论的解脱观。

木村泰贤指出，数论的解脱分为两类：有身解脱与究竟解脱。[①]这可以对应《瑜伽经》中的次级独存和终极独存，次级独存指知晓原人不同于觉谛，终极独存指原人与原质的分离。无论是哪种解脱，其基础在于本颂说的“修习真知”以及由此生起的智慧，也就是分辨智。弥室罗在本颂注释中告诉我们，“修习真知”指“长期认真而不间断地修习有关二十五谛的知识”。《金七十论》更进一步指出，“如是真实义者，如前已说二十五谛。数习无余故者，于六行中数数修习故。无余者，修习究竟，故智慧得生”，意思是用“六观”修习二十五谛，直至修习究竟，智慧生起。关于“六观”或“六行”，这是《金七十论》中独有的内容，我们在第五十一颂的补注中进行了详细的阐述，并把它作为数论的修行方法。

由修习真知生起的智慧是“非我”“非我所”“无

---

① 《梵我思辨》，第135页。

我”，此为分辨智的三个表述。按照乔荼波陀的注释本，“非我”指所有的被认同之物都不是我，比如身体不是我，心意不是我；“非我所”指没有“我的”，比如财富不是我的，儿子不是我的；“无我”可以理解为没有私我中心，弥室罗认为指没有作为行动者的私我。如此一来，这三个表述都和私我中心有关，而修习真知生起的智慧让私我中心不复存在：没有私我认同的内容，没有私我执有之物，没有私我本身。当然，对于这三个表述也有别的理解，比如弥室罗的注释中列出的另一种理解。

这里有个小问题：私我中心和我慢是什么关系？第二十四颂说“我慢是自我意识”，你也可以把我慢当作个体化的原则。可见，我慢和私我中心并不等同。我慢作为一个谛，其存在是客观的、必要的，如果没有我慢，我们甚至无法成为正常人，而私我中心导致的是我执，是我们需要在修行中破除的。简而言之，自我意识不等于我执。

分辨智被认为是“最终的、因无误而纯净的、究竟的”。这让我们想起本书开头两颂说关于离苦存在着“明显的方法”和“吠陀的方法”，但这两类方法有所欠缺，表现为不确定、不持久、不净、退失、不平，因此自在黑才提出了本书的离苦之法，即本颂说的真知。这种真知可以克服前面两种方法的五个欠缺，因为数论的分辨智是纯净无误的、究竟圆满的、终极的，因而是确定、持久、清净、不退失、平等的。正如弥室罗所说，分辨智消除所有错误的潜在印迹，并且没有剩下未知之物。

获得分辨智之后，接下来会发生什么？我们见下颂的解释。

第六十五颂

तेन निवृत्तप्रसवार्थवशात्सप्तरूपविनिवृत्ताम् ।

प्रकृतिं पश्यति पुरुषः प्रेक्षकवदवस्थितः स्वच्छः ।। ६५ ।।

tena nivṛttaprasavārthavaśāt saptarūpavinivṛttām ।

prakṛtiṃ paśyati puruṣaḥ prekṣakavadavasthitaḥ svacchaḥ ।। 65 ।।

tena，借助对诸谛的这种知识；puruṣaḥ，原人；prekṣakavat，就像一个目击者；svacchaḥ，纯净；avasthitaḥ，自在；paśyati，注视着；prakṛtim，原质；nivṛttaprasavā，那已经不再生成产物的；sapta rūpa vinivṛttām，那已经停止七种演化的；ārthavaśāt，由于原人的目的之影响

以这种知识，纯净而自在的原人作为目击者静观原质，而原质在原人的目的之影响下，不再生成产物，并停止了七种演化。

原质的演化为了达成的两件事是：经验和对真理直

接的分辨智。当这两件事都已达成，原质就没有什么要做的了。所以，在分辨智的作用下，原质停止了演化。“七种演化”——正法、非法、非智、离欲、爱欲、力量和软弱，只有在缺乏真知的情况下才会存在。甚至连那些全然满足于弃绝之人的“离欲”，也归因于错误的知识。对诸谛的真知与错误知识相反，并彻底根除错误知识。随着错误知识这个原因被根除，以七种演化呈现出来的错误知识之结果也被移除，从而，原质收回七种演化。“自在”的意思是如如不动。“纯净”指不与因罗阇和答磨而不净的觉结合。不过，原人直到最后一刻也仍与萨埵相的觉稍有关联，因为否则就无法感知原质。

驳：原质“不再生成产物”的说法没错，然而，前面说过演化归因于原人和原质的关联，“关联”指能够发生结合。经验能力属于原人这个有知之谛，而被经验能力属于无知的、客观的原质。这两种能力绝不会停止存在，我们不能说因为没有什么要做了，这两种能力便不复存在。虽然原人可能经验过一些客体，但可能有更多的同类客体尚未被原人经验，就像我们在对色、声、香、味、触的经验中看到的那样——我们一次次地寻求那些经验，难道不是吗？

对此的回答见下一颂。

【补注】

本颂告诉我们，获得分辨智之后，原人不再卷入经验，而是作为目击者静观原质，原质则停止了客观演化和主观演化——“不再生成产物”和“停止了七种演化”。这里的“七种演化”可以对照第六十三颂中的“原质以七种形式束缚自身”，我们采用弥室罗和乔荼波陀的解释，认为它指八种习气中除了“智慧”之外的其余七种，属于第五十二颂划分的“主观演化”的范畴。当然，我们前面说过，主观演化和客观演化的划分只是为了方便从不同的角度解释而做出的理论上的划分，实际上二者并无明确的界限。《金七十论》只是简单地把本颂中原质的状态描述为“原质不更生觉、慢、五唯等”。

弥室罗在本颂注释中进一步提出了此时的原质和原人的关系问题。他借用反驳者之口追问道：既然此时的原质和原人尚未达成彻底的分离，又因原人的经验能力（主体性）和原质的被经验能力（客体性）依然存在，且不会因为“经验现象”没有发生而丧失各自的能力，那么是不是意味着经验会再度发生？他举例说，这就像我们的舌根虽然吃腻了中餐，但总有别的美食，诸如西餐，会再度引起我们追逐口舌之欲的兴趣和活动，因为色、声、香、味、触的形式变幻是无穷无尽的，因而经验客体也是无穷无尽的。实际上，我们在一次次的轮回中，不就在不停地追逐色、声、香、味、触的不同形式吗？换言之，轮回何以终止，而不是再度发生？

此外，弥室罗还谈到了本颂所描述的情形在数论的解脱过程中所处的位置：虽然原人的经验停止了，原质的演化停止了，但原人和原质尚未分离，因而原人的终极独存尚未达成；再者，原人仍与原质的第一演化产物——觉保持着一定的联结，只不过这里说的“觉”指萨埵相的觉，即纯净的觉，因而在这个阶段，实际上连次级独存——原人与觉断开也尚未完全达成。这就是《瑜伽经》中说的分辨智刚刚生起，纯净的觉反射原人之光的阶段。为什么原人需要和萨埵相的觉保持联结？因为如果原人和觉断开，那么借用弥室罗的说法，原人就“无法感知原质”。为什么？我们前面说过，原人是纯意识，而没有意识内容，它需要借助作具获得意识内容——认知和情感，这就是弥室罗说的“感知原质”。我们可以再次想象这样一幅画面：一盏盏闪烁的路灯将灯光投射在黑暗的河面上，河面波浪起伏，一部分水波被灯光照亮。这个比喻中的一盏盏发光的路灯相当于诸多有知而不动的原人，水波起伏的黑暗河面相当于无知而变动不居的原质，被照亮的河面相当于心中的意识幻象——觉、我慢和心根反射原人之光而产生的意识内容。如果原人和觉断开，就好比灯光没有投射到河面上，毋宁说是灯光不投射，而河面成了黑暗的深渊，在这种情况下，二者是不会发生关联的，也就成了弥室罗说的原人“无法感知原质”。

本颂描述的是数论的解脱的第一步“有身解脱”，以前颂说的分辨智的生起为基础。接下来的偈颂似乎在用比喻解释我们刚才谈到的弥室罗所提出的原质和原人在这个阶段的关系问题。

第六十六颂

दृष्टा मयेत्युपेक्षक एको दृष्टाहमित्युपरमत्यन्या ।

सति संयोगेऽपि तयोः प्रयोजनं नास्ति सर्गस्य ।। ६६ ।।

dṛṣṭā mayetyupekṣaka eko dṛṣṭāhamityuparamatyanyā ।

sati saṃyoge’pi tayoḥ prayojñanaṃ nāsti sargasya ।। 66 ।।

ekaḥ，一个（想着）；mayā dṛṣṭā，（她）已被我看见；iti upekṣakaḥ，由此变得不动心；anyā，另一个；dṛṣṭā aham iti，想着“我已被看见”；uparamati，（她）停止（进一步的活动）；saṃyoge api sati，即便仍有关联；sargasya，对于演化；prayojñanaṃ n ā sti，没有动机

一个（原人）想着“她已被我看见”，从而丧失了全部兴趣；另一个（原质）想着“我已被他看见”，从而停止了进一步活动。所以，即便二者依然存在结合，却不存在进一步演化的动机。

只要原质尚未生起分辨智，就让她一再经验色、声、香、味、触之乐吧。然而，一旦分辨智生起，原质便不再

产生对色、声、香、味、触之乐的经验。对色等感官对象的享乐只有在错误知识的束缚尚且存在之时，才是可能的；随着此种束缚的解除，享乐也就不复存在，好比没有种子就没有发芽。由于缺乏分辨，原人认为“这是我的”，并享受色等感官对象，这些感官对象是原质之变化，具有乐、苦与幻的本质。同样，由于缺乏分辨，原人把同为原质之变化的分辨智看作“这是为了我的目的”。然而，当真实的分辨智生起，原人和原质的结合就停止了，原人不再理所当然地渴求色等感官对象，也不可能产生属于原质的分辨智。那时，原人意识到自己全然不同于原质，不可能认为自己有什么目的。虽说经验与解脱是为了原人的目的，但它们仅仅为原质的运作提供动机；当原人的这两个目的达成，原质运作的动机也就不复存在。这就是本颂说的“不存在进一步演化的动机”。“动机”指的是驱使原质活动并发生演化的东西，随着原人的目的因为达成而消失，动机也就消失了。

驳：我们接受这整套说法，然而，解脱的原人的身体会在直接获得真知之后马上脱落，那么，无身体的原人如何能够目击（不同于自身的）原质？如果你说解脱并非在分辨智生起之后马上发生，因为行动留下的潜在印迹尚未全部耗尽，那么我们就要追问，潜在印迹要如何才能耗尽？如果你回答“要通过经验”，那么你等于是在说对诸谛的真知不会带来解脱。于是，这一命题——对显现者、未显者和原人的分辨生起的真知让原人解脱——就变得毫无意义。从而，如下可能性将只是一个美好的愿望：以无数经验（它们延伸至不确定的未来）来根除行动留下的残余印迹，从而得解脱。

对此的回答见下一颂。

【补注】

本颂可以结合第五十九颂中“舞女”的比喻和第四十二颂中“戏剧演员”的比喻来理解。前颂讲了分辨智生起之后原质和原人的关系，对此，弥室罗留下的问题是：既然原质和原人依然结合，且各自的经验和被经验能力依然留存，那么会不会再度回到经验、轮回和演化的老路上？

对此，本颂的回答是“不存在进一步演化的动机”。“演化的动机”是什么？《金七十论》说“生用有二种：初令我与尘相应，后令我见原质差别”，意思就是经验和解脱。为什么演化的动机不复存在？因为动机已经达成，套用《金七十论》的说法为“此两用见究竟，故不复更生”，意思是经验和解脱这两个动机或目的都已实现，故而不复存在。对此，本颂再次用了舞女的比喻：舞女在台上表演完毕，观众（原人）已经得到满足，故而自然丧失了观看的兴趣，而舞女（原质）的表演已经结束，故而自然退下了舞台。乔荼波陀的注释本和《金七十论》用了一个借债的比喻："譬如出债主与负债人，先为债相应，既还债已，虽复和合，不更相关，我与原质亦如是"，意思是原人就像债主，原质就像欠债人，一旦债被还清，二者虽然依旧相识并相遇，但原先的关系不复存在。这两个比喻的共同之处是：原质和原人之间起初存在着一种特定的关系，为的是满足什么目的或达成什么动机（经验与解脱），一旦目的或动机得以实现，二者最初的特定关系也就解体了。在此情况下，虽然二者依然结合，但原质不会发生进一步的演化，原人也不再卷入和原质的进一步关系：经验、束缚和轮回。

弥室罗对本颂的注释十分细致，他指出在分辨智生起之前，原人把经验归于自身，并认为分辨智是为了原人自身的解脱；但实际上经验和分辨智都属于原质，只是原人因为缺乏分辨而把二者归于自身。一旦真实的分辨智生起，原人对享乐经验的追求就消失了，也认清了分辨智属于原质，认清了自身与原质及其产物的分别。此时的原人丧失了认同感（达到"非我"）、拥有感（达到"非我所"），以及认同和拥有的虚假主体（达到"无我"）。正是因此，弥室罗在注释中指出，"虽说经验与解脱是为了原人的目的，但它们仅仅为原质的运作提供动机；当原人的这两个目的达成，原质运作的动机也就不复存在。”此处，他指出的是我们应该在何种意义上看待作为“原人之目的”的经验与解脱。

再者，我们前面说过原质的所有活动只是为了达成原人的目的，比如第六十三颂的“为的是原人的利益”，第六十一颂的“没有什么比原质更为谦恭，因为知晓‘我已被看见’，就不再进入原人的视线”，以及第六十颂的“仁慈的、有三德的原质以各种方式为原人带来利益，而无自身利益”。所以，一旦原人的利益得到实现，没有自身利益的原质自然而然就停止了活动。由此可见，分辨智导向的解脱是究竟的，而不是偶然的或暂时的，实际上，原人与原质的结合也不是偶然的或暂时的，而是指向解脱这一最终目的。所以，本书的前后逻辑是融贯的。

最后，弥室罗留下了一个问题：分辨智生起之后，身体会怎样？这有两种可能性，一是身体立刻脱落，如果这样，那么第六十五颂说的“原人作为目击者静观原质”就是有问题的。鉴于此，木村泰贤说数论的解脱分为有身解脱和究竟解脱，分辨智刚刚生起的阶段属于“有身解脱”，即身体依然存在，我们会在下一颂解释何以如此。二是分辨智生起后，解脱不会马上发生，相应地，身体不会马上脱落，因为过去的行动留下的潜在印迹尚未全部耗尽。这种说法对“解脱”的理解不够充分，就像我们刚才说的，有身解脱也是一种解脱，只不过尚未达到究竟解脱而已。这里涉及一个问题：潜在印迹如何才能耗尽，以便从有身解脱达到究竟解脱？弥室罗在分析中似乎已经排除了“通过经验耗尽”的观点，因为这需要进一步的经验，而有身解脱阶段的原人不再卷入进一步的经验，原质也不再发生进一步的演化，那么，通过经验耗尽潜在印迹在逻辑上似乎是讲不通的。这里似乎还有一个不妥之处：“潜在印迹”并未在本书中出现过，《瑜伽经》倒是明确地谈到了潜在印迹，并把它分为习气和业种（其复数形式为潜在业力），与轮回有关的是业种而非习气；但在本书中，自在黑谈论的是导致轮回的七种习气，即正法、非法、非智、离欲、爱欲、力量和软弱，行动和潜在印迹并未被明确地提出。虽然瑜伽派和数论派可以视为一对姊妹，《瑜伽经》也可以视为从“修心”角度对数论体系指明的智慧解脱之路的实修，但毕竟《数论颂》和《瑜伽经》是两本不同的经典，弥室罗在此处似乎有混同两派理论进行诠释之嫌。不过，这也只是学理上的一点指摘，并不必然涉及他的诠释本身有效与否。

接下来，作者解释分辨智生起之后何以发生的是“有身解脱”。

第六十七颂

सम्यग्ज्ञानाधिगमाद् धर्मादीनामकारणप्राप्तौ ।

तिष्ठति संस्कारवशाच्चक्रभ्रमिवद् धृतशरीरः ।। ६७ ।।

samyagjñānādhigamād dharmādīnāmakāraṇaprāptau ।

tiṣṭhati saṃskāravaśāccakrabhramivad dhṛtaśarīraḥ ।। 67 ।।

samyak jñāna adhigamāt，由于获得了圆满的智慧；dharmādīnām，正法等；akāraṇa prāptau，失去了它们的原因效能；tiṣṭhati，（然而原人）暂且留存；dhṛta śarīraḥ，披着身体的皮囊；saṃskāra vaśāt，归因于过去的冲动留下的冲力；cakra bhramivat，就像拉坯轮车的旋转

由于获得了圆满的知识，正法等失去其原因效能；然而，由于过去的冲动留下的冲力，原人的身体皮囊暂且继续留存，就像拉坯的轮车（甚至在陶匠停止转动之后）继续旋转着。

借助直接获得关于二十五谛的真知，所有潜在印迹（没有起始，而且不能确定结出果子的时间）的生成力量

被摧毁，就像烧焦的种子不再结出果子（以轮回、生命等经验形式出现）。只有当觉之田被痛苦之水浇灌，业的种子才会发芽。在此，本颂说“正法等失去其原因效能”，意味着它们不再是产生结果的原因。即便如此，由于过去的冲动，身体甚至在获得真知之后也会暂且留存一段时间，就像拉坯的轮车甚至在陶匠停止动作之后仍会继续旋转一会儿。当冲动随着时间的推移被耗尽，便不会再起作用。就身体的留存而言，冲动是由已经开始结出果子的正法等所提供的，它们只能通过耗尽相应的经验才会消失。奥义书指出：“通过经验耗尽其他，灵魂得到至福”，“延迟，直至得到至福”（《唱赞奥义书》6-14.2）。潜在印迹的冲动之本质乃是正在退潮的无明。正是因为这种冲动的冲力，原人暂时继续留存在身体中。

问：如果说因为某种冲动，原人继续留存在身体中，那么独存何时才能发生？

对此的回答见下一颂。

【补注】

本颂告诉我们，分辨智生起之后的有身解脱是自然而然的，对此，作者又打了个比方，“就像拉坯的轮车甚至在陶匠停止转动之后继续旋转着”。也就是说，从分辨智的生起直到究竟解脱，中间有个阶段叫有身解脱，在此阶段，“原人的身体皮囊暂且继续留存”。当然，身体皮囊的留存是暂时的，归因于“过去的冲动留下的冲力”，类似于一种惯性。

“过去的冲动”是如何产生的？弥室罗在注释中解释道，“冲动是由已经开始结出果子的正法等所提供的”，意思是正法、非法、非智、离欲、爱欲、力量和软弱七种习气提供轮回的动力因，结出三道轮回中的各种果子。当分辨智生起，套用《金七十论》的说法，这七种习气“被烧坏故不能作因。譬如种子，既被火烧，不复生芽”，由此，轮回之因被消除。然而，这说的是尚未到来的痛苦可以避免，但已经结出的果子只能通过耗尽相应的经验才会消失，由此造成了有身解脱的中间阶段。你可以想象成一棵梨树在夏天死去，明年不会再结果，但今年已经结出的果子依然挂在枝头，只能等待它们自然脱落。

这种解释的背后似乎是印度哲学中的一个普遍法则：未造之业固然可以避免，但已造之业只能被相应的经验（果报）耗尽。因为原人在分辨智生起之后已经停止对经验的渴求，所以这里说的“经验”并非分辨智生起之前原人主动渴求的经验，而是被动地来临的相应经验，就像欠下的债一样必须偿还。关于此，有的《瑜伽经》注释者甚至说，瑜伽士可以采取手段尽快耗尽这样的业，比如主动获得动物的身体。无论如何，已经结果的过去的冲动必须被耗尽，这是解脱却有身的依据。

那么，作为数论解脱过程第二步的“究竟解脱”或原人的“终极独存”要到什么时候才能达成？下一颂回答这个问题。

第六十八颂

प्राप्ते शरीरभेदे चरितार्थत्वात्प्रधानविनिवृत्तेः ।

ऐकान्तिकमात्यन्तिकमुभयं कैवल्यमाप्नोति ।। ६८ ।।

prāpte śarīrabhede caritārthatvārpradhānavinivṛtteḥ ।

aikāntikamātyantikamubhayaṃ kaivalyamāpnoti ।। 68 ।।

śarīrabhede prāpte，当与身体分离；caritārthatvāt，因为目的已经达成；pradhāna vinivṛtteḥ，（并且）原质停止了活动；ubhayam，二者；aik ā ntikam，绝对的；ātyantikam，终极的；kaivalyaṃ，独存或自由；prāpnoti，获得

当（随着时间的推移）与身体分离，当初始者因为达成目的而停止了活动，（原人）便获得了绝对的、终极的独存。

那些处于种子状态，尚未开始结果的潜在印迹被有关二十五谛的真知之火烧尽，随着已经开始结果的业被经验耗尽，身体最终脱落，因为原人的目的已经通过初始者完全达成。于是，对于得到了永恒而绝对的独存的原人，

也就是已经从三苦的束缚中解脱的原人，初始者停止了活动。

虽然数论哲学已经通过推理得到证明，但为了激发人们对这部圣典的强烈尊重，下一颂谈及那位古代圣人的崇高地位。

【补注】

本颂谈论数论解脱过程的最后一步——究竟解脱或原人的终极独存。第六十五至六十七颂谈论的是有身解脱或次级独存，其特点是虽然分辨智已经生起，原人已经明白自身的真实本性，原质也已停止进一步的活动，但原人和原质依然结合，并且原人和萨埵性的觉依然保持关联，已经结果的习气尚未被经验耗尽，相应地，身体尚未脱落。这个阶段离终极独存已经很近了，但尚未抵达。在此，似乎只能等待已经结果的习气被相应的经验耗尽，身体最终脱落，原人才能彻底和原质分离，达到终极独存或究竟解脱，正如本颂所说，“原人便获得了绝对的、终极的独存”。我们不知道从有身解脱到究竟解脱，中间要相隔多少时间，轮回多少次，似乎取决于有多少已经结果的习气要以何种经验来耗尽。

到此为止，原人已经达成终极独存，本书第一颂提出的目标——“离三苦”已经实现，作者的论述似乎已经大功告成。然而，我们不禁要问：那么原质呢？在数论哲学中，原人为多，原质为一，即便某个或某些原人达成终极独存，与原质分离，原质对于他们已经停止活动，但还有更多的原人尚在轮回的游戏之中，原质对于他们尚未停止活动，那么，作为“一”的原质如何既停止活动，又尚未停止活动呢？

对此，木村泰贤的解释是：“所谓解脱指原质脱离原人，是故原则上自应复归其非变异之当态。但原质非专属一原人，仍有其他未解脱之原人，故犹展开不止……此因解脱虽是原质与原人相离，但此非本体的，是与原质个人化的精身有关，一原人之解脱，只是其精身归入原质。”[①]他的意思是，个别原人的独存并与原质分离，对于原质而言，只是原质中的个别精身融入原质，仅此而已。个别原人与原质的分离并非本体论意义上原人与原质的分离，而是具体事件，类似于巨大无垠的海面上的某片天空下起了雨，或者某条鱼结束了生命，并不影响整个海洋的活动。你可能会进一步追问：是否等到所有原人都究竟解脱，原质才会彻底停止活动？逻辑上的确如此，但我们更要注意的是，这样的追问实则没有意义，而且可能是我们应该避免的，因为本书的目的在于“离三苦”，而不在于解答本体论上无穷无尽的追问。脱离合适的限度，甚

① 《梵我思辨》，第136页。

或脱离目标的追问只会让你迷失真正的目标，这让我们想起佛陀讲的“火宅”的故事：一个身在火宅的人只应想着如何逃出来，而不应把时间和精力花在研究起火原因和宅子的材质与结构等问题上。我们或许需要再次强调：本书的根本目的并不在于建构一个形而上学的理论体系，充当学者和玩家的研究素材和谈资；本书要做的是实实在在地铺设一条切实可行的离苦之路，作者的整个解释体系都是为这个目的服务的。

我们已经谈论了原质在原人达到终极独存之后的状况，那么独存的原人又是如何呢？本书也没有明确地谈论这个问题，但我们大致可以进行一番描述。木村泰贤的推理是比较适切的：“解脱的原人其当体无苦无乐无活动变化，只有本质之心如玲珑镜，由于无相对的客观，故亦无制限亦无交涉，是各自独立无伴之自存体。”[①]在他看来，这种“凝然不作之境界”并非“自由活动的境地”，因此显得相当无力。针对此，他提出，如果数论所说的解脱之境地是能令先前善有的原质完全地灵化，成为原人的绝对忠仆，则其解脱观将更添光彩与生气。由此，他认为数论比起以活动的解脱为理想的大乘佛教及吠檀多，终究输了一筹。[②]

① 《梵我思辨》，第136页。

② 此处的评论见《梵我思辨》，第136—137页。

木村的看法不能说没有道理，比起大乘佛教和吠檀多的终境，数论的终境确实显得十分“拘谨”，没有足够阔大的自由气象。然而，我们绝对不能因此而否定数论解脱之道的价值，除了数论客观上对印度哲学各派的贡献，在解脱的境界上，对我们而言更好的看法或许是像印度当代觉悟者斯瓦米·巴伽南达一样，把数论视为现代科学提供的唯物论思维框架（实体由物质和精神构成，作为心理—物理主体的观察者或观测者在里面不起作用）和吠檀多的唯灵论观点（万物出自意识）之间的踏脚石。为什么数论可以担此重要的角色？巴伽南达给出的理由是：“如果说浩瀚的宇宙、所有的星星和万事万物皆出自意识，这对我们而言太难理解了。在数论中，原人（意识）和原质（物质）是分离的，只有理解了数论之后，我们才能进入吠檀多。”[①]这是他多年的实修经验，证明了数论解脱之道的价值。无论如何，我们要先让自己得解脱，明白“我是纯意识”，才能更进一步，真正进入吠檀多的意识汪洋，理解吠檀多说的“一切都是纯意识”，否则恐怕只能停留于想象、感觉和空谈。在这种广义上的意识提升“次第”中，我们认为数论的解脱道路占有不可或缺的席位，无论你接触的是该解脱道路的哪种形式的版本。

弥室罗在注释中说，整个数论体系是建立在推理的

① 《瑜伽与冥想的秘密》，第9页。

基础上的，而非依靠权威得以确立。我们通过本书可以很清楚地看到这一点，实际上，这和现代学术的精神完全吻合。然而，本书毕竟是数千年前的文本，当时的印度自有其知识传播方式，所以下一颂谈论本书所包含的知识的渊源与传承。

8. 师门传承

第六十九颂

पुरुषार्थज्ञानमिदं परमर्षिणा समख्यातम् ।

स्थित्युत्पत्तिप्रलयाश्चिन्त्यन्ते यत्र भूतानाम् ।। ६९ ।।

puruṣārthajñānamidaṃ parumarṣiṇā masakhyātam ।

sthityutpattipralayāścintyante yatra bhūtānām ।। 69 ।।

idam，这；guhyam，深奥的；jñānam，知识；puruṣārthaṃ，适应原人的目的；yatra bhūtānām，其中，众生的；sthiti，持续；utpatti，起源；pralayaḥ，（以及）消融；ciṇtyaṇte，被讨论；paramarṣiṇā，被那位伟大的圣人；samākhyātam，已被阐发

这种深奥的知识适应原人的目的，已被那位伟大的见者透彻地阐发，其中讨论了众生的产生、持续和消融。

“深奥”是因为这种知识存在于觉的深处，也就是说，它难以被愚人所理解。“那位伟大的见者”指的是圣人迦毗罗（Kapila），他认为称这种学说为权威学说，可以增强人们的尊崇感。“其中”指在这种知识之中，该表述类似于如下表述：“carmiṇi dvīpinam haṇti”。在此，carmiṇi的字面意思是“在皮中”，但被解释为“‘为了皮的缘故’，老虎被杀”。“众生的产生、持续和消融”已在前面的经文中得到讨论。

问：我们固然应当尊崇伟大的圣人迦毗罗直接说出的话，但我们为什么要这么尊崇自在黑所说的话呢？下一颂回答了这个问题。

【补注】

“这种知识”指分辨智，也就是《金七十论》说的“二十五义（谛）正遍知”。“深奥”按照弥室罗的解释指这种知识存在于觉的深处，这类似于帕坦伽利的《瑜伽经》所说的分辨智是有想三摩地中萨埵性的觉反射原人之光的结果。《金七十论》的解释似乎有所不同：“秘密者诸邪说义之所隐覆，不能得显，离正师不可得故，秘密应施五德婆罗门，不施余人，故名秘密。五德者，一生地好，二姓族好，三行好，四有能，五欲得。具此智慧乃堪施法，余则不与，故称秘密。”简而言之，《金七十论》

把“秘密”或“深奥”转化为知识传承的条件或资质，认为这种分辨智要由正师和具备五德的婆罗门弟子来传承。“适应原人的目的”指原人解脱或独存的目的。“伟大的见者”指迦毗罗，他被认为是数论派的祖师爷。“众生的产生、持续和消融”即众生的生住灭，对此，《金七十论》解释道，“生者从原质生觉乃至生五大，住者由精身诸有所熏习轮转三世间中，灭者由八成永得独存”，也就是说，生指原质的演化，住指原人依托身体借助八种习气在三道中的轮回，灭指原人与原质的分离。《金七十论》认为众生的生住灭即为“究竟智”关注的内容本身，因为“离三无余义”，即除了众生的生住灭，数论没有什么别的要说的。在此，众生的生住灭也可替换成别的说法，诸如众生的离三苦和原人的经验与独存。

接下来的两颂交代这种知识的师门传承。

第七十颂

एतत् पवित्रमग्र्यं मुनिरासुरयेऽनुकम्पया प्रददौ ।

आसुरिरपि पञ्चशिखाय तेन बहुधा कृतं तन्त्रम् ।। ७० ।।

etat pavitramagryaṃ munirāsuraye’nukampayā pradadau ।

āsurirapi pañcaśikhāya tena bahudhā kṛtam tantram ।। 70 ।।

etad，这；pavitram，净化的；agryam，至上的（学说）；muniḥ，那位伟大的圣人；āsuraye，向阿修利；anukampayā，以慈悲；pradadau，传授；āsuriḥ api，然后阿修利；pañcaśikhāya，把它传给般遮尸诃；tena ca，然后通过他；bahudhā，广泛地；tantram，这一学说；kṛtam，被提出

这一至上的净化学说，由那位圣人（迦毗罗）出于慈悲传给阿修利，阿修利把它传给般遮尸诃，通过般遮尸诃，这一学说广为流传。

这一学说具有“净化”作用是因为它净化原人的所有

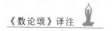

不净与恶，正是不净与恶导致了三苦。“至上的”是因为它是所有净化学说中最重要的。

第七十一颂

शिष्यपरम्परयागतमीश्वरकृष्णेन चैतदार्याभिः ।

संक्षिप्तमार्यमतिना सम्यग्विज्ञाय सिद्धान्तम् ।। ७१ ।।

śiṣyaparamparayāgatamīśvarakṛṣṇena vaitadāryābhiḥ ।

saṃkṣiptamāryamatinā samyagvijñāya siddhāntam ।। 71 ।।

siddhāntam，这一学说；śiṣya-paramparayā āgatam，经由一个久远的师门流传下来，āryamatinā，被高尚的；īśvarakṛṣṇena，被自在黑；ca etad āryābhiḥ，这以雅利安的格律；saṃkṣiptam，概括地写下；samyakvijñāya，彻底理解它

这一学说经由一个久远的师门传给高尚的自在黑，他在彻底理解的基础上以雅利安的格律将它概括。

“雅利安”指掌握真理之人，这样的人是“高尚的”。“这是一部圣典”表明这本身就是一部完整的经，而不仅仅是一个部分，因为它讨论了知识的所有分支。

【补注】

本颂和前颂告诉我们，数论知识的师门传承为：迦毗罗传给阿修利，阿修利传给般遮尸诃，般遮尸诃使它广为流传，后来经过久远的师门传承，到了自在黑这里，自在黑在得了真传之后用圣颂将它概括，成为本书的内容。

《金七十论》对数论师门传承的记载更为详细：迦毗罗传给阿修利，阿修利传给般遮尸诃，般遮尸诃传给褐伽，褐伽传给优楼佉，优楼佉传给跋婆利，跋婆利传给自在黑。

弥室罗在本颂注释中评论道，本书是一部完整的经，因为讨论了知识的所有分支。从本书的整个理论体系来看，这种评价应该是恰如其分的。我们常把数论派和瑜伽派称为姊妹，其中，瑜伽派的根本经典《瑜伽经》单单讨论了如何通过修心离苦得解脱，相比之下，本书则从本体论讲到宇宙演化，再从宇宙演化讲到生死轮回，最后才谈论解脱，涵盖了本体论、认识论、世界观、人生观、修行观和解脱观，从古代知识的角度来看，可谓囊括了“知识的所有分支”。下一颂列举本书七十颂所包含的论题。

第七十二颂

सप्तत्यां किल येऽर्थास्तेऽर्थाः कृत्स्नस्य षष्ठितन्त्रस्य ।

आख्यायिकाविरहिताः परवादविवर्जिताश्चापि ।। ७२ ।।

saptatyaṃ kila ye'rthāste'rthāḥ kṛtsnasya ṣaṣṭhitantrasya I

ākhyāyikāvirahitāḥ paravāda vivarjitāścāpi II 72 II

saptatyāṃ kila ye arthāḥ，这七十颂所讨论的论题；ṣaṣṭhitantrasya kṛtsnasya，整个《六十科论》的；te arthāḥ，是这些论题；ākhyāyikā virahitāḥ，排除了解释性的叙述；paravāda vivarjitāḥ ca api，也省略了其他人的学说

这七十颂的论题也正是《六十科论》的论题，（这六十论题）排除了解释性的叙述，也省略了其他人的学说。

Rājavārtika将六十论题列举如下：

1. 原质的存在（对应本书第十四颂，以下仅用数字来表明对应的偈颂）

2. 原质的单一性（15）

3. 原质的客观性（11）

4. 原质与原人的区别（11）

5. 原质从属于原人（17）

6. 原人的众多性（18）

7. 原人与原质的最终分离（20）

8. 原质与原人的最初结合（21）

9. 持续（19）

10. 原人如如不动（19）

以上是十个基本论题。

在此基础上，还有：

1. 五种无知（47）

2. 九种欢喜（50）

3. 二十八种无能（49）

4. 八种成就（51）

这些合起来组成上面谈到的六十论题。因为这些论题在本书的70颂中全部得以讨论，所以本书的学说是一套完整的哲学，而非一个部分。

本书说原质具有单一性、客观性和从属性，而原人是个殊的、不动的和众多的。存在、分离与结合被用来指涉二者，持续性被用来指涉粗糙之物和精微之物。

मनांसि कुमुदानीव बोधयन्ती सतां मुदा ।

श्रीवाचस्पतिमिश्राणां कृतिः स्यात् तत्त्वकौमुदी ।।

manāṃsi kumudānīva bodhayantī satāṃ mudā ।

śrī vācaspatimiśrāṇāṃ kṛtiḥ syāt tattvakaumudī ।।

愿瓦恰斯帕蒂·弥室罗的这部称为《真理之月光》的作品一如既往地取悦善人的纯洁心灵（或让心灵的百合盛开）！

इति षड्दर्शन टीकाकृच्छ्रीमद् वाचस्पतिमिश्रविरचिता साङ्ख्यतत्त्वकौमुदी समाप्ता ।।

iti ṣaṣ darśana ṭīkākṛcchīmad vācaspatimiśra viracitā sāṅkhaya tattva kaudī samāptā ।।

神圣的瓦恰斯帕蒂·弥室罗对六派哲学皆有注释，其《真理之月光》到此结束。